供给侧结构性改革背景下
西部地区实体经济质量提升的
金融支持研究

王业斌　王　旦　许露元　舒银燕　段艳平◎著

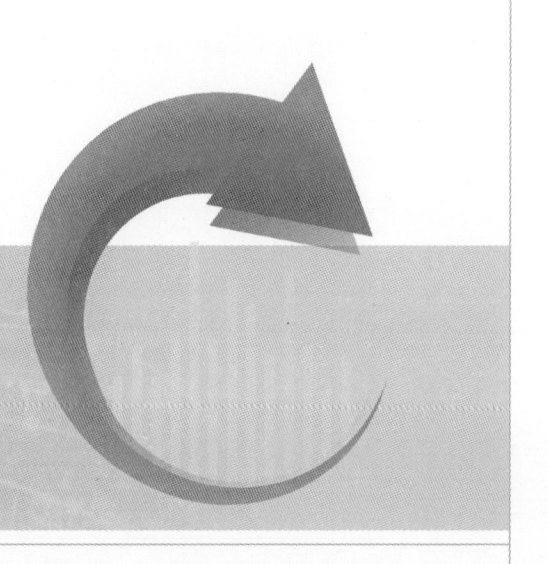

西南财经大学出版社

中国·成都

图书在版编目(CIP)数据

供给侧结构性改革背景下西部地区实体经济质量提升的金融支持研究/王业斌等著.—成都:西南财经大学出版社,2023.2
ISBN 978-7-5504-5672-3

Ⅰ.①供… Ⅱ.①王… Ⅲ.①区域经济发展—金融支持—研究—西北地区②区域经济发展—金融支持—研究—西南地区 Ⅳ.①F127

中国国家版本馆 CIP 数据核字(2023)第 017448 号

供给侧结构性改革背景下西部地区实体经济质量提升的金融支持研究
GONGJICE JIEGOUXING GAIGE BEIJING XIA XIBU DIQU SHITI JINGJI ZHILIANG TISHENG DE JINRONG ZHICHI YANJIU

王业斌　王旦　许露元　舒银燕　段艳平　著

责任编辑:王利
责任校对:植苗
封面设计:墨创文化
责任印制:朱曼丽

出版发行	西南财经大学出版社(四川省成都市光华村街55号)
网　　址	http://cbs.swufe.edu.cn
电子邮件	bookcj@ swufe.edu.cn
邮政编码	610074
电　　话	028-87353785
照　　排	四川胜翔数码印务设计有限公司
印　　刷	郫县犀浦印刷厂
成品尺寸	170mm×240mm
印　　张	14.75
字　　数	278 千字
版　　次	2023 年 2 月第 1 版
印　　次	2023 年 2 月第 1 次印刷
书　　号	ISBN 978-7-5504-5672-3
定　　价	78.00 元

1. 版权所有,翻印必究。
2. 如有印刷、装订等差错,可向本社营销部调换。

前　言

实体经济作为经济的重要组成部分，是国家实现经济稳定、健康发展的重要基础。受全球金融危机深层次扩散、国际贸易格局深度调整、中国经济进入新常态等内外因素的共同影响，中国经济特别是实体经济的发展面临了严峻挑战。在此背景下，2015年底，我国首次提出实施供给侧结构性改革，中央经济工作会议更是连续四年强调坚持以供给侧结构性改革为主线，大力推进我国经济高质量发展。供给侧结构性改革是改善供给结构、推动经济高质量发展的重大举措，是以习近平同志为核心的党中央准确把握新时代经济运行主要矛盾所做出的重大决策。推进供给侧结构性改革，要求着力提高供给体系质量，尤其是提升实体经济质量。

西部地区作为全面建成小康社会的主战场，是推动我国实体经济高质量发展的主要阵地之一，但西部地区金融业发展滞后，其实体经济发展质量的提升受到了极大影响。西部地区金融支持实体经济发展的能力欠缺。2018年，西部地区社会融资规模、人民币贷款余额、境内上市公司数、当年国内股票（A股）筹资额分别仅占全国的18.8%、19.4%、10.5%、8.7%。面对金融服务实体经济能力不足的发展困境，加快建立提升实体经济质量的金融支持体系成为西部地区亟待解决的重要问题。

本研究遵循理论分析、实证分析、对策分析层层递进的研究思路，全面、系统地进行了金融发展等相关理论阐述，论述金融支持实体经济质量提升的理论机理。在理论分析的基础上，本研究深入阐述了西部地区实体经济质量与金融发展的事实与特征，实证分析了银行业、资本市场、新金融对于西部地区实体经济质量提升的影响。最后在理论分析、实证分析的基础上提出了金融支持西部地区实体经济质量提升的对策建议。本研究由三篇共十一章组成。第一篇为理论篇，包含第一章至第四章。其中，第一章为导论；第二章为金融支持实体经济质量提升的理论源流，系统地介绍了金融发展理论、金融功能理论和经济金融化理论等相关理论；第三章为金融支持实体经济质量提升的研究现状，对金融与实体经济发展的国内外研究现状进行了梳理和评述；第四章为金融与实体经济质量提升的关系的理论分析，对金融与实体经济质量提升的关系进行了详细的理论分析，深入分析了银行业、资本市场与新金融对实体经济质量提升的作用机制。第二篇为实证篇，包含第五章至第十章。其中，第五章和第六章对西部地区实体经济质量与金融发展的事实与特征进行了分析；第七章至第十章实证分析了银行业、资本市场、新金融对西部地区实体经济质量提升的影响。第三篇为对策篇，即第十一章，在理论分析和实证分析的基础上，提出了供给侧结构性改革背景下促进西部地区实体经济质量提升的金融支持对策建议。

通过分析论证，本研究主要得出了如下基本结论：

（1）从僵尸企业和产能过剩、企业创新和高技术产业发展、工业全要素生产率（TFP）等维度实证发现西部地区的实体经济质量较为低下，但具有经济质量提升的后发优势。从僵尸企业分布情况来看，西部地区僵尸企业占比较高，较之于2000—2004年，2005—2013年僵尸企业占比下降幅度大；从产能过剩视角来看，西部地区的设备利用率和产能利用率低于其他地区；从企业创新视角来看，西部地区的企业创新投入和产出与东部、中部地区的差距越来越大；从高技术产业发展的规模指标来看，西部地区高技术产业发展明显落后于东部和中部地区，但在"十二五"时期远超东北地区，西部地区的高技术产业企业数与主营业务收入占全国的比重逐渐上升；从TFP增长率来看，西部地区增长最慢，且增长受宏观经济政策和经济周期的影响明显。

（2）西部地区银行业规模稳定增长，银行业结构以大型商业银行为商业银行的主体，中小金融机构不足，民营银行和外资银行欠缺；银行业金融机构网点布局逐步下沉，普惠服务力度进一步加大；存贷款余额平稳增长；银行业金融机构经营总体稳健；同时，西部地区各省份积极落实民营、小微企业金融服务政策，民营、小微企业贷款融资边际改善，服务工业和科技创新提质增效。

（3）西部地区资本市场在场内市场、场外市场和债券市场方面虽然高速增长，但与中、东部地区的绝对差距仍然巨大。在场内市场方面，西部地区在主板和创业板的股权融资规模呈现出较明显的波动趋势，在股权融资规模和上市公司数量上与东部地区相比存在明显差距且差距还在逐渐扩大。在场外市场方面，西部地区新三板市场呈现出快速发展势头，融资规模与中、东部地区仍有差距，但差距趋于缩小；挂牌企业数量总体上呈现出不断增加的趋势，但在全国的占比仍然偏低，反映出西部地区新三板市场的发展还远远落后于东部地区；区域性股权交易中心几乎覆盖西部各省份，但挂牌企业数量与中、东部地区存在明显差距。在债券市场方面，信用债融资已逐渐成为西部地区企业融资的一种十分重要的方式；西部地区债券融资额度高速增长，但与东部地区的绝对差距仍然巨大。

（4）西部地区在新金融覆盖面、新金融使用深度、数字支持服务等方面快速提升，但仍存在新金融企业数量少和创新能力不足、新金融服务供需错位、新金融生态脆弱、交易契约环境有待优化等问题。

（5）银行业对西部地区实体经济质量提升的支持效率波动较大，整体呈现出下降的趋势，同时其支持效率要低于中、东部地区。特别是2016年以来，银行业对西部地区实体经济质量提升的支持效率一直处于较低的状态且还在持续走低，反映出西部地区在一定程度上存在着银行业金融抑制和信贷资源错配的问题。同时，银行业支持西部地区实体经济质量提升的技术效率变化主要源于规模效率的显著下降，也反映出西部地区银行资产规模、银行业结构还有待优化，服务实体经济质量提升的力度有待增强。同时，西部地区各省份银行业支持实体经济质量提升的支持效率呈现出地区不均衡的现象，2008—2018年，平均来看，只有重庆市银行业支持实体经济质量提升的效率大于1，其他省份的支持效率均小于1。

（6）银行业金融抑制对西部地区实体经济质量的提升产生了显著的负面影响，银行业金融抑制不利于西部地区工业全要素生产率、产能利用率的提升。同时，政府干预进一步加剧了银行业金融抑制对西部地区实体经济质量提升的负面影响，政府干预越多，银行业金融抑制的负面效应越明显。

（7）资本市场对西部地区实体经济质量的提升有显著影响。具体来说，西部地区制造业上市企业的IPO（首次上市）融资额越大，上市公司的创新投入力度就越大，创新产出成果就越多，资本市场的IPO融资额对于上市企业的创新投入到创新产出的转换具有明显的激励作用。同时，制造业上市企业的股权增发行为对于企业创新投入与创新产出并无显著影响。

（8）新金融发展对西部地区企业创新能力具有显著的正向影响，新金融覆盖广度的提高以及数字支持服务程度的提高，提升了西部地区企业的创新能力，进而有利于实体经济质量的提升。

基于以上结论，本研究结合西部地区实体经济质量与金融发展的事实与特征，从银行业、资本市场、新金融和保障机制四个方面提出了促进西部地区实体经济质量提升的金融支持对策建议。

本研究系统地分析了供给侧结构性改革背景下西部地区实体经济质量提升的金融支持问题。与既有研究成果相比，本研究的创新点主要有以下几个方面：在研究视角上，与现有文献集中于分析金融与实体经济增长关系不同，本研究立足当前我国供给侧结构性改革要求，聚焦实体经济质量，系统分析金融与实体经济质量之间的关系，是对现有金融支持与实体经济关系研究的有效补充；在研究内容上，考虑到当前我国新金融蓬勃兴起的态势，不同于以往研究聚焦传统金融，本研究不仅从传统金融方面，还从新金融方面，分析金融对实体经济的支持作用和对策，是对既有研究范畴的有效拓展和深化。同时，本研究还从多个方面对现有研究进行了深化，如从僵尸企业、产能过剩、创新和高技术产业等方面对西部地区实体经济质量的特征进行分析，以及测度银行信贷对西部地区实体经济质量的支持效率等。在研究方法上，本研究综合应用DEA（数据包络分析）、固定效应、广义矩估计等多种分析方法，实证分析金融对实体经济质量提升的支持效率、影响和调节效应，是对现有侧重定性的规范性讨论金融与实体经济关系研究的创新。

本书由王业斌、王旦、许露元、舒银燕和段艳平撰写，分工如下：王业斌撰写第一章、第二章和第十一章，并负责全书统稿和定稿；王旦撰写第三章和第五章；许露元、舒银燕和段艳平撰写了第四章、第六章、第七章、第八章、第九章、第十章中银行业、资本市场及新金融三方面内容，其中，许露元负责撰写银行业相关事实、理论与实证内容，舒银燕负责撰写新金融相关事实、理论与实证内容，段艳平负责撰写资本市场相关事实、理论与实证内容。

王业斌
2023 年 2 月 13 日

目 录

第一篇 理论篇

第一章 导论 / 3

　第一节　问题的提出及研究的意义 / 3

　第二节　基本概念的界定 / 4

　第三节　研究思路与主要内容 / 7

　第四节　研究方法 / 8

　第五节　创新之处 / 9

第二章 金融支持实体经济质量提升的理论源流 / 10

　第一节　金融发展理论 / 10

　第二节　金融功能理论 / 13

　第三节　经济金融化理论 / 15

第三章 金融支持实体经济质量提升的研究现状 / 18

　第一节　国外研究现状 / 18

　第二节　国内研究现状 / 24

　第三节　国内外研究述评 / 34

第四章　金融支持与实体经济质量提升的关系的理论分析 / 35

第一节　金融支持与实体经济质量提升的关系的一般性分析 / 35

第二节　银行业支持与实体经济质量提升的关系 / 41

第三节　资本市场支持与实体经济质量提升的关系 / 43

第四节　新金融支持与实体经济质量提升的关系 / 48

第二篇　实证篇

第五章　西部地区实体经济质量：事实与特征 / 59

第一节　西部地区实体经济的无效和低端供给特征 / 59

第二节　西部地区实体经济的有效和中高端供给特征 / 80

第三节　西部地区实体经济质量的测度与综合评价 / 94

第六章　西部地区金融发展：事实与特征 / 105

第一节　西部地区金融发展：银行业 / 105

第二节　西部地区金融发展：资本市场 / 111

第三节　西部地区金融发展：新金融 / 122

第七章　银行业提升西部地区实体经济质量支持效率的测度与评价 / 134

第一节　评价方法 / 134

第二节　指标选取和数据来源 / 135

第三节　测度结果与评价分析 / 136

第八章　银行业金融抑制、政府干预对西部地区实体经济质量提升的影响 / 143

第一节　研究假设 / 144

第二节　变量选择与模型构建 / 145

第三节　数据来源与描述性统计 / 147

第四节　实证结果与讨论 / 149

第九章　资本市场支持对西部地区实体经济质量提升的作用的实证分析——基于制造业上市企业数据 / 156

第一节　研究假设 / 157

第二节　变量选择与模型构建 / 160

第三节　数据来源与描述性统计 / 163

第四节　实证结果与讨论 / 164

第十章　新金融支持对西部地区实体经济质量提升的作用的实证分析 / 176

第一节　文献述评 / 177

第二节　变量选择与模型构建 / 178

第三节　数据来源与描述性统计 / 183

第四节　实证结果与讨论 / 184

第三篇 对策篇

第十一章 供给侧结构性改革背景下西部地区实体经济质量提升的金融支持对策 / 193

第一节 银行业支持西部地区实体经济质量提升的对策 / 193

第二节 资本市场支持西部地区实体经济质量提升的对策 / 194

第三节 新金融支持西部地区实体经济质量提升的对策 / 197

第四节 金融支持西部地区实体经济质量提升的保障机制 / 199

参考文献 / 202

附表 / 218

第一篇

理论篇

第一章 导论

第一节 问题的提出及研究的意义

一、问题的提出

实体经济作为经济的重要组成部分，是国家实现经济稳定、健康发展的重要基础。受全球金融危机深层次扩散、国际贸易格局深度调整、中国经济进入新常态等内外因素的共同影响，中国经济特别是实体经济的发展面临了严峻挑战。在此背景下，2015年底，我国首次提出实施供给侧结构性改革，中央经济工作会议更是连续四年强调坚持以供给侧结构性改革为主线，大力推进我国经济高质量发展。供给侧结构性改革是改善供给结构、推动经济高质量发展的重大举措，是以习近平同志为核心的党中央准确把握新时代经济运行主要矛盾所做出的重大决策。推进供给侧结构性改革，要求着力提高供给体系质量，尤其是提升实体经济质量。

西部地区作为全面建成小康社会的主战场，是推动我国实体经济高质量发展的主要阵地之一。但西部地区金融业发展滞后，其实体经济发展质量的提升受到了极大影响。西部地区金融支持实体经济发展的能力欠缺。2018年，西部地区社会融资规模、人民币贷款余额、境内上市公司数、当年国内股票（A股）筹资额分别仅占全国的18.8%、19.4%、10.5%、8.7%。面对金融服务实体经济能力不足的发展困境，加快建立提升实体经济质量的金融支持体系成为西部地区亟待解决的重要问题。

对于金融与实体经济发展的关系，早期的研究大多被包含于金融与经济增长关系的研究之中，并主要从金融发展与经济增长、金融结构与经济增长之间的关系两个方面展开。2008年发生全球金融危机之后，金融体系对实体经济的影响受到广泛关注，大量研究者开始讨论金融与实体经济的关系。总体来看，既有的关于金融与实体经济关系的研究，定性的规范性讨论较多，实证研究相对较少；分析金融与实体经济增长关系的研究较多，讨论金融与实体经济质量提升关系的研究相对较少；分析传统金融与实体经济关系的研究较多，分析新金融与实体经济关系的研究相对较少。而从当前我国金融发展态势来看，以互联网金融为代表的新金融业态蓬勃兴起，与传统金融一道成为支持实体经济发展的不可或缺的力量。同时，中央将提升实体经济质量作为供给侧结构性改革的重中之重。

因此，关于金融与实体经济关系的研究，有必要更多地着眼于金融服务于实体经济质量提升。对于金融业态范畴的考虑，不仅应包含传统金融，而且应包含新金融。基于此，本研究在现有研究的基础上，立足供给侧结构性改革要求，同时从传统金融与新金融两个方面，对西部地区实体经济质量提升的金融支持进行系统研究。考虑到银行业与资本市场在实体经济发展中的重要作用，也为了使研究重点更加突出，本研究对传统金融的考察，主要从银行业和资本市场两个方面展开。

二、研究的意义

当前，中国经济已进入由高速增长阶段转向高质量发展的新阶段。本研究聚焦于实体经济质量提升，综合考虑传统金融和新金融两种不同的金融业态对西部地区实体经济质量提升的支持作用，不仅对现有分析金融与实体经济增长关系的研究形成有效补充，拓展了金融与实体经济关系的研究视野，更有利于人们思考新时代西部地区如何加快实体经济高质量发展。此外，在中央大力倡导"金融服务实体经济"的今天，本研究为金融如何更好地服务西部地区实体经济发展提供了重要启示。因此，本研究具有较强的理论意义与实践价值。

第二节　基本概念的界定

一、供给侧结构性改革

"供给侧结构性改革"，由习近平总书记于2015年11月在中央财经小组会议上首次提出，要求"在适度扩大总需求的同时，着力加强供给侧结构性改革，着力提高供给体系质量和效率，增强经济持续增长动力，推动我国社会生产力水平实现整体跃升"。2016年1月18日，在省部级主要领导干部学习贯彻党的十八届五中全会精神专题研讨班上，习近平总书记又进一步对供给侧结构性改革做了详细解释。

供给侧结构性改革的概念提出后，学界从内涵、理论逻辑与实现途径等方面对供给侧结构性改革进行了解读。综合习近平总书记系列讲话和各种理论解读可以看出，供给侧结构性改革，其本质要求是解放和发展社会生产力，用改革的办法推进结构调整，增强供给结构对需求变化的适应性和灵活性，提高全要素生产率；其主攻方向，就是要减少无效和低端供给，扩大有效和中高端供给。

二、实体经济质量

在社会经济中，质量高低被广泛认为是事物、工作、产品满足要求的优劣程度，即一组特性满足要求的程度。很显然，实体经济质量指实体经济供给对需求的适应程度，在一定程度上又可称为"实体经济供给质量"，即产品（服务）、企业和产业等所具有的特性满足需求的程度。提升实体经济质量，在内涵上就是要使实体经济更好地满足消费者需求，提高产品满足消费者消费升级需要的程度，提高企业适应市场竞争的能力，提高企业适应消费升级的产业转型升级能力。而要使实体经济更好地满足消费者需求，从实体经济供给层面来看，就是要减少实体经济的无效和低端供给，增加实体经济的有效和中高端供给。

因此，实体经济质量，可以从实体经济的无效和低端供给、有效和中高端供给两个方面进行刻画。具体来看，实体经济的无效和低端供给，可以从实体经济的产能过剩和僵尸企业状况得到体现；实体经济的有效和中高端供给，可以从实体经济的企业创新、高技术产业发展及全要素生产率增长状况得到体现。本研究即从这些方面对西部地区实体经济质量的特征进行阐述。此外，由于实体经济的主体是工业，为使研究更有针对性，后文在分析西部地区实体经济质量的现状时，将研究对象界定为工业，而不包括服务业。

三、传统金融与新金融

改革开放以来，中国金融业高速发展，实现了从无到有的质变，金融业态也不断丰富，既包括银行、证券、保险、基金等各类金融机构，也包括互联网金融等新兴金融业态。

对于"传统金融"的概念，学术界并没有一个明确的界定，但一般将建立在实物基础之上的金融活动称为"传统金融"[1]，主要指相对于利用互联网、

---

[1] 刘澜飚，沈鑫，郭步超. 互联网金融发展及其对传统金融模式的影响探讨[J]. 经济学动态，2013（8）：73-83.

大数据、云计算等技术提供金融服务的活动而言，银行业、证券业、保险业等一般被认为是传统金融。考虑到传统金融涉及的范畴较广，为使研究重点更加突出，本研究立足西部地区金融发展的现实，主要从银行业和资本市场两个方面来考察传统金融对西部地区实体经济质量提升的支持。

而对于"新金融"这一概念，学术界和实务界都还没有达成共识，但对于新金融在经济活动中的重要作用的认识则达到了高度一致。"新金融"概念的表述尚没有统一的口径，其原因主要是"新金融"是相对于"传统金融"而言的一种在不断演进中的金融形态，其业务发展模式的边界还不能确定。

目前，关于"新金融"的概念，也有学者把新金融称为"数字金融"或者"互联网金融"[①]。一些学者将其定义为狭义上的"新金融"概念，即利用新的技术，如互联网企业利用互联网技术进入金融领域提供金融服务的行为。如马蔚华认为新金融起源于以移动互联网、大数据、云计算等为代表的新一代信息技术改变了金融业架构中的"底层物质"，从而催生出新的金融生态、金融服务模式和金融产品，因而新金融就是互联网金融[②]。管清友等认为，新金融是依托互联网企业的信息技术企业和互联网企业利用其IT技术和大量的数据资源，试图绕开传统的金融中介，通过新的技术和方法来完成客户的信用评估和风险定价，从而为客户提供金融服务的金融模式[③]。另一些学者对"新金融"的定义是广义上的概念，即基于互联网的一切金融活动。如彭绪庶认为，"新金融"是相对于原分业经营和分业管理的银行、证券、保险、期货、基金等传统金融活动和金融业务模式而言的，是对以互联网为代表的新一代信息通信技术催生并完全依托现代信息网络通信技术手段实现的新兴金融模式和新型金融活动的统称[④]。从广义的定义来看，互联网金融是新金融的一种重要的组成部分，是目前新金融的主体。但新金融的主体不仅仅局限于互联网金融，其主体、发展理念、产品、模式更为丰富多元。

有鉴于此，本研究认为，"新金融"是借助互联网、大数据、人工智能等新一代信息技术驱动，在金融业与其他产业的深度融合过程中所形成的包括金融科技、金融基础设施、金融产品、服务与管理模式等在内的一种金融中介思

---

① 黄益平，黄卓. 中国的数字金融发展：现在与未来[J]. 经济学，2018，17（4）：1489-1502.
② 马蔚华. 拥抱新金融 适应新生态[N]. 第一财经日报，2015-11-17.
③ 管清友，高伟刚. 互联网金融：概念、要素与生态[M]. 杭州：浙江大学出版社，2016：67.
④ 彭绪庶. 新金融企业的创新特征、影响因素及未来趋势[J]. 深圳大学学报（人文社会科学版），2019（5）：71-79.

维的创新、金融服务内涵的深化、服务方式的创新、服务能级的提升以及金融科技驱动下金融生态的演变。

第三节 研究思路与主要内容

一、研究思路

本研究遵循理论分析、实证分析与对策分析层层递进的研究思路。首先，在对基本概念进行界定和介绍金融发展、金融功能和经济金融化等相关理论的基础上，对国内外研究现状进行了总结，并对金融支持与实体经济质量提升的关系进行了深入的理论分析。在理论分析的基础上，本研究详细分析了西部地区实体经济质量与金融发展的事实与特征，进而从实证分析的角度，深入研究了银行业、资本市场、新金融对西部地区实体经济质量提升的影响。最后，在理论分析、实证分析的基础上，本研究提出了促进西部地区实体经济质量提升的金融支持对策建议。

本研究具体的研究思路与技术路线如图1-1所示。

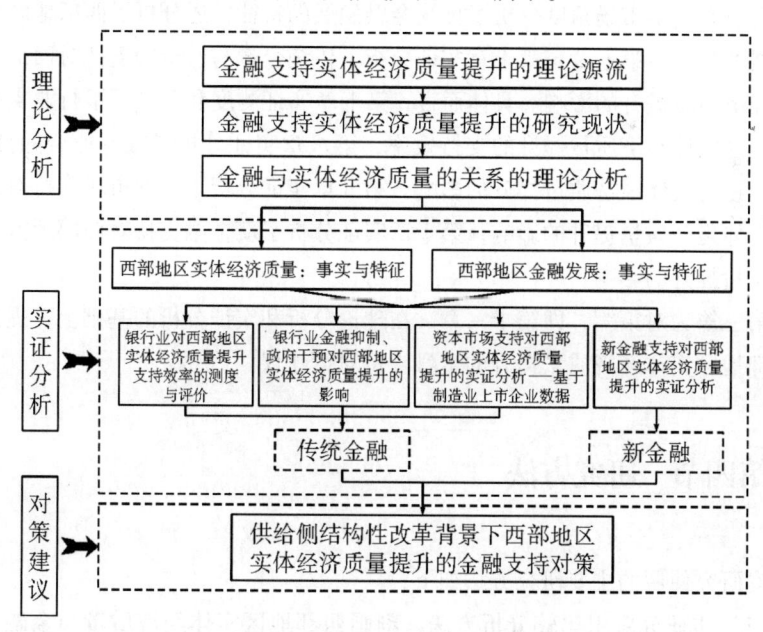

图1-1 研究思路与技术路线

二、研究内容

本研究由三篇共十一章组成。

第一篇为理论篇，包含第一章至第四章。其中，第一章为导论，主要阐述研究背景和研究意义、基本概念的界定以及研究内容、研究方法和主要创新点。第二章为金融支持实体经济质量提升的理论源流，系统地介绍了金融发展、金融功能等相关理论。第三章为金融支持实体经济质量提升的研究现状，对金融与实体经济发展的国内外研究现状进行了梳理和评述。第四章为金融与实体经济质量提升的关系的理论分析，对金融与实体经济质量提升的关系进行了详细的理论分析，深入分析了金融发展与实体经济质量的一般关系和银行业、资本市场与新金融支持对实体经济质量提升的作用机制。

第二篇为实证篇，包含第五章至第十章。其中，第五章对西部地区实体经济质量的事实与特征进行分析，从僵尸企业和产能过剩分析西部地区实体经济的无效和低端供给特征，从企业创新和高技术产业发展分析西部地区实体经济的有效和中高端供给特征，并利用全要素生产率对西部地区实体经济质量进行了综合测度和评价。第六章对西部地区金融发展的事实与特征进行分析，不仅从银行业和资本市场角度分析了传统金融发展的特征，还分析了西部地区新金融发展的特征。第七章至第十章实证分析了传统金融与新金融支持对西部地区实体经济质量提升的影响。具体而言，第七章实证测度和评价了银行业支持对西部地区实体经济质量提升的支持效率，第八章实证分析了银行业金融抑制、政府干预对实体经济质量提升的影响。第九章实证分析了资本市场支持对西部地区实体经济质量提升的影响，第十章实证分析了新金融支持对西部地区实体经济质量提升的影响。

第三篇为对策篇，即第十一章，在理论分析和实证分析的基础上，提出促进西部地区实体经济质量提升的金融支持对策建议。

第四节 研究方法

本研究使用的主要研究方法如下：

（1）本研究应用比较分析方法，刻画西部地区实体经济质量与金融发展的事实与特征。在分析过程中，不论是分析西部地区实体经济中的僵尸企业、产能过剩、企业创新的特征，还是西部地区传统金融与新金融发展特征，都大量地使用比较分析方法,将西部地区与东部地区、中部地区进行比较以及西部地区各省份之间进行比较,以更清晰地描绘出西部地区实体经济质量与金融发展的具体特征。

(2)本研究应用 DEA、固定效应、广义矩估计等多种实证分析方法,实证分析银行业、资本市场等传统金融和新金融对西部地区实体经济质量提升的影响。

(3)从研究整体来看,本研究综合应用了理论分析与实证分析相结合的分析方法,不仅详细分析了金融与实体经济发展相关基础理论,而且对金融支持与实体经济质量提升的关系进行了深入的理论分析。在理论分析的基础上,本研究还以较大篇幅应用实证分析的研究方法,对西部地区实体经济的产能过剩和全要素生产率进行了测算,还测度了银行业对西部地区实体经济质量提升的支持效率,实证分析了银行业、资本市场与新金融支持对西部地区实体经济质量提升的影响。

第五节　创新之处

与既有文献相比,本研究主要的创新点如下:
(1)在研究视角上,与现有文献集中分析金融与实体经济增长关系不同,本研究立足当前我国供给侧结构性改革要求,聚焦实体经济质量提升,系统分析了金融与实体经济质量提升之间的关系,是对现有金融支持与实体经济关系研究的有效补充。

(2)在研究内容上,考虑到当前我国新金融蓬勃兴起的态势,不同于以往研究聚焦传统金融,本研究不仅从传统金融方面,还从新金融方面,分析了金融对实体经济的支持作用和对策,是对既有研究范畴的有效拓展和深化。同时,本研究还从多个方面对现有研究进行了深化,如从僵尸企业、产能过剩、企业创新和高技术产业等方面对西部地区实体经济质量的特征进行分析,以及测度银行业对西部地区实体经济质量提升的支持效率等。

(3)在研究方法上,本研究综合应用 DEA、固定效应、广义矩估计等多种分析方法,实证分析金融对实体经济质量提升的支持效率、影响和调节效应,是对现有侧重定性规范性讨论金融与实体经济关系研究的创新。

第二章　金融支持实体经济质量提升的理论源流

分析西部地区实体经济质量提升的金融支持，首先要在理论上厘清相关基本概念。总体来看，这些理论主要有金融发展理论、金融功能理论、经济金融化理论等。本章将分别对这些理论进行梳理与回顾，分析这些理论的主要脉络和内容，以便为金融支持实体经济质量提升提供重要的理论依据。

第一节　金融发展理论

一、金融发展理论的形成与发展的主要脉络

最早的金融发展理论由麦金农和肖提出。早期的金融发展理论倡导金融应遵循自由主义，反对国家政策干预，这与亚当·斯密所主张的的自由主义思想不谋而合。

1912年，约瑟夫·熊彼特在《经济发展理论》一文中，首次将金融作为影响经济发展的重要因素，并认为银行家可以为企业家提供生产商品和技术创新所需要的信贷资本，因此银行家是经济发展中最关键的人物[①]。

1960年，格利和肖在《金融理论中的货币》一文中，通过建立基本模型分析金融在经济中的作用，阐述了在促进储蓄转化为投资过程中各种非货币体系金融中介的积极作用，开创性地研究了金融在经济发展中的重要作用[②]。

1966年，美国经济学家帕特里克在其《欠发达国家的金融发展和经济增长》一文中提出：金融的发展是供给和需求共同作用的结果，分析金融发展时不能忽视任何一个方面，而应将其纳入统一的理论分析框架。在经济发展初

---

① 熊彼特. 经济发展理论 [M]. 何畏, 易家祥, 等译. 北京：商务印书馆, 1990：71.
② 格利, 肖. 金融理论中的货币 [M]. 贝多广, 译. 上海：上海人民出版社, 1994：99.

期阶段，应该以需求为辅，供给为主，来分析金融的发展。随着经济的进一步发展，则应倡导需求追随型金融发展。同时，他还指出，通过加快资本积累速度、提高新资本与既有资本的配置效率，推动金融的发展，有助于经济的增长[1]。

1969年，英国经济学家约翰·希克斯在《经济史理论》一书中，研究了金融对英国工业革命的积极作用，肯定了金融因素在经济发展中的重要地位，并指出金融的发展要先于工业革命的发生。这是因为技术的创新使用需要以流动资本的提供为前提，没有金融为社会注入资本，技术创新的成果将无法被运用于实际生产中[2]。

1969年，美国经济学家雷蒙德·戈德史密斯在《金融结构和金融发展》一书中进行了开创性的研究，标志着"金融发展理论"的初步形成。其对全球35个主要国家1860—1963年的经济和金融状况进行统计分析后发现，金融发展与经济发展水平正相关。之后，罗纳德·麦金农和E.S.肖以发展中国家金融问题为研究对象，论证了金融发展与经济发展的相互制约、相互促进关系，提出了金融抑制与金融深化理论，形成了第一代金融发展理论，被公认为发展经济学和货币金融理论的重大突破[3]。而20世纪90年代后，以Levine等为代表的一些经济学家在汲取内生增长理论合理内容的基础上，采用最优化方法重新分析了金融中介和金融市场如何内生于经济增长以及金融发展对经济增长的作用机制，形成了第二代金融发展理论（也被称为内生金融发展理论）。

二、金融发展理论的主要内容

金融发展理论主要研究金融体系在经济发展中所发挥的作用，研究如何建立有效的金融体系、制定合理的金融政策，进而合理利用金融资源以实现金融的可持续发展并最终实现经济的可持续发展。金融发展理论，主要有"金融抑制论""金融深化论""金融约束论"几种观点。

"金融抑制论"指出，发展中国家的政府对金融活动、金融体系的干预与限制，不仅抑制了金融体系的完善、金融的发展，还导致金融发展对经济增长

---

[1] PATRICK H T. Financial Development & Economic Growth in Under developed Countries [J]. Economic Development & Cultural Change, 1966, 14 (2): 174-189.
[2] 约翰·希克斯. 经济史理论 [M]. 厉以平, 译. 北京: 商务印书馆, 1987: 88-89.
[3] MCKINNON R. Money and capital in economic development [M]. Washington DC: Brookings Institution, 1973; SHAW E S. Financial deepening in economic development [M]. Oxford: Oxford University Press, 1973.

的投资减少,进而对经济增长产生阻碍作用,从而造成金融抑制和经济落后的恶性循环[①]。

"金融深化论",亦称"金融自由化理论"。该理论与"金融抑制论"相反,认为金融体制与经济发展之间存在相互推动的关系,强调金融对经济发展的促进作用通过金融自由化方式实现,金融自由化放弃了对金融市场和金融体系的过分干预,放松了对金融市场、汇率市场的管制,促进金融深化,进而促进经济增长,注重金融与经济发展形成相互促进的良性循环(Shaws,1973)。

而"金融约束论"认为政府通过实施一系列金融约束政策可以促进金融业快速发展,从而推动经济快速增长,但是实现的前提是政府可以对金融业进行有效约束。金融约束政策包括对市场准入的限制、控制存贷款利率,甚至可以管制直接竞争,调动居民、金融企业、生产企业等各个部门的储蓄、投资、生产的积极性。政府通过一系列管制措施可以发挥积极作用,如通过特定的金融政策为银行体系创造条件,鼓励其积极开拓新的市场进行储蓄动员,从而促进金融深化。金融约束论的主要主张是政府可以适度干预经济,对金融行业、证券市场进行管制,采取诸如控制存贷款利率,使之运行在均衡利率之下等一系列政策措施。

总的来看,金融发展理论认为,金融发展从微观和宏观层面对实体经济增长起到促进作用。在微观层面,金融发展能够增加市场流动性,为企业发展提供资金支持,有效利用社会闲置资金,提高资金的投资收益能力。在宏观层面,金融发展通过影响社会总需求与总供给,进而促进实体经济增长。一方面,金融发展通过提高资源配置效率,刺激企业投融资,提高个人消费水平等,从而扩大总需求;另一方面,金融发展能够实现资本积累,并能激励企业进行技术创新,从而提高总供给。此外,随着金融体系的日渐完善,交易成本会越来越低,并且信息披露越来越透明,社会上闲置资金投资既能被更好地分配到有价值的项目,又能更有效地分散风险,从而对实体经济的增长起到有效的推动作用。

---

① MCKINNON R. Money and capital in economic development [M]. Washington DC: Brookings Institution, 1973.

第二节 金融功能理论

一、金融功能理论的形成与发展的主要脉络

传统的金融理论认为金融有信用创造和信用媒介两大功能。其中：

（1）信用创造论。信用创造论是一种始于19世纪末，盛行于现代的关于信用作用与银行本质的学说。信用创造论的先驱者有18世纪的约翰·劳，主要代表人物有19世纪末叶的麦克劳德及20世纪的熊彼特、哈恩、阿伯特·韩等人。信用物创造论认为：信用就是货币，货币是一种交换手段。凡是有交换手段职能的物品都是货币，这是信用创造论的出发点。信用创造资本，银行的本质在于创造信用，这是信用创造论的中心命题。因此，信用就是生产资本，通过这种生产资本的扩张可以创造社会财富，繁荣商业，使国民经济具有更大的活力。

（2）信用媒介论。信用媒介论始创于18世纪，盛行于19世纪，是西方政治经济学界关于银行信用的本质和作用的一种理论，其主要代表人物是亚当·斯密、约翰·穆勒、李嘉图。该理论认为，银行必须在收受存款的基础上，才能发放贷款；认为银行的功能在于为信用提供媒介。所以，信用仅仅是转移和再分配现有资本的一种工具，并不能创造出新的资本；银行的作用在于媒介信用，而不是创造信用。

而在金融发展理论中，金融功能观主要有：格利与肖的金融中介功能、戈德史密斯的金融功能观、内生金融经济增长理论的金融功能观。其中：

（1）格利与肖的金融中介功能。格利和肖认为，金融发展首先表现在金融资产数量和金融资产种类的增多上；其次表现在金融手段的发展上，包括分配手段和中介手段。中介手段是指，金融中介机构通过以间接金融资产替代初级证券，使金融资产更加多样化、储蓄向投资的转化更为顺畅[1]。

（2）戈德史密斯的金融功能观。戈德史密斯在《金融结构与金融发展》一书中，强调金融机构对经济增长的促进作用主要表现在两个方面："首先是储蓄和投资总量的增长，其次是投资的边际收益率的增长。金融机构通过把储蓄更有效地分配在潜在投资项目之间而取得收益，而这种再分配反映了金融机构的业务本质。金融活动之所以能引致储蓄与投资总量的增长，是因为非货币

---

[1] 格利，肖. 金融理论中的货币 [M]. 贝多广，译. 上海：上海人民出版社，1994：236-239.

金融工具的出现，能为那些没有投资机会的储蓄者创造新的投资机会，使储蓄生息，从而激励人们更多地储蓄，最终提高了储蓄和投资的总水平。"①

（3）内生金融经济增长理论的金融功能观。内生金融经济增长理论的金融功能观是对上述格利与肖、戈德史密斯等金融功能观的质疑。内生金融经济增长理论的贡献就在于在现有的研究中直接或间接地加入特定的摩擦因素，如信息不对称、交易成本等，通过金融市场和金融中介机构的微观基础，来分析金融与经济增长的关系②。

在上述金融功能观点的基础上，1993年，默顿和博迪基于金融市场和金融中介的功能观点提出了金融体系改革理论，其在《全球金融体系：功能观点》一书中对主要的研究成果进行了概括，即"功能观点"③。总体上看，默顿和博迪的金融功能观关注的焦点是金融机构与金融市场之间的动态演进。区别于传统理论从竞争性、替代性的角度来解释机构与市场的关系，金融功能观通过内在联系的逻辑链条，将机构与市场视为履行金融产品"创造"与"打造"功能的制度安排。正因为如此，金融功能观可以被用来解释全球金融体系结构的趋势性变化。

二、金融功能理论的主要内容

金融功能理论研究的主要内容包括：金融机构为经济增长提供的服务和功能，以及解释金融机构或功能存在的必要性。

金融功能和服务观点认为，金融发展中关注的问题不应是银行或者市场，而是应该关注如何发挥金融市场和金融机构的功能。默顿和博迪提出了金融体系主要的六个功能：①通过提供支付和结算手段，降低交易成本，促进专业化分工。②汇集资源并向企业配置资源。③从时间、空间、行业三个维度转移和分配经济资源。④提供风险管理手段。⑤提供价格信息，为企业决策提供参考。⑥提供方案解决信息不对称和代理等问题④。莱文通过引入规模经济、质

---

① 戈德史密斯. 金融结构与金融发展 [M]. 周朔，等译. 上海：上海三联书店，1994：79-87.
② GREENWOOD, JAREMY, BRUCE SMITH. Financial Markets in Development and the Development of Financial Markets [J]. Journal of Economic Dynamic and Control, 1997, 21 (1): 145-181.
③ MERTON R C, BODIE Z. A Conceptual Framework for Analyzing the Financial Environment in the Global Financial System: A Functional Perspective [M]. Boston: Harvard Business School Press, 1995: 3-31.
④ MERTON R C, BODIE Z. A Conceptual Framework for Analyzing the Financial Environment in the Global Financial System: A Functional Perspective [M]. Boston: Harvard Business School Press, 1995: 3-31.

量阶梯以及外部性等要素，总结了金融的五大功能：①风险减缓；②资源配置；③公司治理；④动员储蓄；⑤促进交易①。

金融功能理论着眼于金融体系在经济发展中的经济功能，其实质是分析金融之所以能够影响经济的内在原因。金融功能可以表现为连接储蓄与投资、配置资源与风险、平衡供给与需求、创造信用和价值等，但金融最为核心和关键的本质还是为实体经济的发展服务。不同类型的金融功能分别对应着金融服务实体经济的不同方式。在经济发展的不同阶段，所需的金融功能可能存在差异，但为实体经济的发展服务是金融的天职，是金融存在的宗旨，也是防范金融风险的根本举措。

第三节 经济金融化理论

一、经济金融化理论的形成与发展的主要脉络

1966 年，美国经济学家保罗·斯威齐在研究国民经济中房地产与保险部门的扩张现象时，首次使用了学术意义上的"经济金融化"概念。"经济金融化"一词最早出现于凯文·菲利普斯 1993 年出版的著作《沸点》中。1994 年，戈德史密斯在《金融结构与金融发展》一书中提出"金融相关比率"的概念，开始经济金融化的开创性研究。然而，金融相关比率反映的是金融总量与国民收入之间的时间序列关系，并没有反映出经济金融化的不同阶段和不同层次及其与实体经济之间的关系。此后，根据研究视角的不同，学术界从资本关系视角、企业治理视角、积累模式视角对经济金融化过程做了进一步研究。

（1）积累模式视角。1994 年以来，阿瑞吉、克里普纳等人将经济金融化理解为资本主义体系的一种积累模式，资本主义在发展的同时其积累模式也在进行演进，经济金融化主要表现为收入与资本由实体经济向金融领域逐渐转移②。

（2）企业治理视角。2000 年，尼左拉克、奥利沙文从企业内部权力结构变化对经济金融化进行微观解释，将经济金融化解释为股东价值支配地位的上

---

① LEVINE R. Financial Development and Economic Growth: Views and Agenda [J]. Journal of Economic Literature, 1997, 35 (2): 688-726.

② KRIPPNER G R. The Financialization of the American Economy [J]. Socio-Economic Review, 2005, 3 (2): 173-208.

升和公司治理模式的演进[1]。

（3）资本关系视角。2005年，爱泼斯坦提出了一个后来被广泛接受的经济金融化的定义，即金融机构、金融市场、金融活动、金融从业者在经济运行与政府决策过程中的地位不断提高，经济金融化反映了金融部门在国民经济中的优势地位[2]。

二、经济金融化理论的主要内容

随着研究的深入，研究者认为经济金融化有着丰富且广泛的含义。根据目前的研究，经济金融化的内涵可以被概括为三点：一是金融活动在经济活动中的作用日趋重要，金融业占国民经济的份额越来越大，金融资产在社会财富中的比重日益增加，金融活动成为经济活动的重要组成部分；二是在经济全球化和经济自由化的影响下，世界各国的经济联系日益表现为金融联系，社会上的经济关系越来越表现为债权、股权、债务关系、股利关系和风险与保险关系等金融关系；三是随着金融全球化的发展，全球金融资本高频率流动，金融衍生产品市场高速增长，大量投机资本的逐利行为导致了全球金融市场的大起大落，全球经济的不稳定和股市的波动加剧了发展中国家金融的脆弱性和经济增长的不稳定性。

经济金融化的表现主要有：①金融资产呈现爆炸式增长势头。在"股东价值导向"的影响之下，非金融企业越来越依赖于资本市场的金融投资或投机活动，非金融企业的投资呈现出强烈的短期化特征，金融资产成为投资的首选，社会资产日益金融化。②社会资本不断向金融市场倾斜。由于生产的利润远低于资本投机行为，资本日益向金融市场倾斜，逐步减少投向商品生产和流通环节的资金量，扩大对金融市场的投资。资本不断从生产领域转向金融市场，从而加深金融化程度。③金融虚拟经济在经济活动中日益突出。社会资本不断转为资本市场上的金融产品，金融产值占GDP的比例不断增大，资本日益进入金融领域而非进入生产导致经济高度虚拟化。金融产业成为国民经济增长的重要来源，实体经济与金融产业互相渗透、互相依存。

总体来看，经济金融化是随着国民收入的增长、社会财富的迅速增加、经济结构的演变和金融体系在现代社会经济生活中地位和作用的提升而逐渐出现的。从本质上来说，经济金融化是金融经济和实体经济融合发展的过程。经济

---

[1] 邹旸. 经济金融化的内涵、表现与治理：一个文献综述[J]. 南方金融，2018（2）：20-30.
[2] EPSTEIN G A. "Introduction：Financialization and the World Economy"，Financialization and the World Economy [M]，Northampton，MA：Edward Elgar，2005：chapter1.

金融化沟通了不同经济部门之间的投资储蓄即资本货币化的渠道。从世界经济运行来说，经济金融化是一个金融要素对实体经济的渗透力和影响力显著增强的过程，也是一个全球资源、风险和利益不断进行再分配的过程。

第三章　金融支持实体经济质量提升的研究现状

如何理解金融与实体经济的关系，一直是国内外学者思考和探索的重要问题，尤其是 2008 年发生全球金融危机以来，金融与实体经济的关系发生了重大的变化，出现了"金融化""脱实向虚"等现象。对此，国内外学者予以高度关注并不断展开研究，产生了丰富的成果。本章在前述基础理论研究基础上，进一步对国内外有关金融与实体经济的研究现状进行梳理，以期为本研究提供理论借鉴和研究思路。

第一节　国外研究现状

国外对金融支持实体经济发展的研究，大多被包含于金融与经济增长关系的研究之中。研究主要从金融发展与经济增长、金融结构与经济增长、金融与实体经济三个维度展开。

一、考察金融发展与经济增长之间的关系

在金融发展与经济增长之间的关系方面，早期的研究以发展中国家金融问题为研究对象，论证了金融发展与经济增长之间相互制约、相互促进的关系[①]。

进入 20 世纪 90 年代后，研究者在内生增长理论基础上，对金融与经济增长的关系研究从计量数理模型角度进行了补充与完善，其中最具代表性的研究

[①] GOLDSMITH R W. Financial Structure and Development [M]. New Heaven: Yale University Press, 1969; MCKINNON R. Money and capital in economic development [M]. Washington DC: Brookings Institution, 1973; SHAW E S. Financial deepening in economic development [M]. Oxford: Oxford University Press, 1973.

主要有 Greenwood、King 和 Levine、Levine 和 Zervos（1998）、Rajan 和 Zingales 等。Greenwood 将金融中介程度和经济增长率置于内生增长分析框架，指出金融中介与经济增长有着密不可分的关系，金融通过金融中介促进经济增长，即通过金融中介允许资本获得更高的回报率，而经济增长反过来为创新金融中介提供高成本，从而导致不同发展水平的国家日益拉大贫富差距[1]。King 和 Levine 通过构建衡量金融发展的指标体系，计算不同国家不同时期的金融发展水平，并运用大量结构严谨的数据资料进行定量分析，发现金融发展水平越高，实体资本积累越多，经济效率提高越多，且金融发展水平与未来资本积累率、经济增长率之间存在长期重要关系[2]。Levine 和 Zervos 侧重从金融发展的具体表现形式（包括股票市场的流动性、银行发展情况、股市规模、国际化程度等）出发，实证研究发现股票市场流动性越高、银行业越发达，越有利于地区经济增长、资本积累和生产率的提高[3]。Rajan 和 Zingales 引入行业对外部融资的资金需求因素，构建理论模型来检验金融发展对经济增长的影响机制和影响效应，发现金融市场发达程度越高，金融依赖性强的行业或企业规模会越大，发展会越好[4]。

此后，学者还在汲取内生增长理论合理内容的基础上，将流动性冲击、银行破产机制、金融中介机构等金融因素加入传统的宏观经济模型，模拟现实经济以及金融周期与实体经济周期之间的关系[5]，分析金融中介和金融市场、金融发展对经济增长的作用机制，探讨两者之间的内在机理和联动效应。Khalil Mhadhbi 创新性地引进新金融发展代理变量，考察了 1970—2012 年 27 个中等收入国家金融发展水平，以及其与经济增长之间的格兰杰因果关系。研究结果显示，这 27 个国家不仅在金融发展水平方面存在差异，而且不同国家金融发

---

[1] GREENWOOD J, JOVANOVIC B. Financial development, growth, and the distribution of income [J]. Journal of Political Economy, 1990, 98 (5): 1076-1107.

[2] KING R G R. Finance and growth: Schumpeter might be right [J]. Policy Research Working Paper, 1993, 108 (3): 717-737.

[3] LEVINE R, ZERVOS S. Stock Markets, Banks, and Economic Growth [J]. Policy Research Working Paper, 1998, 88 (3): 537-558.

[4] RAJAN R G, ZINGALES L. Financial Dependence and Growth [J]. American Economic Review, 1999, 88 (3): 559-586.

[5] 分别参见：GERTLER M, KIYOTAKI N. Financial intermediation and credit policy in business cycle analysis [M] //B FRIEDMAN, M WOODFORD. Handbook of Monetary Economics. NewYork: Elsevier, 2010: 547-599; GERTLER M, N KIYOTAKI. Banking, Liquidity, and Bank Runs in an Infinite Horizon Economy [J]. American Economic Review, 2015 (7): 2011-2043.; IACOVIELLO M M, PAVAN M. Housing and Debt Over the Life Cycle and Over the Business Cycle [J]. SSRN Electronic Journal, 2011, 60 (2): 221-238.

展与经济增长的因果关系也存在巨大差异①。因此，国外大多数学者认为，金融发展与经济增长两者之间互相影响，且在不同国家其影响（作用）不一致。

但随着时代的不断发展，特别是2008年全球金融危机爆发之后，部分学者根据发达国家和发展中国家金融与经济发展统计资料分析，提出了"金融过度论"。贝尔克斯、帕尼萨等通过统计研究发现，当私人部门的信贷达到GDP的100%时，金融开始对经济增长产生负面影响②。同年，切凯蒂等人得到类似研究结果，其通过对发达国家和新兴经济体的实证分析发现，金融发展水平在一定程度以内是有利的，超过一定程度就会对经济增长产生负面影响，而这一结果在以发达经济体为例的研究中表现得更为明显③。

二、考察金融结构与经济增长之间的关系

在金融结构与经济增长的关系方面，最早依然可以追溯到戈德史密斯所著的《金融结构与金融发展》一书中。该书指出，金融发展即金融结构的变化，而金融结构是金融工具与金融机构的总和，并指出一国的金融结构在不同时期并不相同，一个国家的金融发展状况由该国不同时期的金融结构变化情况表现，包括各种金融工具、金融机构的性质、经营方式和规模的变化，各种金融工具的分支机构情况及其活动程度，以及金融资产总值占GDP的比重（金融相关比率即FIR）等④。该理论奠定了金融结构理论的研究基础。研究者在这个基础上主要探讨何种类型的金融结构更有利于经济增长。具体来说，这些研究从理论上可以被划分为：银行主导论、市场主导论、金融服务论和法律制度论。银行主导论者和市场主导论者分别强调了银行主导型金融结构、市场主导型金融结构对经济增长更有优势，而金融服务论者和法律制度论者则不赞成二分法的金融结构观点，强调金融功能和法律制度对金融部门所产生的影响（Shleifer et al., 1986; Allen et al., 1999; Levine, 1997），且这些理论正处于不断发展的过程中。20世纪90年代左右，学界按照企业外源融资渠道的差

---

① KHALIL MHADHBI. New Proxy of Financial Development and Economic Growth in Medium-Income Countries: A Bootstrap Panel Granger Causality Analysis [J]. American Journal of Applied Mathematics and Statistics, 2014, 2 (4): 185-192.

② ARCAND J L, BERKES E, PANIZZA U. Too much finance? [J]. Journal of Economic Growth, 2015, 20 (2): 105-148.

③ CECCHETTI G, KHARROUBI E. Reassessing the Impact of Finance on Growth [R]. BIS Working Papers, 2012, No. 381.

④ GOLDSMITH R W. Financial Structure and Development [M]. New Haven: Yale University Press, 1969: 1-220..

异，将金融体系结构分为银行（中介）主导型金融结构和市场主导型金融结构，即"两分法"金融结构理论，两种金融结构的划分由一国银行部门发展与证券部门发展情况综合而定。不同国家或同一国家在不同时期的金融结构会有所不同。目前美国是典型的市场主导型金融结构，而日本是典型的银行（中介）主导型金融结构。同时，存在差异的金融结构会直接影响企业的外源融资方式。

在理论分析金融结构与经济增长的基础上，众多学者在何种金融结构更有助于经济增长、如何判定为某种金融结构以及不同金融结构通过何种机制促进经济增长方面进行了大量的理论与实证探究。具体表现为：

（1）在何种金融结构更有利于经济增长的研究方面，Kester 在比较分析美国和日本两个国家企业债务融资情况的基础上，认为银行主导型金融结构的制度会倾向于安排支持更多的债务融资，但没有给出谁更好的结论[1]。Levine 和 Zervos 通过对 47 个经济发展程度差异较大的国家 1976—1993 年相关数据的分析，认为金融中介对经济增长的作用不显著，而股票市场对经济增长有着显著为正的影响[2]。

（2）在区分是以银行为主导，还是以市场为主导的金融结构研究方面，Levine 在深刻认识金融发展与金融结构的基础上，从股票市场和以银行为中介的金融机构的相对规模、活跃度和效率三个维度构建评价一国（地区）金融结构类型的指标体系，并采用主成分分析法计算得出一国（地区）金融结构市场化程度指数作为金融结构的代理变量，该值越大反映金融结构市场化程度越高，即市场化主导更加明显[3]。

（3）在金融结构通过何种机制影响经济增长的研究方面，Levine 从金融服务论角度出发，指出运转良好的金融体系有助于披露信息，降低交易成本，并引导储蓄配置到高效率的生产部门，因此较发达的金融体系能促进经济增长[4]。金融结构通过金融功能来影响经济增长，但不同的金融结构对经济增长进行影响的渠道不一样。Rajan 和 Zingales 深入研究后发现：不同类型金融结

---

[1] KESTER W C. Capital and Ownership Structure: A Comparison of United States and Japanese Manufacturing Corporations [J]. Financial Management, 1986, 15（1）: 5-16.

[2] LEVINE R, ZERVOS S. Stock Markets, Banks and Economic Growth [J]. American Economic Review, 1998, 88（3）: 537-558.

[3] LEVINE R. Bank-Based or Market-Based Financial Systems: Which Is Better? [J]. Journal of Financial Intermediation, 2002, 11（4）: 398-428.

[4] LEVINE R. Financial development and economic growth: views and agenda [J]. Journal of Economic Literature, 1997, 35（2）: 688-726.

构对传统行业与创新型行业的融资偏好不一样,一般表现为银行主导型金融体系更有助于传统行业实现外部融资,而市场为主导的金融体系则有助于创新型行业实现外部融资[①],这也同时说明了资本市场更倾向于投资给创新型行业,会对企业施加更强的约束,进而获得融资的企业有更强的动机去筛选合适的投资项目[②]。从这个角度同样可以看出,金融机构可以通过对投资企业项目的筛选特别是对创新型项目的筛选来影响产业结构和经济发展。之后,富兰克林·艾伦、劳拉等学者考察了一国实体经济与该国金融体系的关系,也得到了类似的结论,发现银行部门更倾向于对传统的资本密集型行业提供融资,这类企业的投资项目破产概率相对较低,风险较低;而资本市场则更倾向于为创新型行业企业提供融资。

三、考察金融支持对实体经济的影响

2008年全球金融危机发生之后,金融体系对实体经济的影响受到广泛关注,大量研究人员开始进行金融与实体经济关系的研究。国外的这些研究一方面对金融周期与实体经济周期之间的关系进行实证分析,另一方面试图通过将金融因素植入传统的宏观经济模型以更好地模拟现实经济(Liu et al., 2010; Gerali et al., 2010; Claessens et al., 2011; Carlos, 2012; Iacoviello et al., 2013)。现有研究发现,金融对实体经济的影响既有正向影响,又有负向影响。

在金融对实体经济具有负向影响方面,Orhangazi(2006)研究发现,金融投资的高收益促使企业管理人员在进行投资时偏向投资金融领域,甚至将企业本应投资实体领域的资金投资到金融领域,导致企业的生产模式发生转变,进而使得经济活动重心从产业部门转移到金融部门,对实体经济投资产生"挤出"效应,造成实体企业空心化运转,不利于实体经济创新升级发展。此外,金融支付(利息与股息)的增加减少了企业内部资金投资,降低了企业应对风险的能力[③]。Morawetz研究发现,金融资本本身的逐利行为,导致资本密集型产业会吸引更多的金融资本,这些金融资本被投向高风险资本密集型产业,

---

① RAJAN R G, ZINGALES L. The Great Reversals: The Politics of Financial Development in the 20th Century [J]. Journal of Financial Economics, 2003, 69 (1): 5-50.

② HUANG H, C XU. Institutions, Innovations, and Growth [J]. American Economic Review, 1999, 89 (2): 438-443.

③ ORHANGAZI O. Financialization and capital accumulation in the nonfinancial corporate sector: A theoretical and empirical investigation on the US economy: 1973—2003 [J]. Cambridge Journal of Economics, 2008 (32): 863-886.

极大地促进了相关资本密集型产业的成长，但同时也存在风险①。费霍等人定量分析了巴西21世纪以来产业结构和金融化的关系，发现金融化推动了早期的去工业化进程，工业占GDP的比例随着金融化程度的加深而下降②，存在此消彼长的现象。Tori和Onaran对欧洲1995—2015年上市非金融公司（NFCs）的资产负债表面板数据进行分析，发现在所有西欧公司和单个国家公司中，不管是金融收入还是金融支付（利息或股息），都对NFCs的固定资产投资有负向影响，即金融对实体经济产生了挤出效应；同时，一国金融发展程度越高，金融收入对企业实物投资的挤出作用越大③。部分学者还从金融投资去向分析其对实体经济的影响，如Bleck等研究发现，随着房地产市场的蓬勃发展，房地产具有抵押担保的作用，使得银行更愿意将资金贷给房地产企业，这导致实体企业面临更大的融资约束程度。同时，房地产市场的蓬勃发展，导致部分实体企业转向房地产行业投资，不利于实体经济发展④。

在金融对实体经济具有正向影响方面，金融对实体经济的正向影响主要从金融功能角度出发进行分析。一方面，金融通过集聚资金，缓解了企业资金短缺和融资约束。Tornell、Theurillat指出，金融发展能拓宽企业资金来源，增强企业资产的流动性，提高实体企业融资约束，进而促进实体企业发展⑤。Duchin研究指出，随着金融的不断发展，企业会增加金融资产持有，这有助于企业在面临危机时迅速变现金融资产以获得生产性投资资金，进而促进实体企业投资发展⑥。另一方面，金融通过信息披露、分散企业经营风险，促进创新项目投资对实体经济产生正向影响。Demir研究发现，金融发展为企业提供了更多的投资组合，分散了风险，特别是在经济下行、企业面临经营风险时，

---

① MORAWETZ N. The Rise of Co-Productions in the Film Industry: The Impact of Policy Change and Financial Dynamics on Industrial Organization in a High Risk Environment [D]. Hertfordshire: the University of Hertfordshire, 2009.

② FEIJO C, LAMôNICA M T, LIMA S S. Financialization and Structural Change: the Brazilian case in the 2000s [R]. Center for Studies on Inequality and Development working paper, 2016.

③ TORI D, ÖZLEM ONARAN. The effects of financialization on investment: Evidence from firm-level data in Europe [R]. Working Paper, 2017.

④ BLECK A, LIU X W. Credit expansion and credit misallocation [J]. Journal of Monetary Economics, 2018 (94): 27-40.

⑤ TORNELL A. Real vs. financial investment: Can Tobin taxes eliminate the irreversibility distortion [J]. Journal of Development Economics, 1990 (2): 419-444; THEURILLAT T, J COPATAUX O. Crevoisier Property sector financialization: The case of Swiss pension funds (1992—2005) [J]. European Planning Studies, 2010 (2): 189-212.

⑥ DUCHIN R, OZBAS O, SENSOY B A. Costly external finance, caporate investment, and the subprime mortgage credit crisis [J]. Journal of Financial Economics, 2010 (3): 418-435.

企业能灵活筹划资产组合进行投资，弥补实体业务经营的亏空，保证企业的正常运转[1]。Arizala 等认为，资本是企业技术创新的内生变量，金融发展有助于增强制造业的技术创新能力[2]。金融发展导致的地理集聚同样会影响实体经济的产业布局。Myers 研究认为，地理邻近有助于金融机构搜集各类信息，降低信息不对称导致的外部资金风险溢价与交易风险[3]，因此，金融对实体经济发展有着促进功能。

第二节 国内研究现状

国内对金融支持实体经济的相关研究，与国外相似，早期的研究同样被包含于金融与经济增长关系的研究之中，并同样集中于金融发展与经济增长关系、金融结构与经济增长关系两个方面[4]。2008 年全球金融危机发生后，国内研究者开始高度关注"金融服务实体经济"这一主题。具体来看，这些研究主要集中在以下几个方面：

一、金融与实体经济关系的规范性辨析与反思

2008 年全球金融危机发生之后，国内学者对金融与实体经济关系进行了规范性辨析与反思。研究者提出了基本一致的看法，认为金融发展必须立足于实体经济，同实体经济紧密结合的、适度的金融发展和创新对实体经济与金融的长期发展既是必要的，也是有利的；而过度脱离实体经济的金融发展和创新，则不利于实体经济的发展。

从研究视角来看，研究者从多个角度对二者的关系进行了规范性讨论，主要包括以下几个方面：

（1）从金融资本和产业资本之间的动态转化角度来分析金融与实体产业

---

[1] DEMIR F. Capital market imperfections and financialization if real sectors in emerging markets：Private investment and cash flow relationship revisited [J]. World Development，2009（5）：1490-1507.

[2] ARIZALA F，CAVALLO E，GALINDO A. Financial development and TFP growth：cross-country and industry-level evidence [J]. Applied Financial Economics，2013，23（6）：433-448.

[3] Myers S C. The Capital Structure Puzzle [J]. Journal of Finance，2012，39（3）：574-592.

[4] 卢峰，姚洋. 金融压抑下的法治、金融发展和经济增长 [J]. 中国社会科学，2004（1）：42-55，206；张军，金煜. 中国的金融深化和生产率关系的再检测：1987—2001 [J]. 经济研究，2005（11）：34-45；林毅夫，姜烨. 经济结构、银行业结构与经济发展：基于分省面板数据的实证分析 [J]. 金融研究，2006（1）：7-22.

的关系。陈雨露指出，金融资本在追求自我扩张和自我实现时会驱逐产业资本，导致金融资本脱离实体经济，投资逻辑压倒生产逻辑，会带来系统性风险加速积累，因此金融发展必须立足实体经济，金融创新必须围绕实体经济[①]。赵通和任保平围绕"金融资本与产业资本融合促进实体经济发展"这一主题，分析认为产融结合促进实体经济发展的机理在于产融结合促进实体企业的信息效应、资源效应和协同效应，同时指出我国存在"由融而产"和"由产而融"的路径，前者应选择以政府主导壮大大型企业的产融结合模式，后者应选择以市场为主导助力中小企业发展的产融结合模式[②]。

（2）从金融的本源与归宿的哲学角度研究。白钦先和薛阳指出，实体经济发展的内在需求促使金融活动产生，即金融来源于实体经济，经济发展促使金融市场产生。同样，金融以其资源配置功能凌驾于实体经济之上，逐渐对实体经济产生主动性、主导性、自我发展等作用，但金融是手段不是目的，其最终仍将回归实体经济[③]。

（3）从主流宏观经济学角度分析金融与实体经济的关系。纪志宏提出以货币稳定、金融稳定落实"金融支持实体经济"，其核心是提高金融资源配置效率[④]。张晓朴和朱太辉分析认为金融体系不是实体经济对立面的虚拟经济，而是作为服务业的重要组成部分，为实体经济提供金融资源，直接为实体经济贡献经济产出。只有准确把握金融体系自身的内在运行机制，以及其与实体经济的匹配度，才能实现金融体系与实体经济协调可持续发展[⑤]。邱兆祥和王树云指出，实体经济是金融存在的基础，而金融是推动实体经济发展的重要工具，要促进金融与实体经济协调发展，要着力推动实体经济产业结构优化升级，增强其对金融资本的吸引力，同时要提高金融服务实体经济的能力和水平[⑥]。李扬指出金融与实体经济两者的边界越来越模糊且彼此渗透，并提出金融要服务于实体经济，而金融服务于实体经济要围绕提高资源配置效率来开展工作[⑦]。

[①] 陈雨露.促进金融和实体经济的有效结合［J］.金融博览，2015（5）：30-31.
[②] 赵通，任保平.金融资本和产业资本融合促进实体经济高质量发展的模式选择［J］.贵州社会科学，2018（10）：112-117.
[③] 白钦先，薛阳.金融与实体经济关系的哲学思考［J］.沈阳师范大学学报（社会科学版），2016，40（4）：56-60.
[④] 纪志宏.从宏观角度理解"金融支持实体经济"［J］.金融发展评论，2012（12）：4-14.
[⑤] 张晓朴，朱太辉.金融体系与实体经济关系的反思［J］.国际金融研究，2014（3）：43-54.
[⑥] 邱兆祥，王树云.金融与实体经济关系协调发展研究［J］.理论探索，2017（4）：28-34.
[⑦] 李扬."金融服务实体经济"辨［J］.经济研究，2017，52（6）：4-16.

(4) 从实体企业和城乡居民的金融选择权利角度分析。王国刚指出,要发挥市场机制在配置金融资源方面的决定性作用,必须改革中国金融体系,使金融体系回归实体经济,即扩大实体企业和城乡居民的金融选择权利,促进其在金融市场上展开价格竞争。具体应以公司债券作为抓手,推进金融体系的深化改革。更为重要的是,必须增强实体企业,以促进实体企业盈利水平满足投资的需要[①]。

(5) 从金融化角度分析金融与实体经济的关系。谢家智和王文涛等人认为制造业过度金融化将加剧"去工业化"和资产泡沫化矛盾,会抑制技术创新能力,削弱制造业发展基础[②]。张成思和张步昙在对经济金融化的理论前沿进行系统梳理之后,阐释了金融与实体经济的关系,如传统生产性行业的利润率长期下降、贸易开放与金融开放、人口老龄化是导致经济金融化的三个重要动因,且面临着改变传统的价格形成机制和资源配置方式、拉大收入分配差距、出现以金融为核心的新经济增长模式等多重冲击,提出金融杠杆率可以作为判断金融化现象和金融发展政策是否有利于一国经济平稳发展的标准之一[③]。方芳和黄汝南从增长和分配两个维度考察了1870年以来两轮经济金融化的特征事实和16个国家发生的系统性银行危机。他们研究发现,金融部门对实体经济具有内生性作用,适度金融化有利于经济增长,提高收入分配公平度,但过度金融化会普遍放缓资本积累、降低生产率、扩大贫富差距等,加剧实体经济与金融之间的失衡,因此要适当抑制金融化过度倾向[④]。此外,王永钦和高鑫等通过一条逻辑主线对金融发展、资产泡沫与实体经济进行文献综述,指出金融发展通过资产泡沫的产生以及其严重程度来影响实体经济增长和波动[⑤]。陈雨露和马勇从市场主体投资行为角度出发,为泡沫、实体经济与金融危机之间的作用机制提供了一个周期分析框架,认为只有从金融与实体经济

---

① 王国刚.以公司债券为抓手 推进金融回归实体经济[J].金融评论,2013,5(4):1-14,124;王国刚.落实全国金融工作会议精神 促进金融回归实体经济[J].清华金融评论,2017(11):27-30.

② 谢家智,王文涛,江源.制造业金融化、政府控制与技术创新[J].经济学动态,2014(11):78-88.

③ 张成思,张步昙.再论金融与实体经济:经济金融化视角[J].经济学动态,2015(6):56-66;张成思,张步昙.中国实业投资率下降之谜:经济金融化视角[J].经济研究,2016,51(12):32-46.

④ 方芳,黄汝南.金融化与实体经济:金融本质再考察[J].教学与研究,2019(2):15-27.

⑤ 王永钦,高鑫,袁志刚,等.金融发展、资产泡沫与实体经济:一个文献综述[J].金融研究,2016(5):191-206.

的持续反馈机制中去认识,才能识别泡沫,进行危机防范①。

二、金融"脱实向虚"现象研究

随着经济的不断运行,有研究者认为,近年来,我国存在着较为严重的金融"脱实向虚"现象,其表现为"货币松"与"资金紧"并存、金融资源在金融体系空转、金融部门相对于实体经济部门膨胀等特征。

研究主要集中在资金"脱实向虚"的表现、原因、后果及对策方面。康文峰认为金融资本"脱实向虚"、实体经济"空心化"现象同时存在,并从评价机制、跟踪警示制度、风险防范、审慎监管等多角度提出政策建议②。陈道富指出我国货币金融与实体经济出现割裂现象,如资源错配、投资链条太长等导致货币金融投资效率大幅度下降,跨境资金流动带来挤出效应等,追根究底,原因在于:实体经济层面的体制机制、金融体系转型和监管不足以及货币金融环境宽松的政策因素等③。冉芳和张红伟指出,在当前我国实体经济下行压力增大的背景下,大量金融资源集聚在金融体系内循环,金融部门相对于实体经济部门膨胀,金融资源向实体经济的渗透率下降、房地产价格快速上涨累积资产价格泡沫、互联网金融创新存在异化等金融异化现象,这会导致高杠杆资金下的债务风险、资产价格泡沫破灭风险、民间金融和影子银行扩张风险,银行业坏账引发区域性、系统性金融风险④。王国刚指出,中国经济运行资金"脱实向虚"的直接原因在于PPI(生产者价格指数)持续负增长,导致实体经济面企业资产利润率降低和波动,更深层次原因则在于机制体制制约,经济结构短板产业未能得到有效提升和发展不足⑤。张志明指出,导致我国资本"脱实向虚"现象严重的原因有两个方面:一方面,金融、股票、房地产等行业虚拟经济盈利能力持续升高,挤占实体经济利润;另一方面,资金在金融系统内空转现象严重,加大了金融风险⑥。王国锋指出,我国金融"脱实向虚",

---

① 陈雨露,马勇.泡沫、实体经济与金融危机:一个周期分析框架 [J].金融监管研究,2012(1):1-19.
② 康文峰.金融资本与实体经济:"脱实向虚"引发的思考 [J].当代经济管理,2013,35(1):84-88.
③ 陈道富.我国货币金融与实体经济割裂的现状与原因 [J].发展研究,2013(12):57-62.
④ 冉芳,张红伟.我国金融与实体经济非协调发展研究:基于金融异化视角 [J].现代经济探讨,2016(5):34-38.
⑤ 王国刚.金融脱实向虚的内在机理和供给侧结构性改革的深化 [J].中国工业经济,2018(7):5-23.
⑥ 张志明.金融化视角下金融促进实体经济发展研究 [J].经济问题探索,2018(1):30-37.

不仅加大了金融的脆弱性,而且极大地冲击着实体经济发展①。魏文江研究指出,我国资金"脱实向虚"在宏观层面表现为"三个背离",即货币增速与经济增速背离、虚拟经济增长与投资效率背离、商品房平均销售价格与其他商品价格背离。在微观层面则表现为企业的金融化现象,即企业所持有的金融资产比重不断上升②。陈湘满和喻科认为我国金融市场与实体经济供需失衡,表现为金融供给"脱实向虚"、有效金融供给不足和无效金融供给泛滥③。除此之外,有学者从微观视角理解经济"脱实向虚"。戴赜和彭俞超等从企业金融化视角出发,研究认为,以分散风险、缓解融资约束为目的的企业金融化能够提升企业的经营效率,促进经济发展;银行融资歧视形成的企业金融化和资产价格泡沫形成的企业金融化会削弱金融稳定基础,阻碍经济发展④。

总而言之,金融"脱实向虚"会导致实体经济产业"空心化"、民间高利贷市场泛滥、金融系统性风险集聚等诸多危害(陈雨露、马勇,2012;陆岷峰、张惠,2012)。其产生的原因主要有:金融体系转型与监管不足、刚性兑付问题、货币金融宽松以及实体经济层面的体制机制原因等(陈道富,2013;李扬,2014),而其解决的措施包括深化供给侧结构性机制体制改革、加强审慎监管、增强实体企业实力、强化法律法规、防范金融风险等(康文峰,2013;冉芳、张红伟,2016;王国刚,2018)。

三、金融对实体经济影响的实证研究

随着学者对金融与实体经济关系的认识更加全面,部分学者在理论推演、数据分析的基础上展开实证研究。实证研究主要集中在以下三个方面:

一是基于协整分析、格兰杰因果检验、脉冲响应模型、耦合度模型等方法考察金融与实体经济之间的相互关联。周丽燕从社会融资规模视角选取我国2002—2012年GDP、银行贷款、非金融机构股票融资、企业债券和保险赔偿等密切反映社会融资规模指标的季度数据进行单位根、协整因果检验,发现从长期来看,社会融资规模与经济增长都存在长期的正向协整关系,经济增长与

---

① 王国锋.广义视角下的金融"脱实向虚"问题研究:基于虚拟经济与实体经济经常性背离关系[J].金融发展评论,2018(6):97-107.
② 魏文江.金融发展与资金"脱实向虚"问题研究[J].西南金融,2019(7):28-35.
③ 陈湘满,喻科.以金融供给侧改革助力实体经济发展[J].人民论坛,2019(22):84-85.
④ 戴赜,彭俞超,马思超.从微观视角理解经济"脱实向虚":企业金融化相关研究述评[J].外国经济与管理,2018,40(11):31-43.

金融发展具有相互促进作用[1]。周建军和鄢晓非在从理论上探讨金融与实体经济共生关系的基础上，构建了金融发展与实体经济增长的脉冲响应模型。实证发现，我国金融业与实体经济之间是一种有利于金融业的非对称性互惠共生关系，金融发展需要实体经济需求跟进[2]。岑丽君和黄新克研究了中国金融周期与实体经济周期之间的关联性，研究发现，两者之间存在较强的正相关关系和协同关系，短期内经济波动是信贷周期的格兰杰原因，而长期信贷周期波动又是实体经济周期的格兰杰原因，因此要从顶层重视金融要素与实体经济的耦合发展[3]。王国锋构建了向量自回归模型（VAR）对虚拟经济与实体经济发展的非协调性关系进行实证分析，发现实体经济与虚拟经济之间存在长期协整关系，股票市场、社会融资规模、金融相关比率等虚拟金融指标对实体经济增长具有促进作用，但短期具有负面脉冲作用，且股票市场和金融规模的扩张对经济增长有着显著的促进作用[4]。田新民和武小婷运用耦合协调度模型对我国1990—2016年金融与实体经济关联度和协调度进行实证分析，结果表明：金融与实体经济的协调度发展在我国呈现出先降后升的"U"形发展轨迹，两者处于勉强协调和中度协调状态，还存在提升空间，并提出通过深化资本市场改革不断提高金融服务实体经济能力和水平[5]。

二是实证分析了金融支持对实体经济增长与波动的影响，但并没有得到较为一致的结论。一些研究认为金融发展阻碍了实体经济的增长。李强和徐康宁利用我国2000—2010年省级面板数据研究金融发展对实体经济的影响，发现金融发展促进了经济增长，但阻碍了实体经济的发展；金融发展对不同区域实体经济的阻碍作用由大到小依次为：西部、东部和中部[6]。李静萍基于资金流量表方法，研究发现金融部门向非金融部门企业提供的融资阻碍了中国非金融部门企业增加值的增长，即中国金融部门融资对实体经济的资金配置有规模但

---

[1] 周丽燕. 社会融资规模视角下金融与实体经济之间的关系研究：基于协整分析[J]. 金融经济, 2012 (18)：137-139.

[2] 周建亮, 鄢晓非. 我国金融与实体经济共生关系的实证研究[J]. 统计与决策, 2015 (20)：137-140.

[3] 岑丽君, 黄新克. 中国金融周期与实体经济周期关联性研究[J]. 商业研究, 2016 (4)：70-75.

[4] 王国锋. 广义视角下的金融"脱实向虚"问题研究：基于虚拟经济与实体经济经常性背离关系[J]. 金融发展评论, 2018 (6)：97-107.

[5] 田新民, 武晓婷. 我国金融与实体经济的协调发展研究：基于经济金融化视角[J]. 学习与探索, 2019 (2)：121-130, 195.

[6] 李强, 徐康宁. 金融发展、实体经济与经济增长：基于省级面板数据的经验分析[J]. 上海经济研究, 2013, 25 (9)：3-11, 57.

缺乏效率①。张秀艳和周毅等以33个工业行业的大中型企业数据为样本，从金融集聚视角考察金融集聚、研发资本与工业生产率提升的关系，发现金融集聚通过增加研发资本投入显著提高了工业全要素生产率②。另一些研究则认为金融显著促进了实体经济发展。马勇和李镏洋利用中国1998—2013年的季度数据分析了金融变量与实体经济之间的关系，发现金融变量不仅对实体经济具有普遍的显著影响，而且通常领先于实体经济的发展③。此外，还有部分学者认为金融发展与实体经济之间的关系不是单向的，而是具有双向互动性。刘雅娇和胡静波以银行业代表金融部门，选取2001—2015年31个省级面板数据（港澳台地区除外），研究银行业信贷投入对实体经济的影响，发现我国银行业信贷规模与实体经济存在显著的非线性"U"形二次关系④。李健和张兰等以1998—2015年中国30个省份（西藏及港澳台地区除外）面板数据，分析发现金融发展对经济增长的影响取决于金融发展和实体部门之间的增长差异，当差异超过24.34%时，金融发展不利于经济增长，反之则有正向影响⑤。孙继国和吴倩从资金流动、金融发展规模、人才集聚和技术创新等角度分析金融发展与实体经济增长良性互动的内在机理，运用系统动力学构建金融发展与实体经济增长的因果反馈路径，并利用Vensim软件进行仿真模拟和政策检验，发现金融发展与实体经济是双向的互动循环而非单向传导，信贷资金投放增加、金融产业规模扩大会促进实体经济增长，但金融人才规模变化对实体经济的影响不显著⑥。

三是实证分析了金融对实体经济资源配置效率的影响，认为金融发展促进了中国地区实体经济资本配置效率的提高，但其作用同时又受到制度质量等地区金融生态的影响。李延凯和韩廷春构建了金融生态演进作用于实体经济增长的机制分析数理模型，发现外部金融生态环境会影响金融发展对经济增长促进

---

① 李静萍.中国金融部门融资对实体经济增长的影响研究：基于"从谁到谁"资金流量表[J].统计研究，2015，32（10）：21-31.

② 张秀艳，周毅，白雯.金融集聚与工业生产率提升：基于研发资本的中介传导有效性研究[J].吉林大学社会科学学报，2019（2）：30-40，219.

③ 马勇，李镏洋.金融变量如何影响实体经济：基于中国的实证分析[J].金融评论，2015，7（1）：34-50，124-125.

④ 刘雅娇，胡静波.银行业信贷对实体经济增长的影响研究：基于我国31个省级地区面板数据的实证分析[J].南京审计大学学报，2018，15（5）：86-93.

⑤ 李健，张兰，王乐.金融发展、实体部门与中国经济增长[J].经济体制改革，2018（5）：26-32.

⑥ 孙继国，吴倩.金融发展与实体经济增长良性互动机制研究[J].理论学刊，2019（2）：71-79.

作用的有效性[1]。刘小玄和周晓燕运用2000—2007年中国制造业规模以上企业数据，分析我国金融资源与实体经济之间配置的关系，研究发现金融融资来源在国有企业和民营企业中的表现存在差异，民营企业的融资成本和利率弹性均显著高于国有企业，但民营企业有着更高的融资绩效，却只能得到较少的融资来源[2]。李青原和李江冰等人以1999—2006年中国27个省级工业行业为研究对象，探究金融发展与地区实体经济资源配置效率，结果发现金融发展促进了实体经济资本配置效率的提高，但地方政府对银行信贷的干预会妨碍其对实体经济资本配置效率的提高[3]。蔡则祥和武学强以省级面板数据测度各省份金融服务实体经济发展的效率，实证发现政府金融集权度、银行垄断程度对金融服务实体经济效率的提高具有负向影响，而直接融资比重、普惠金融发展水平对金融服务实体经济效率的提高具有正向影响[4]。董竹和周悦指出我国金融资源配置效率不断提高，但金融资源流入实体经济的效率较低，金融体系与实体经济发展存在错配[5]。游士兵和杨芳基于绿色发展视角，进行"金融—实体经济"结构匹配分析，发现中国金融服务实体经济绿色发展效率提升主要依靠规模效率拉动，且存在地区和行业差异[6]。

四、提升金融服务实体经济能力的对策研究

研究者从不同角度提出了提升金融服务实体经济能力的对策建议。

一是从金融结构角度提出建议。巴曙松和沈长征认为应大力发展直接融资市场体系、积极推进资产证券化、积极培育机构投资者队伍[7]；辜胜阻提出应大力发展场外交易、提高小微企业直接融资比重，形成多元化经济的银行市场

---

[1] 李延凯，韩廷春.金融生态演进作用于实体经济增长的机制分析：透过资本配置效率的视角[J].中国工业经济，2011（2）：26-35.

[2] 刘小玄，周晓艳.金融资源与实体经济之间配置关系的检验：兼论经济结构失衡的原因[J].金融研究，2011（2）：57-70.

[3] 李青原，李江冰，江春，等.金融发展与地区实体经济资本配置效率：来自省级工业行业数据的证据[J].经济学，2013，12（2）：527-548.

[4] 蔡则祥，武学强.新常态下金融服务实体经济发展效率研究：基于省级面板数据实证分析[J].经济问题，2017（10）：14-25.

[5] 董竹，周悦.金融体系、供给侧结构性改革与实体经济发展[J].经济学家，2019（6）：80-89.

[6] 游士兵，杨芳.金融服务实体经济的效率测度及影响因素：基于绿色发展视角[J].金融论坛，2019，24（4）：29-44.

[7] 巴曙松.完善金融结构才能提升金融服务实体经济的效率[N].光明日报，2013-07-19（11）.

主体，大力发展直接股权融资，建立风险分担和补偿机制等措施来搭建多层次"正金字塔形"的资本市场体系，多层次"门当户对"的商业融资体系，多层次股权投资体系、金融担保体系与财政扶持和政策金融体系[①]。季仙华认为金融业应从直接与间接融资机制、比重方面进行自身改革，从优化融资结构，加大对中小微企业融资支持、培育商业信用等方面支持实体经济两个维度来完善金融市场体系，支持实体经济发展[②]。

二是从微观实体企业出发。王国刚考虑到公司债券具有存贷款的替代品、改善资金错配状况、降低债务率、推进资产证券化和商业银行业务转型、缓解小微企业融资难、熨平股市波动等独特功能，提出以公司债券作为金融回归实体经济的抓手[③]。汪涛在分析金融支持实体经济效率逐渐递减的原因的基础上，提出要简政放权、发挥市场主导作用、放宽行业准入，释放企业活力[④]。刘放提出企业要结合自身发展需求和金融发展环境合理配置金融资产、强化自身融资规划管理、审慎管理自身投资环境等来提高企业投资效率[⑤]。

三是从结构失衡角度出发。刘志彪从结构失衡角度出发，认为应通过制度创新，增加高质量的金融资产供给，平抑虚拟经济过火的势头[⑥]。卢映西和陈乐毅指出，需要在抑制虚拟经济资本回报率和推动实体经济全方位创新两方面同时改革[⑦]。杜勇和张欢等人提出要将抑制资产泡沫与提高实业投资回报率相结合，着重防范信贷资金"脱实向虚"，营造良好的金融生态环境，防控金融风险[⑧]。邱兆祥和安世友等人提出要明确金融与实体经济的定位和功能，各司其职：实体经济要注重发展生产力以提升供给端产出质量，加强资本集聚与积累；与此同时，金融则需注重资源优化配置，做好服务工作，推进资本集中和信息披露。如此，两者相互促进，方有可能实现强监督下的金融与实体经济的

---

① 辜胜阻. 让金融回归服务实体经济的本位 [J]. 宏观经济管理，2014（4）：4-5.
② 季仙华. 完善金融市场体系 支持实体经济发展 [J]. 宏观经济管理，2014（2）：42-43.
③ 王国刚. 以公司债券为抓手 推进金融回归实体经济 [J]. 金融评论，2013，5（4）：1-14，124.
④ 汪涛. 金融支持实体经济的效益为何递减？[J]. 商周刊，2016（10）：30.
⑤ 刘放. 金融发展、金融资产配置与企业投资效率 [J]. 财会，2019（18）：145-152.
⑥ 刘志彪. 实体经济与虚拟经济互动关系的再思考 [J]. 学习与探索，2015（9）：82-89.
⑦ 卢映西，陈乐毅. 经济脱实向虚倾向的根源、表现和矫正措施 [J]. 当代经济研究，2018（10）：32-38.
⑧ 杜勇，张欢，陈建英. 金融化对实体企业未来主业发展的影响：促进还是抑制 [J]. 中国工业经济，2017（12）：113-131.

良性循环[1]。

四是从宏观金融改革角度出发。陆岷峰和孙圣雪指出需要实施推进利率市场化改革、创新货币政策工具、扩大融资渠道、构建财税支持体系、完善多层次资本市场等措施来降低虚拟经济对实体经济的挤出效应，从而实现整体经济的健康可持续发展[2]。蔡则祥和武学强提出弱化政府金融集权度、强化市场配置金融资源能力、扩大债券股票融资规模、提高直接融资规模比重、推动银行业协调发展、引导资金"由虚向实"、提升普惠金融水平、改善金融生态环境等措施来提高金融服务实体经济发展效率[3]。马梓焮和赵连荣等提出从完善金融市场体系、合理配置金融资源、加强金融监管等角度促进金融有效支撑实体经济发展[4]。孙继国和吴倩提出提高信贷资金资源配置效率、推动现代金融业快速健康发展、大力开展金融创新和制度创新等来实现金融发展与实体经济增长的良性循环[5]。陈湘满和喻科认为应以供给侧结构性改革思路引导金融市场发展，在不发生系统性金融风险的前提下，不断完善金融供给体系，优化金融供给结构，实现金融供给和实体经济需求之间的无缝衔接[6]。

除此之外，还有部分学者在深入剖析金融服务实体经济主要方式是为实体经济提供流动性的认识基础上，从宏观流动性角度提出政策建议。杨子强指出中央银行必须在适度控制流动性规模的前提下，优化金融资源配置，强化中央银行流动性管理。在政策上，要进行差别化金融调控，选择更多的定向操作工具，创设宏观流动性管理指标，增强流动性管理的权威性和清晰度[7]。李连发基于流动性理论，建议建立全社会流动性统计，并对流动性进行有效管理等，以实现金融资源的均衡配置[8]。

---

[1] 邱兆祥，安世友，贾策.强监管下金融与实体经济关系的转型升级及面临的挑战 [J].金融理论与实践，2019 (3)：1-6.
[2] 陆岷峰，孙圣雪.降低虚拟经济对实体经济产生挤出效应的路径研究：基于资金供给侧改革的重点政策分析 [J].吉林金融研究，2017 (2)：4-12, 22.
[3] 蔡则祥，武学强.新常态下金融服务实体经济发展效率研究：基于省级面板数据实证分析 [J].经济问题，2017 (10)：14-25.
[4] 马梓焮，赵连荣，李莉.基于VAR模型的金融支持实体经济实证分析 [J].金融理论与实践，2019 (5)：50-55.
[5] 孙继国，吴倩.金融发展与实体经济增长良性互动机制研究 [J].理论学刊，2019 (2)：71-79.
[6] 陈湘满，喻科.以金融供给侧改革助力实体经济发展 [J].人民论坛，2019 (22)：84-85.
[7] 杨子强.宏观流动性管理与金融资源均衡配置：金融服务实体经济的困境与出路 [J].金融理论与实践，2012 (11)：114-118.
[8] 李连发.提高金融服务实体经济效率：基于流动性理论的分析 [J].郑州大学学报（哲学社会科学版），2016, 49 (4)：39-42, 143.

第三节　国内外研究述评

综上所述，国内外现有研究从不同方面对金融与实体经济的关系进行了研究，并取得了较为积极的进展，"金融服务实体经济"的观念得到普遍认同。总体来看，国外学者对金融支持实体经济发展的研究主要包含于金融与经济增长关系的研究之中，侧重金融发展与经济增长、金融结构与经济增长以及金融与实体经济关系三方面研究。国内学者最早也集中在金融发展与经济增长、金融结构与经济增长两方面研究上，之后随着研究的不断深入，众多学者从金融与实体经济关系的规范性辨析与反思、金融"脱实向虚"现象研究、金融对实体经济影响的实证研究、提升金融服务实体经济的对策研究等四方面进行深入研究，取得了丰富的成果，为金融更好地服务于实体经济提供了理论借鉴和政策思路。

但综合来看，现有研究依然存在以下一些不足：既有的关于金融与实体经济关系的研究，定性的规范性讨论较多，实证研究较少；分析金融与实体经济增长关系的研究较多，讨论金融与实体经济质量关系的研究较少；分析传统金融与实体经济关系的研究较多，分析新金融与实体经济关系的研究较少；对国家和省级层面研究较多，对区域或城市层面研究较少。而从当前我国金融发展态势来看，以互联网金融为代表的新金融业态蓬勃兴起，与传统金融一道成为支持实体经济发展不可或缺的力量。同时，中央将提升实体经济质量作为供给侧结构性改革的重中之重。因此，关于金融与实体经济关系的研究，有必要更多地着眼于金融服务于实体经济质量提升；而对于金融业态范畴的考虑，不仅应包含传统金融，而且应包含新金融。而这些新变化恰恰是本研究所需要探讨和创新的研究工作。除此之外，随着西部大开发战略的持续推进和"一带一路"倡议的落地实施，西部地区在区域协调发展格局中有着重要的战略地位。为推进西部地区高质量发展、建立现代化经济体系，更需要注重提升西部地区实体经济质量。基于此，本研究将立足于供给侧结构性改革要求，同时从传统金融与新金融两个方面，对西部地区实体经济质量提升的金融支持进行系统研究，以期为西部地区实体经济高质量发展提供理论支持和政策建议。

第四章 金融支持与实体经济质量提升的关系的理论分析

在前述关于金融支持实体经济质量提升的基础理论和国内外研究现状的基础上，本章进一步从理论上分析金融支持与实体经济质量提升的关系，以便为后文的实证分析奠定坚实基础。本章首先从一般性角度分析金融发展影响实体经济质量的路径和机制，然后再分别从银行业、资本市场和新金融的角度探讨金融支持与实体经济质量提升的关系。

第一节 金融支持与实体经济质量提升的关系的一般性分析

一、金融发展影响实体经济质量的路径

实体经济质量的提升，微观上体现为实体经济企业的技术进步、创新能力提升，进而使得全要素生产率提升。在这个过程中，需要大量的资金作为先导要素，以调动潜在的技术研发要素实现技术进步，并通过与其他要素的协调配合，最终实现实体经济质量的提升。金融作为经济增长的"发动机"和资金供应的"血液"，通过弥补企业项目的资金缺口，促进企业要素优化配置，推动实体经济部门技术进步并实现要素间匹配，进而对一国或地区实体经济质量提升产生重要影响[1]。不管是银行业发展、资本市场发展还是新金融发展，它们都渗透并作用于实体经济以解决企业技术创新和要素匹配过程中面临的融资

---

[1] 王定祥，李伶俐，吴代红. 金融资本深化、技术进步与产业结构升级 [J]. 西南大学学报（社会科学版），2017，43（1）：38-53，190.

功能、风险管理以及信息不对称三大问题①，最终促进实体经济质量的提升。不同类型金融业态发展，又可以简化归类为直接金融发展和间接金融发展。下面将从直接金融发展和间接金融发展这两条路径，来分析金融发展如何影响实体经济质量，如图4-1所示。

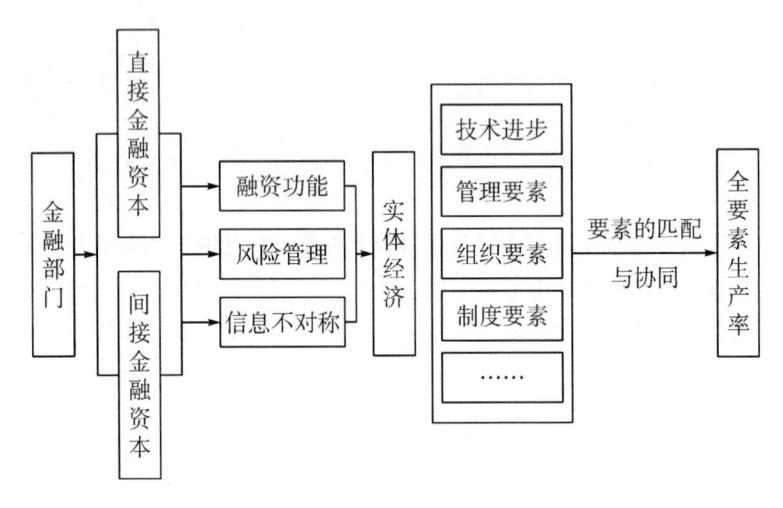

图4-1　金融发展影响实体经济质量的路径

（一）直接金融发展路径

首先，从融资功能角度而言，这一路径主要依托资本市场来实现。直接金融发展更为重视企业和项目的未来市场前景与潜在成长力，通过将股权资本注入创新企业和项目，激发市场活力，优化要素匹配，推动企业技术创新，从而实现实体经济质量的提升。

其次，从风险管理角度而言，考虑到流动性偏好的约束，高风险的创新型长期企业和项目的高风险限制了投资者的进入。而资本市场主导的直接金融发展，其投资者本身具有风险偏好的特征。通过资本市场，投资者拥有良好的变现渠道。因此，在资本市场中，即便有投资者退出，也会有新的投资者进入，从而为创新项目提供持续的资金支持，有效降低了流动性风险。

最后，从信息不对称角度而言，直接金融发展使得投资者通过在市场中交流信息、增加经验，以对创新企业和项目进行投资或者撤资来实现最优投资选择，进而促进实体经济质量的提升。

---

① GLOEDE, OLIVER, MENKHOFF, LUKAS. Financial professionals´ overconfidence：Is it experience, function, or attitude？[J]. European Financial Management，2011，20（2）：236-269.

（二）间接金融发展路径

首先，从融资功能角度而言，这一路径主要依托信贷市场来实现。间接金融发展为实体经济外部融资提供了重要途径，它通过对实体经济提供风险偏好较低的金融资源，利用小面额的金融工具创新，调剂资金余缺、动员储蓄，让投资者能够有更广泛的渠道进行投资，使实体经济部门实现低、中、高端技术特征的传统式增长。

其次，从风险管理角度而言，信贷市场主导的间接金融发展能够扮演"资金蓄水池"的角色，对各种期限和风险程度的创新投资项目予以组合，重新配置风险，让技术风险能够被转移或分散出去，进而有利于技术创新型企业和项目的发展，并对实体经济质量的提升产生积极作用。

最后，从信息不对称角度而言，信贷市场主导的间接金融发展通过专业经理人对创新企业和项目进行监管，从而较为有效地降低投资者的信息成本。就间接金融发展路径来看，间接金融发展本身具有较为广阔的覆盖面，即便在经济不发达的国家或地区，间接金融发展也能实现对实体经济的深化，进而影响实体经济质量。

通过以上分析可知，金融发展能够利用上述两条途径达到促进实体经济质量提升的目的。二者都能够通过融资功能、风险管理、解决信息不对称，从而在一定程度上解决创新企业和项目的融资、风险问题，促进实体经济的技术进步，提高要素配置的合理性，最终促进实体经济质量的提升。

二、金融发展影响实体经济质量的机制

综合前人的理论研究，我们认为金融发展主要通过影响产业技术创新、实体经济融资约束、资本配置效率等机制来影响实体经济质量。

（一）金融发展促进产业技术创新

产业技术创新的不确定性和资金供求者的信息不对称引发的逆向选择、道德风险，是造成实体经济产业融资困境的根源之一。

研究者认为金融发展能解决上述困境。如 Leland 和 Pyle 指出，金融体系这一社会资金盈余部门的总体代表，在沟通资金盈余部门和赤字部门资金流动过程中，表现出信息产业规模经济优势以及排他性获利优势[①]。Diamond 通过

[①] HAYNE E LELAND, DAVID H PYLE. Information Asymmetries, Financial Structure, and Financial Intermediation [J]. Social Science Electronic Publishing, 1977, 32 (2): 371-387.

"代理监督理论"指出,即便金融体系难以摆脱代理成本以及激励问题,扮演着社会盈余部门的监督代理这一角色的金融体系,依旧具备信息生产的规模经济优势①。Adrian以金融结构为对象进行研究,认为"信息租"是导致投资者开发融资人技术信息的主要原因②。Brogi和Lagasio(2018)指出,金融中介机构融资契约具有信息节约效应③。Akbas和Ferhat从时间和空间着手,将技术创新风险分成横向风险和纵向风险,其中,横向风险分散指的是投资者自身的风险承担和收益偏好的异质性,而纵向风险分散则主要是由金融机构来完成的④。Manso则认为,给予和公司业绩相挂钩的期权、长期有效的认股权证、黄金降落伞(golden parachutes)等变通性的股权激励措施,能大大激发企业研发人员的创新热情与创新行为⑤。

通过上述分析可知,金融发展通过信息生产、项目筛选和监督、风险转移和分散、推动人力资源积累等方面,对实体经济产业技术进步起到了积极的促进作用,具体如图4-2所示。

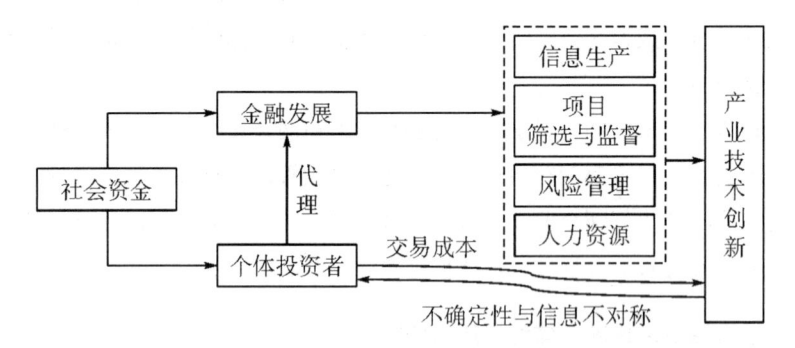

图4-2 金融发展促进技术创新机制

---

① DOUGLAS W DIAMOND. Presidential Address, Committing to Commit: Short-Term Debt When Enforcement Is Costly [J]. Journal of Finance, 1984, 59 (4): 1447-1479.

② TOBIAS ADRIAN, ERKKO ETULA, TYLER MUIR. Financial Intermediaries and the Cross - Section of Asset Returns [J]. Journal of Finance, 2014, 69 (6): 2557-2596.

③ MARINA BROGI, VALENTINA LAGASIO. Environmental, social, and governance and company profitability: Are financial intermediaries different? [J]. Corporate Social Responsibility and Environmental Management, 2018 (2): 23-41.

④ AKBAS, FERHAT, MARKOV, STANIMIR, SUBASI, MUSA, et al. Determinants and Consequences of Information Processing Delay: Evidence from the Thomson Reuters Institutional Brokers' Estimate System [J]. Journal of Financial Economics, 2017 (2): 33-39.

⑤ MANSO G. Motivating Innovation [J]. Journal of Finance, 2011, 66 (5): 1823-1860.

（二）金融发展缓解实体经济融资约束

MM 定理显示，在完美的金融市场假设下，企业的内源和外源融资是完全能够相互替代的，企业在投资决策时不会被金融环境影响。但是，市场完美假设和现实是背离的。在现实的市场中，信息不对称和委托代理问题难以避免，这会导致内源融资在成本方面具有一定的优势。在这种情况下，内源融资和外源融资之间的关系并非完美替代关系，外部金融环境会对投资决策造成影响。

既有的研究表明，金融发展能够有效缓解实体经济特别是新兴产业的融资约束。如在宏观经济方面，Bayar 根据内生经济增长的 AK 模型进行分析，发现金融发展能够利用储蓄动员对经济增长施加影响[①]，金融发展会降低储蓄转化为投资时产生的损失，提高总体可用资金供给，增加新兴产业的可用资金，进而有利于缓解新兴产业融资约束。在微观经济方面，研究者也指出，金融发展能够促进金融市场走向完善，避免实体经济陷入严重的融资困境。如 Kaidi 的研究结果表明，金融发展能够在一定程度上缓解金融市场融资企业不完善和信息不对称等问题[②]。Claessens et al.[③]、Asteriou et al.[④] 等学者也探讨了金融发展是如何促进金融市场走向完善的，并指出金融发展能够缩短金融服务的时空距离、减少市场摩擦，所以融资约束导致的负面影响也会受到抑制。

通过上述分析可知，金融发展能够在动员储蓄、健全金融制度、减少市场摩擦等方面，在使更多金融资源流向实体经济的同时，使内源、外源融资成本逐渐趋同，缓解产业发展受到的融资约束。整体而言，金融发展缓解实体经济融资约束的作用机制如图 4-3 所示。

[①] YILMAZ BAYAR. Financial development and poverty reduction in emerging market economies [J]. Panoeconomicus, 2017 (64)：14.

[②] NASREDDINE KAIDI, SAMI MENSI, MEHDI BEN AMOR. Financial Development, Institutional Quality and Poverty Reduction：Worldwide Evidence [J]. Social Indicators Research, 2019 (141)：33-39.

[③] CLAESSENS, STIJN, LAEVEN, LUC. Financial Development, Property Rights and Growth [J]. Journal of Finance, 2003, 58 (6)：2401-2436.

[④] ASTERIOU, DIMITRIOS, SPANOS, KONSTANTINOS. The relationship between financial development and economic growth during the recent crisis：Evidence from the EU [J]. Finance Research Letters, 2019 (28)：14-22.

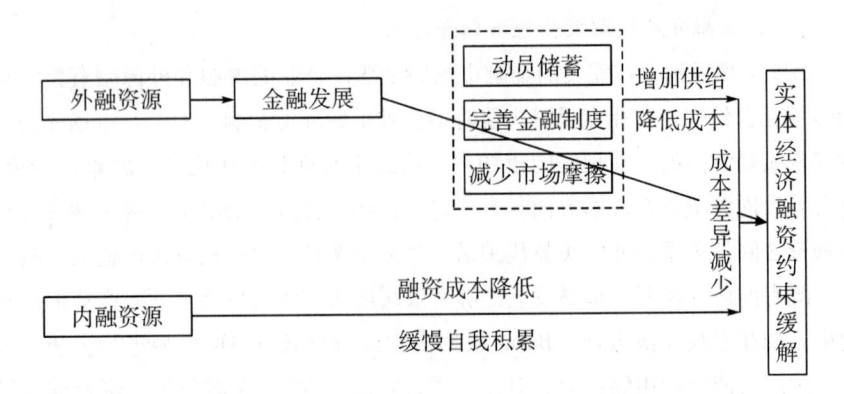

图 4-3　金融发展缓解实体经济融资约束机制

（三）金融发展提升资本配置效率

资本配置效率的提高，能够为实体经济的高质量发展注入强大动力，金融发展对资本配置效率具有正向的促进作用。

其一，金融发展会导致资本流动成本不断降低，使得更多的资本能便利地投资于对市场机遇具有敏锐嗅觉并能够牢牢抓住新兴技术产业带来的机遇的企业，产业内资本配置效率也将因此而提高。其二，从产业角度来看，要实现实体经济的高技术、产业化发展，必须坚持长时间的投资。金融发展能够在一定程度上降低信贷约束压力，使更多的资金以长期投资的形式流入，进而实现更高的资本配置效率。其三，金融发展还能够将信息传输的成本控制在更低范围内，便利投资者决策，从而促进更多资金从使用效率低、回报低的企业流向使用效率更高、回报更高的企业，达到产业内资本配置效率提高的目的。

因此，金融发展能通过降低流动成本、优化资本配置期限、便利投资决策，实现更高的资本配置效率。具体来说，金融发展促进实体经济资本配置效率提高的机制如图4-4所示。

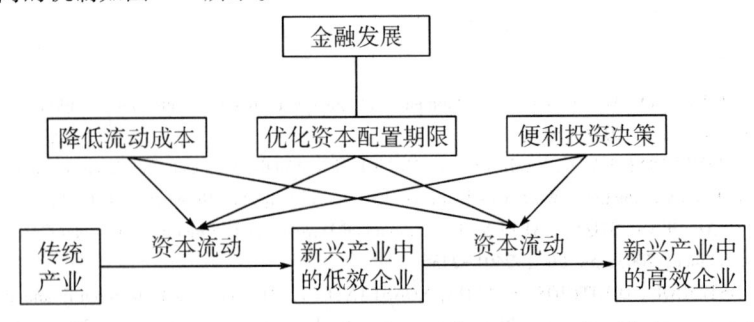

图 4-4　金融发展提升资本配置效率机制

第二节　银行业支持与实体经济质量提升的关系

在上一节金融发展与实体经济质量提升的关系的一般性分析基础上，本节将进一步探讨银行业支持与实体经济质量提升之间的关系。具体来说，由于银行业结构与银行业金融抑制对实体经济质量提升具有重要影响，下文将着力分析银行业结构、银行业金融抑制与实体经济质量提升之间的关系。

一、银行业结构与实体经济质量提升

在各种不同的银行业结构下，银行的作用是存在差异的，所以其推动技术进步的作用也不一致。通常情况下，银行业结构以信贷可得性、银行掌握的借款人信息、银行运行效率为中介，对技术创新施加影响。

单就银行业结构本身而言，一些学者根据经典的产业组织理论，指出竞争会导致信贷资金供应随之而提高，将信贷资金价格、融资成本控制在更低范围内，从而降低社会的"无谓损失"[1][2]。特别是在存在信贷配给的情况下，垄断使储蓄进一步降低，信贷配给提高，信贷可得性降低，进而对技术创新施加负面影响。按照这一观点，垄断会对资本的积累、技术创新造成不利的影响。除此之外，竞争能够实现更高的运行效率，提高银行资源配置的合理性水平，进而使银行更好地推动技术创新[3]。

而另一些学者则并未依据产业组织理论，而是从信息不对称理论入手[4][5]，将研究重点放在信贷合约设计尤其是"关系型借贷"[6]上，并指出：占据垄断

---

[1] BIBOW J KEYNES. On Central Banking and the Structure of Monetary Policy [J]. History of Political Economy, 2002, 34 (4): 749-787.

[2] NEUBERGER D, PEDERGNANA M, R THKE-D PPNER S. Concentration of Banking Relationships in Switzerland: The Result of Firm Structure or Banking Market Structure? [J]. Journal of Financial Services Research, 2008, 33 (2): 101-126.

[3] BERNARD ERIC ANDERSON. An investigation into the effects of banking structure on aspects of bank behavior [J]. Journal of Finance, 2012, 21 (1): 125-126.

[4] ELYAS ELYASIANI, AHMET E KOCAGIL. Interdependence and dynamics in currency futures markets: A multivariate analysis of intraday data [J]. Journal of Banking & Finance, 2001, 25 (6): 1161-1186.

[5] ALEXANDER, KERN. Regulating the Structure of the EU Banking Sector [J]. European Business Organization Law Review, 2015, 16 (2): 227-253.

[6] PSILLAKI M, ELEFTHERIOU K. Trade Credit, Bank Credit, and Flight to Quality: Evidence from French SMEs [J]. Journal of Small Business Management, 2015, 53 (4): 1219-1240.

地位的银行,往往会和借款者达成稳定的借贷关系,从而实现更高的信贷可得性。因此,降低银行业竞争程度,能够实现更高的信贷可得性,而这对技术创新是有利的。

因此,单就银行业结构的自身特征而言,不同的银行业结构对实体经济质量的影响均有两面性。但事实上,银行业结构是内生于一定的经济结构的,在分析银行业结构对实体经济质量的影响时,不能割裂银行业结构与经济结构之间的关系。在不同的经济结构条件下,银行业结构作用的发挥也不同。

按照最优金融结构理论[①],只有金融结构与实体经济结构相互匹配,才能有效地发挥金融体系在动员储蓄、配置资金和分散风险方面的作用。不同经济发展阶段的经济体具有不同的要素禀赋结构,进而决定了其最具有竞争力的产业、技术结构和具有自生能力的企业特征的不同。对于低收入经济体而言,企业主要还是劳动密集型的中小企业,中小企业的资金需求规模相对较小、信息相对不透明。而对于发达经济体而言,其要素禀赋结构的特征是资本相对丰富、劳动力相对短缺、企业规模相对较大,并具有较大的资金需求规模。因此,发展中国家的金融体系应以能用较低的交易成本为劳动密集型中小企业的发展提供金融服务的金融安排为主体,而发达经济体的金融体系应以能够有效地分散风险并具有为大型企业提供融资服务能力的金融安排为主体。具体到银行业而言,由于大银行能满足大型企业的较大资金需求规模,更适合监督大企业,更适合向信息相对透明、易于提供硬信息(具体数据型信息)的大企业贷款,进而在为大企业提供金融服务时具有比较优势;而规模较小的中小银行虽难以提供大额贷款,却能与中小企业建立长期的银企关系,具有较强的收集潜在借款者软信息的能力,进而中小银行在为中小企业提供金融服务时具有比较优势。

因此,结合不同规模银行的比较优势和不同经济发展阶段经济结构的特点可知,在低收入经济体和地区,应着力发展中小银行,而在发达经济体和地区应着力发展大型银行。只有这样,银行业结构才与经济结构最匹配,也最有利于实体经济高质量发展。

二、银行业金融抑制与实体经济质量提升

实体经济质量可以通过实体经济中企业的全要素生产率得到体现。企业全

---

① 林毅夫,孙希芳,姜烨. 经济发展中的最优金融结构理论初探[J]. 经济研究,2009(8):4-17.

要素生产率的提高，能够带来更为可观的效益，促进资本积累，增加研发资金，实现更高的技术，由此进入良性循环，使整个行业甚至全社会的全要素生产率得到提高。已有的研究表明，金融抑制会导致生产要素的配置出现扭曲现象，导致资源再配置效率下降，全要素生产率因此而降低，进而不利于实体经济质量的提高。从我国来看，金融抑制的表现形式主要有所有制歧视、利率差异，这两种行为导致资源错配，全要素生产率因此而降低。

而优质的金融系统，其资金筹集和配置的作用能够得到充分发挥，它会使资金流入效率更高的部门，达到资源有效配置的目的。若金融系统被外部因素影响，金融配置受到抑制，出现资源错配的现象，就会导致真正需要资金的企业陷入融资困境，而不急需资金的企业却掌握着过量的资金，金融资源被浪费，全要素生产率无法进一步提高。

具体来说，金融抑制主要通过三条途径对实体经济全要素生产率造成影响。其一，静态传导：对存续企业间的资源配置施加作用，受到政府干预，生产率较低的企业得到过量的金融资源，生产率较高的企业对资源的需求得不到满足；其二，动态传导：扭曲实体经济中企业的进退机制，对存续企业和新进入、即将退出企业的资源配置造成影响，最后波及行业的全要素生产率；其三，企业自身技术水平（企业内资源配置）：金融抑制会使部分企业受到融资约束，没有充足的资源支持研发，出现企业内部资源错配的现象，最终对其全要素生产率造成影响。具体如图4-5所示。

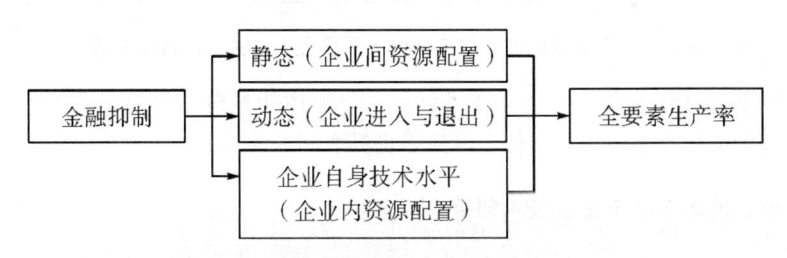

图4-5 金融抑制影响全要素生产率的路径

第三节 资本市场支持与实体经济质量提升的关系

本节将从资本市场角度论述金融发展与实体经济质量提升之间的关系。资本市场的基本功能包括：提供直接融资、优化资源配置、兼并重组和奖惩机制等。从微观角度看，企业为了追求创新以求得长期发展，往往需要借助资本市场的直接融资和资源配置功能；对于企业产能过剩的化解以及僵尸企业的处置，则需借助资本市场的资源配置、兼并重组和奖惩功能。从宏观角度看，优化资源配置、促进资本形成和企业的兼并重组以及僵尸企业的处置将提高实体经济质量和企业竞争实力，从而促进实体经济质量的提升。具体机制如图4-6所示。

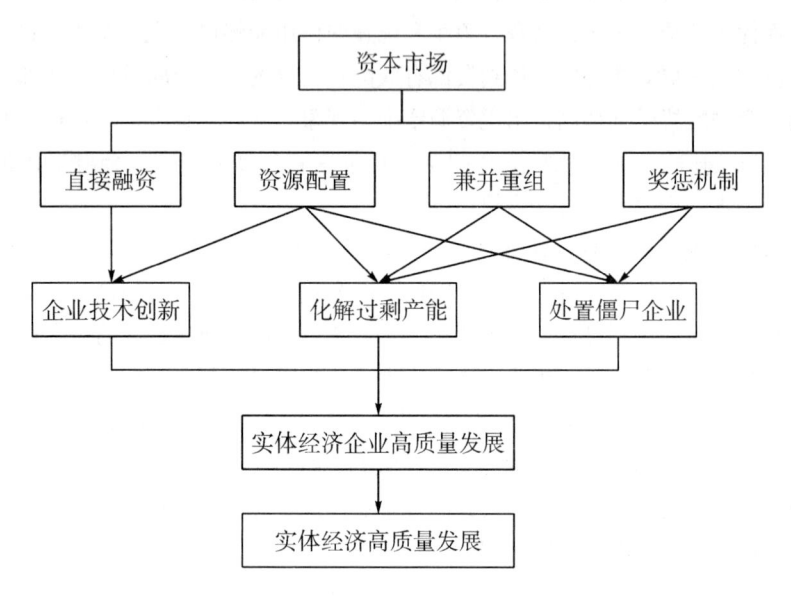

图4-6 资本市场支持与实体经济质量提升的关系的理论机理

以下将从资本市场与企业技术创新、化解产能过剩、僵尸企业处置等角度，分别分析资本市场与实体经济质量提升之间的关系。

一、资本市场与企业技术创新

资本市场对企业技术创新的作用机制根源于经济学家约瑟夫·熊彼特在1912年提出的创新理论。他认为创新是内生的，也是经济发展的根本动力；金融发展与企业的技术创新具有很强的相关性，没有金融强有力的支持，企业的创新和发展就无从谈起。由于所处的历史发展阶段的局限性，熊彼特在早期主要论述了银行业的发展与企业技术创新的关系，并没有提到资本市场发展与企业技术创新的关系。Conlisk[①]认为资本积累可以推动企业产值和利润的增

---

① CONLISK J. Three Variants on the Allais Example [J]. American Economic Review, 1989, 79 (3): 392-407.

长,并提出从整体来看,一个国家的资本密度对该国的技术进步起着决定性作用,因为资本密度与该国的国民储蓄率正相关,资本密度的提高使有效劳动率提高,从而推动技术进步。随着社会经济向前发展,资本市场对企业技术创新的影响(作用)也越来越大。Hicks[1]认为第一次工业革命在英国爆发就源于英国最早建立股票市场,而第二次工业革命出现在美国也源于美国股票市场的建立。由此可见,资本市场对于企业的技术创新具有十分重要的推动作用。

  按照Tadesse[2]的观点,根据资本市场的相关功能,资本市场对企业技术创新的作用机制主要体现在以下几个方面:第一,资本市场为企业的技术创新提供了大规模的融资资金。企业在进行技术创新活动时,需要大量的资金投入,而且技术创新是企业的一项具有长期性、稳定性和持续性的行为,此外,企业技术创新投入的回报还具有不确定性。因此,在企业的技术创新活动中,除了企业的自有资金供给外,还需要外部筹资。由于企业技术创新所具有的长期性、稳定性和持续性的特点,企业同样需要获得长期性、稳定性和持续性的资金以满足企业技术创新的需要。资本市场作为金融市场的一个重要组成部分,是企业中长期资金的重要来源,可以为企业技术创新提供长期、稳定和持续的融资支持。第二,资本市场具有择优筛选和培育创新型企业的功能。企业是落实一个国家或地区技术创新驱动发展战略的主体,也是推动一个国家或地区高质量发展的微观基础。资本市场所具有的功能让投资者有效地筛选出愿意投资的具有发展价值、潜力巨大的创新型企业[3]。资本市场通过竞争机制,淘汰技术落后的企业,留下优质且创新潜力巨大的优质企业,从而对企业技术创新有着潜在的推动作用。第三,资本市场可以有效分散和降低企业技术创新风险,激发企业技术创新活力。不确定性和高风险性是企业技术创新面临的难点之一,也是影响企业技术创新积极性的一个关键因素。资本市场分散企业技术创新风险的主要方式体现为向技术创新提供天使投资和风险投资。这些投资资金有不同的产权特点和融资期限,通过不同的组合方式,将投资的风险与收益挂钩,为资本市场不同风险类型的投资者提供不同的投资机会,引导风险偏好的投资者投向具有高收益性和高风险性的创新型企业,从而分散企业技术创新

---

[1]　HICKS J. A theory of economic history [M]. Oxford: Oxford University Press, 1969.
[2]　TADSSE S. Financial Architecture and Economic Performance: International Evidence [J]. Journal of Financial Intermediation, 2002, 11 (4): 429-454.
[3]　辜胜阻. 实施创新驱动战略需完善多层次资本市场体系 [J]. 社会科学战线, 2015 (5): 1-9.

的风险[①]。此外，资本市场还能使那些具有较强判断能力和承担能力的机构投资者通过长期持有创新企业的股份来参与企业的治理，为企业的创新活动出谋划策，从而推进企业的创新行为。第四，资本市场通过创新激励制度，为企业创新行为提供动力。资本市场通过不断完善创新激励制度，让企业的技术人员和研发人员更有积极性和动力开展研发活动。资本市场中的创新型企业通过研发和技术人才持股、股东分红等制度安排，实现对研发技术人才的有效激励，激发企业的技术创新原动力。同时，资本市场还提供股权竞价交易平台，使企业技术人员和研发人员的股权可以通过资本市场定价并公开交易，从而最大限度地发挥股权交易对企业技术创新的激励作用。第五，资本市场能组合各类创新资源，提高企业创新效率。通过搭建新发展动能的高新平台和"牵线搭桥"等方式，资本市场能有效汇集企业技术创新的技术、人才、资金和信息等各种创新要素，推动这些创新要素自由流动、高效组合，为企业的技术创新提供内生增长动力。

二、资本市场与化解产能过剩

从宏观角度来看，产能过剩通常是一个国家工业化发展进程中的必经阶段，也是经济体制转型过程中和经济增长方式转变进程中的阶段性特征。作为世界最强经济体的美国也曾在经济发展过程中出现了大规模的产能过剩以及产能过剩所带来的环境严重污染问题。经过产业转型和升级，美国在"冷战"结束后成功地化解了过剩产能，实现了经济的飞跃。从我国工业经济发展层面来看，产能过剩是工业发展深层次和结构性矛盾与问题的外在表现。过去很长一段时间，我国经济的发展过度依靠投资拉动，从而造成生产能力大幅度增长，但是消费能力却没有同步跟进，出现产能过剩现象。从微观角度看，产能过剩是企业的生产能力超过市场供求决定的均衡产量的生产能力而形成的生产能力闲置的状况。特别是20世纪80年代以来，面对经济的快速发展，我国的一些传统行业，诸如煤炭、钢铁、水泥等出现了较为严重的产能过剩，甚至光伏、风电等一些新兴行业也未能避免，产能过剩逐渐成为影响经济可持续发展的不利因素。

化解我国传统产业诸如煤炭、钢铁、水泥等产能过剩问题，是当前我国经济结构调整的一项重大任务。这些传统产业本身也是国民经济发展的基础产

---

① 辜胜阻，庄芹芹. 资本市场功能视角下的企业创新发展研究 [J]. 中国软科学，2016 (11): 4-13.

业，涉及面广，产业链较长，就业人员众多，如果单纯地通过企业破产倒闭或者停产、减产等方式化解产能过剩，将会导致社会稳定问题。资本市场的主要功能之一就是资源配置功能，因此化解产能过剩需要发挥资本市场的资源配置功能。对于产能过剩的企业，资本市场通常采取有保有压的政策，对企业的发债行为进行严格控制，对于企业在资本市场上的融资进行严格的审核。而对于资本市场的 IPO（首发上市）重启后以及上市企业的股权增发行为，资本市场的政策措施一般也体现出引导企业经济结构调整和改善、抑制企业产能过剩的目标和意图。同时，资本市场的一些规章制度，同样会限制资本市场的资金和一些社会资源进入产能过剩的企业和产业。资本市场还能通过对产能过剩的企业进行兼并重组，提高行业集中度，降低企业平均成本，提升企业经济效益，以此支持龙头企业做大做强。此外，资本市场还会对上市企业出台一些实质性约束条件，强调企业的社会责任，尤其是企业生产的环境污染问题，以此作为淘汰落后产能的标尺。对于中小微企业的产能过剩问题，资本市场的创业板和新三板也推出中小微企业的并购重组功能，进行供给端的有机整合，以此推进中小微企业"走出去"和化解产能过剩。

三、资本市场与僵尸企业处置

"僵尸企业"（zombie company）最早由美国经济学家 Edward Kane 在 1987 年研究资本特别是金融资本时提出，认为僵尸企业是将死未死，靠着政府公开或不公开的信贷支持偿还各种债务、维持运转的公司，其对市场经济的生态系统有着极大的破坏力，甚至会侵蚀和摧毁其他企业的生机[1]。20 世纪 90 年代，日本遭遇了"失去的十年"，出现了一大批研究僵尸企业的学者，其中最有代表性的是中村纯一和星岳雄，他们分别从银行贷款利率和企业长期发展的视角出发，认为僵尸企业是本应该要从市场退出的非效率企业，但依然依靠银行的减免利息和追加贷款继续生存着的企业[2]。我国官方使用"僵尸企业"的提法最早于 2014 年 6 月出现在提请全国人大常委会审议的《国务院关于加强金融监管 防范金融风险工作情况的报告》中，提出要"严格控制对高耗能、高排放企业和产能过剩行业的贷款，对经营难以为继且产品缺乏竞争力的'僵

---

[1] KANE E. Dangers of Capital Forbearance: the Case of the Fslic and "Zombie" S&Ls [J]. Contemporary Economic Policy, 1987, 5 (1): 77-83.

[2] HOSHI T, KIM Y. Macroprudential Policy and Zombie Lending in Korea [R]. ABFER Working Paper, 2012: 1017.

尸企业'和项目,要实施破产或兼并重组"①,这里面提到要采取"破产兼并重组"手段来对僵尸企业进行"治疗"。

根据多数学者的观点,僵尸企业具备如下特点从而迫切需要被清理:一是连年亏损,长期依靠政府补贴和银行贷款才能继续维持生产。这样的企业,其生产的价值远远低于其投入的价值,不仅浪费大量的社会资源,还会影响行业的正常有序竞争。因为有的地方政府不愿意看到本地僵尸企业被关闭破产,往往会通过各种补贴或者银行投放贷款的方式维持其生产,而一些潜力巨大、良性发展的企业却有可能被淘汰出局,导致"劣币驱逐良币"的现象出现,影响市场竞争。二是僵尸企业已经不具备参与市场竞争的功能,缺乏长远发展的战略意义。僵尸企业是市场机制失效的一种表现,因此僵尸企业的出现是一种全球性现象,不仅美国、欧洲、日本等发达经济体都有僵尸企业,发展经济体中同样也存在僵尸企业。僵尸企业的出现成为一国或地区经济发展的负担,处置僵尸企业也变得日益迫切。

资本市场与僵尸企业有效率的清退存在紧密的关系。资本市场具有企业资产价值评估、企业兼并收购、化解过剩产能等功能,资本市场利用这些功能就可以有效率地清退僵尸企业。资本市场拥有多元化的企业退出渠道,具备企业退出的市场交易制度,同时资本市场也有严格的企业退市的监督制度和畅通的企业退市渠道。资本市场通过相关制度,鼓励有实力的上市企业通过股权增发、借壳上市等方式对僵尸企业进行并购重组。而上市企业通过兼并重组的方式实现僵尸企业的退出,一方面有利于为上市企业的发展注入新的活力,提升上市企业自身发展的内在动力;另一方面,与直接对僵尸企业进行破产兼并相比,对僵尸企业的兼并重组可以优化资源配置,净化市场环境,激发市场发展的活力。

第四节 新金融支持与实体经济质量提升的关系

前面两节从银行业、资本市场角度分析了金融发展与实体经济质量提升之间的关系,本节将从新金融角度分析金融发展与实体经济质量提升之间的关系。具体而言,本节将首先阐述新金融发展体系的构成,并由此从理论上探讨

---

① 国务院关于加强金融监管 防范金融风险工作情况的报告 [R/OL]. http://www.npc.gov.cn/wxzl/gongbao/2014-08/22/content_1879711.htm.

新金融对实体经济质量提升的影响。

一、新金融发展体系的构成

新金融发展的核心要素主要包括四个层面，即新金融交易主体、生产要素、交易结构及交易契约，构成了支撑新金融系统运行的核心要素。

（一）交易主体

新金融交易主体包括资金投资者、金融服务机构以及金融服务需求者。

在金融市场上，投资者是指金融市场上进行资金投入的主体，金融服务需求者是指金融市场上需要获得资金的交易主体，新金融服务需求者即基于互联网电子账户开展交易活动、获得金融产品与金融服务的经济主体。个人、家庭和企业既可能是投资者，也有可能是金融产品和服务的需求者。

金融服务机构不仅包括互联网金融企业（如网贷平台、电商平台、众筹平台）等典型的互联网金融企业，还包括商业银行、政策性银行、证券公司、保险公司、基金公司等运用新一代信息技术开展线上业务和新金融产品创新、服务创新的金融机构。

（二）生产要素

新金融的生产要素，不仅包括传统的生产要素如资金、劳动力、金融场所（实体或虚拟场所），还包括技术、信息、客户数据和与此相关的高级人才（管理与技术创新人才）。

在这些生产要素中，相对于传统金融而言，交易技术、客户数据是新金融具有竞争优势的核心生产要素。

交易技术是指为了克服传统金融的不足，降低金融交易成本，提高交易效率、便捷性和安全性的技术。这既包括交易渠道所采用的新技术（如移动支付），也包括优化金融服务方式、采集信息、提供信息服务、咨询服务以及风险控制等综合服务所涉及的互联网、大数据、云计算、区块链等新技术。其覆盖的范围非常广泛，如采用移动支付进行结算，移动金融（网贷、众筹、保险、信贷、投资）、供应链金融、互联网财富管理、金融垂直搜索、渠道金融等。

新金融相对于传统金融而言具有优势的另一个核心要素在于其依托交易技术获得的海量客户数据，包括金融服务需求方利用新技术和信息平台，发布资金需求信息。金融服务中介机构通过交易技术和交易平台能够获取足够多的反映用户信用信息的数据，并运用先进的技术和方法对数据进行有效整合、合理分析和深入挖掘。

第四章　金融支持与实体经济质量提升的关系的理论分析

因此，新型交易技术在金融各领域不断渗透，深度影响了支付结算、资金融通、保险风险控制等金融功能的实现方式和成本结构。支撑新金融成功发挥其优势的核心在于，采用新型信息技术、智能技术和数据技术对金融服务方式进行优化和流程再造，反推引起金融服务理念、金融服务内涵、金融产品等一系列变革，降低金融活动的信息不对称性，降低获得金融服务的成本，提高用户在交易中的方便性、快捷性、安全性。

（三）交易结构

目前，关于新金融的业务边界及其业务类型还没有明确的统一界定。在本研究中，新金融的交易结构是指其业务结构。基于新金融的狭义定义，新金融就是互联网金融。从这一定义出发，根据"网贷之家"对互联网金融行业的划分方法，互联网金融即新金融的类型包括：综合金融、借贷（消费金融、P2P 即"点对点"、现金贷）、互联网保险、虚拟货币、外围服务（技术服务、资讯服务）、互联网证券、众筹、第三方支付等11种业务。基于新金融的广义定义，彭绪庶（2019）对新金融类型的分类主要包括以下10类业务：支付结算；网络借贷；股权众筹融资；金融产品（基金、证券、保险、债券等）互联网销售集合平台；互联网金融投资和财富管理；金融信息服务集成终端；金融信用（征信）、风险和安全管理服务；数字货币；金融基础设施，如金融云、数据存储等；金融技术服务，包括大数据、人工智能等金融应用。

相对于传统的金融交易结构而言，随着新的信息技术的应用和新金融企业的不断涌现，金融中介服务主体更加多元化，金融服务供给主体数量更多，提供的金融产品更为丰富，提供服务的方式更加灵活多样、成本更低、更便捷，用户的选择权也更多，金融服务的获得和金融产品的创新不再完全依赖单一的传统金融机构（商业银行、保险公司和证券机构等）。金融中介主体数量的增加、服务方式与金融业务创新，加剧了金融行业的竞争程度，有助于降低信息不对称程度，改变金融资源的行业错配和区域分布不平衡的状况。

（四）交易契约

在法律意义上，契约（合同）是指交易双方或者多方之间为设定合法权利和义务而达成的具有法律强制力的协议。每一项经济交易都是由显性或者隐性的合同（契约）来调解的，因而契约是为规制交易活动而形成的文件（Hart et al.，1987），它是参与人在签约时做出的并期望在将来某个时点被执行的一套承诺。因此，一项交易的产生是通过显性或者隐性的合同（契约），明确参与人如何通过交易活动分享由该活动带来的收益，以及交易双方之间如何分担风险[①]。

新金融的出现和发展，是为了解决传统金融信息不对称导致的融资成本过高、融资效率低等问题，运用新技术进行金融产品与服务创新的结果。而金融产品与服务的创新，本质上是一种金融契约关系创新。金融产品创新不仅要关注交易双方的行为关系，还必须关注其交易所处的契约环境[②]。良好的契约环境有助于增强中小企业、非国有企业融资可获得性，契约执行效率也对改善企业融资状况、提高地区经济效率具有促进作用。而金融交易所面临的外部不确定性、信息不完全性以及交易成本等因素，容易激发交易主体的机会主义倾向，导致金融交易契约不完全性。在新金融的发展过程中，交易主体由于金融契约不完全性而面临不可避免的金融风险，新金融业务自身的发展也可能出现逆向选择和道德风险问题而发展受阻，造成新金融发展水平和发展速度出现地区分异。因此，要提高地区投资吸引力，缩小投资和产业分布不均衡，提高实体经济质量，必须注重提高契约执法效率，为新金融的发展创造有利的信用生态环境。

二、新金融支持对实体经济发展质量提升的影响分析

（一）新金融影响实体经济质量提升的概念模型

1. 新金融发展体系内部各要素的关系

基于系统论、不完全契约理论等相关理论，结合新金融本身的特点，本节构建了新金融作用于实体经济质量的概念模型，试图刻画新金融子系统的交易主体、技术、结构和契约等因素及其运行，探讨其通过哪些渠道影响实体经济质量。具体如图4-7所示。

在新金融系统中，交易主体是资源、生产要素、产品、服务的供给方和需求方。交易主体通过掌握一定的资源或者要素，或者提供一定的产品或服务，在一定的交易契约激励和约束下，运用交易技术开展交易活动，以满足自身的投资需求或者消费需求。

从系统功能的角度看，新金融的产品与服务功能所产生的影响，是交易技术、交易结构和交易契约相互作用下，通过一定的金融业务活动，对交易主体的决策、行为和绩效产生影响。

---

① 董裕平. 金融契约结构与发展 [M]. 北京：中国金融出版社，2003：21.
② 张雄，万迪昉，谢刚，等. 金融契约选择对双边道德风险及社会福利的影响实验研究 [J]. 管理评论，2010（2）：30-38.

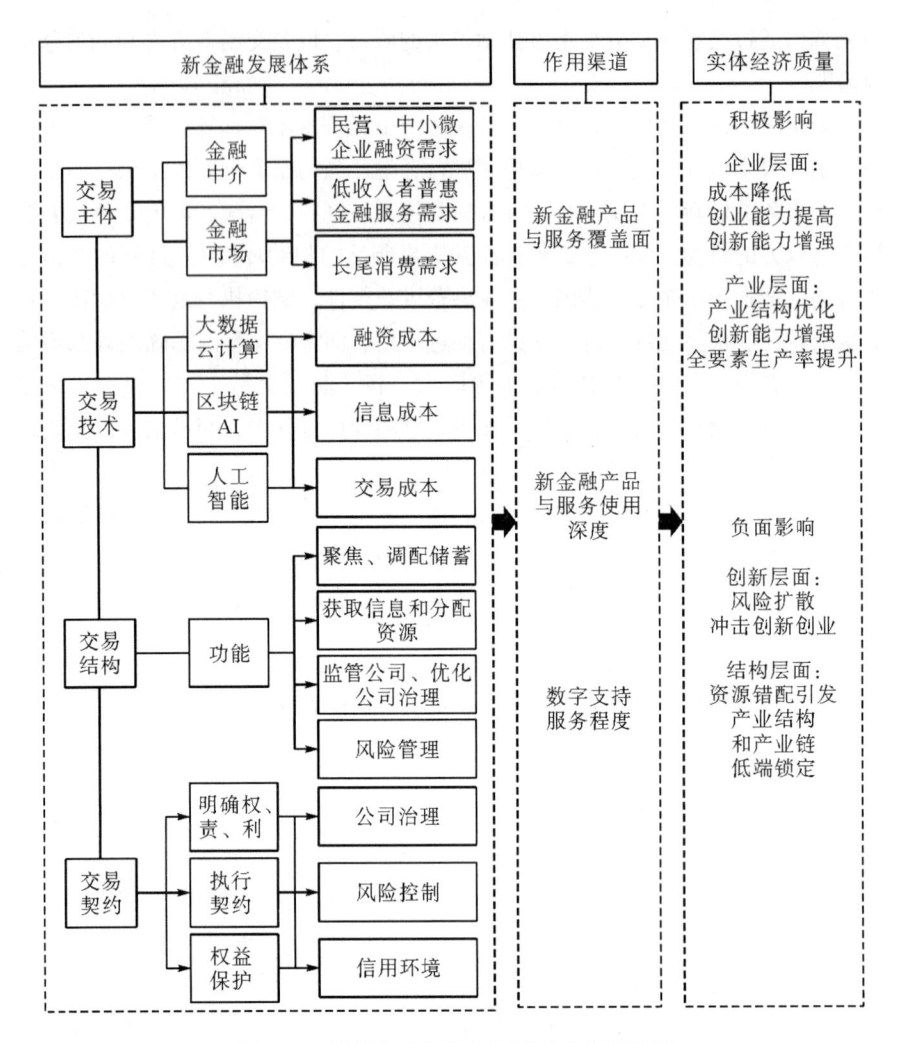

图 4-7 新金融对实体经济质量的作用机制

新金融发展对实体经济发挥良好的支撑作用，必须依赖其核心要素（交易技术、交易结构和交易契约）的良性互动和不断进行适应性革新。在交易技术方面，互联网、大数据、人工智能等技术手段，形成了多样化的交易结构（业务类型），最大限度地满足海量用户个性化的、零散的金融需求，从而扩大服务的覆盖面，降低交易成本，进行流程再造和用户体验的优化，提高金融交易效率。而交易的可持续性有赖于良好的金融交易契约环境、契约执行效率以及相应的技术支持。比如，如何构建有效的契约治理体系和机制，对海量的用户、高频率、细小、多样的交易行为进行有效监管，如何更加有效地降低信用评价和风险控制成本，提高风险控制能力等。因此，推动交易技术、交易结构以及交易契约的创新及其良性互动，是新金融提升实体经济质量的关键。

2. 新金融影响实体经济质量的渠道

新金融对实体经济质量的影响，主要通过新金融的覆盖广度提升、使用深度增强以及数字支持服务程度深化等渠道，推动实体经济发展的量与质的提升。

一是从新金融覆盖广度看，随着新金融对新技术的不断推广应用、基础设施的不断完善，新金融具有较强空间穿透力的优势将得到进一步的释放。新金融通过扩大覆盖面，可以更好地解决交易支付所面临的衔接问题，为中小微企业参与市场经济提供机会，为更多的长尾客户提供便捷、多样的信贷服务。

二是从新金融使用深度看，通过在支付、保险、信贷、征信、货币基金等领域运用数字技术促进金融服务创新，可以降低金融服务成本，也可以提高低收入群体创业活动的融资可得性，提高企业创新、创业的活力。同时，新金融与实体经济产业的融合度加深，可以在一些新兴产业领域催生新的企业、新的业态和新的服务模式，助推行业结构演变，有助于支撑供给侧结构性改革，更好地适应消费结构升级转型。

三是从数字支持服务角度看，基于大数据的信息共享、处理和分析，为中小微企业提供信息服务，帮助企业更好地把握市场需求变化和客户需求，提高精准影响和供应链协同创新能力，有助于提高企业的创新能力和企业利用全社会资源的效率。

（二）新金融对实体经济发展质量的具体影响

新金融发展通过上述三个渠道，对实体经济质量可能产生如下四个方面的影响：

1. 普惠发展激发市场创新创业活力和能力

新金融加剧了金融市场的竞争，有助于促进金融创新，降低企业融资成本，促进资本形成和积累，进而激发创新创业活力。

由于传统的金融服务漠视长尾市场，阻碍了不同群体平等地参与金融活动，存在中小企业贷款难、小微企业直接融资难、民营企业受到金融排斥、低收入群体难以获得与自身特征相匹配的金融服务等问题。服务海量用户，具有普惠性，是新金融的典型特征。随着互联网的普及和移动支付用户的快速增长，新金融服务的潜在客户快速增长，其服务对象也将大量增加。而新金融产品和服务的盈利模式，也与传统金融服务的模式有较大差异。

对新技术的运用，新金融增强了金融服务的触达能力和场景构造能力，能够为民营企业、小微企业和长尾客户提供相对平等的金融服务，因而新金融在一定程度上提高了金融服务的普惠性，降低了客户获取金融服务的成本，并提高了金融服务的便捷性，进而有利于激发实体经济的创新创业活力。

由于新金融服务单笔业务的收益较低，在提供新金融产品与服务时，必须实现大众化和标准化，以便能够获得海量的用户从而获取规模经济，提供新金融服务的企业才可持续生存，才能对实体经济中的创新创业活动形成持续的支持。

2. 新金融产品与服务创新助推消费结构和产业结构升级

要获取海量客户实现规模经济，还需要通过细分长尾市场为用户提供个性化需求的产品和服务，重视用户的体验以获取高频访问和高频次交易。新金融企业通过市场细分，为长尾客户提供差异化、个性化的需求，有助于满足消费者多样化的商品需求和推动消费结构升级转型。例如电商平台上支付宝"花呗"的分期付款、京东"白条"等为消费者提供了更为便捷、更低成本、更灵活多样的金融服务支持，有助于释放消费需求，对实体经济形成强大的需求拉动作用。

同时新金融提供的融资服务有助于激发市场创业活动，为满足需求结构升级转型，在实体经济中催生一批新企业、新业态、新模式，从而推动产业结构的演变。

3. 倒逼企业加强公司治理，有助于提高实体经济运行效率

新金融的数字技术对边远地区有较强的空间穿透力，可以为边远地区和经济落后地区的客户提供低成本、快捷便利的金融支持，帮助其充分挖掘和开发当地的资源优势，激发各市场主体创业、创新活力，从而提高自然资源、经济资源和社会资源的利用效率。

在企业微观层面，信息技术的应用降低了企业的信息成本以及其他交易成本。在产业层面，新金融技术可以挖掘供应链中企业诸多的数据和信息，信息、物流、资金、商业等越来越多数据流的交互、整合，以及在新金融交易契约的引领下，倒逼企业进行改革创新，规范公司治理，在供应链整合和优化的过程中，核心企业与上下游企业之间的融合力度会越来越大，进而提高整个行业的全要素生产率和竞争力。

4. 新金融系统性风险有可能冲击实体经济

除了以上积极影响外，新金融的发展也可能具有一定的负面影响。新金融作为一种新的金融服务发展模式，与传统金融相比，其风险管理技术不成熟、不完善，因而金融的系统性风险相对较高。由于金融契约的不完全性，新金融

交易的风险具有不可完全预期性和不可控性。新金融的普惠性、低门槛、海量用户、高开放性等特征，使其金融风险具有更强的扩散效应。

目前对新金融管理技术的积累不足，在价格、资本、内部控制等方面尚未形成比较成熟的管理模式，不足以从内部对冲来自市场、政策、产品、操作、经营机制以及法律等各方面的风险。在这样的情况下，就只能通过强化规制和监管，从外部对冲由此产生的部分风险。

新金融交易契约本身具有不完全性，且新金融区域契约环境差异较大，新金融的发展可能影响货币政策的有效性。新金融风险传导快且影响面广，基于数字技术分析的金融决策对金融稳定的影响具有不确定性，进而加大了导致系统性金融风险的可能性。在金融监管体系难以适应新金融发展的情况下，新金融发展质量和累积的风险传导给实体经济（黄益平，2017），有可能因逆向选择和道德风险问题影响实体经济发展质量。因此，新金融要发挥其优势对实体经济的发展产生积极的促进作用，提升实体经济发展质量，还有赖于监管和治理机制创新，有赖于新金融交易主体共同创造良好的金融契约环境。

本章在对金融支持与实体经济质量提升关系的一般性分析基础上，从银行业、资本市场和新金融三个方面，分析了金融支持与实体经济质量提升之间的关系。

本章的理论研究表明，金融发展可以归纳为通过直接金融发展和间接金融发展两条路径来影响实体经济质量，而其作用机制则主要有促进产业技术创新、缓解实体经济融资约束和提升资本配置效率。在银行业方面，只有银行业结构与实体经济结构相匹配，才能有效地发挥金融体系在动员储蓄、配置资金和分散风险等方面的功能，对于欠发达地区则应着力发展中小银行，这样才更有利于实体经济质量的提升。同时，银行业金融抑制对实体经济中企业全要素生产率产生负面影响，而这种影响又主要有静态传导、动态传导和影响企业自身技术产品三条路径。在资本市场方面，资本市场能有效促进企业技术创新、化解产能过剩和处置僵尸企业，进而对实体经济质量的提升产生重要影响。在新金融方面，新金融体系由交易主体、生产要素、交易结构和交易契约组成，通过覆盖广度的提升、使用深度的增强以及数字支持服务程度的深化等渠道，新金融能激发市场创新创业活力、助推消费结构和产业结构升级转型、提高实体经济运行效率，但同时新金融潜在的系统性风险也可能给实体经济的发展带来负面影响。

第二篇

实证篇

第五章 西部地区实体经济质量：事实与特征

为深入探讨金融支持对西部地区实体经济质量提升的影响，有必要对西部地区实体经济质量的事实与特征进行分析，为后文的实证研究奠定基础。因此，本章主要聚焦西部地区实体经济质量，结合实体经济质量的内涵，从两个方面来进行事实描述，一是剖析西部地区僵尸企业和产能过剩现状，揭示实体经济的无效和低端供给特征；二是剖析西部地区企业创新现状和高技术产业发展现状，揭示实体经济的有效和中高端供给特征。最后，本章利用工业全要素生产率对西部地区实体经济质量进行测度和综合评价，并辨别西部地区实体经济质量存在的问题。

第一节 西部地区实体经济的无效和低端供给特征

本节从西部地区实体经济的无效和低端供给视角来分析，主要涉及目前西部地区僵尸企业和产能过剩的事实与特征。

一、僵尸企业

在考察西部地区僵尸企业的事实之前，有必要先简要回顾一下有关僵尸企业的识别方法。

（一）僵尸企业的识别方法

有关僵尸企业的识别一直是实务界和学术界研究的重点，目前最典型的有四种方法。

一是"CHK"识别方法。该方法由美国和日本经济学家 Caballero、Hoshi 和 Kashyap 在 2008 年发表在 *American Economic Review* 上的文章中提出。该方法通过反常识信贷分配模式来识别僵尸企业，即当一个企业能以非常低的利率，甚至是低于市场最低利率所要支付的利息获得贷款，则这个企业和银行之间的借贷关系是非正常的，这个企业即有可能是依靠银行贷款才能生存的僵尸企业。在具体操作上，"CHK"方法利用平均短期最低利率、平均长期最低利率、可转债的最低票面利率计算企业所能获得贷款的最低利息，即正常企业需要为其债务支付的利息下限，也即"最低应付利息"。然后将企业实际支付的利息与"最低应付利息"相比，若实际利息支出小于前面计算的"最低应付利息"，则说明银行以低息甚至无息贷款给这家企业，为其输血，即可推断其为"僵尸企业"①。但该方法往往会发生误判，一方面会将正常企业误判为僵尸企业，如现实情况中一些企业由于经营状况良好、违约风险低，往往能从银行获得利率非常优惠的贷款；以及政府为扶持重要或新兴产业，会向一些成长型企业发放低息贷款。另一方面，该方法也会放过一些真正的僵尸企业，如有些企业尽管实际利率正常，但实际盈利能力已经很低，利润尚不足以支付贷款利息，全靠向银行"借新贷还旧息"②。

二是"FN-CHK"标准。该方法是 Fukuda 和 Nakamura（2011）在"CHK"方法的基础上进行改进，引入了"盈利标准"和"持续借贷标准"。其中"盈利标准"是指，如果企业的息税前利润（EBIT）超过最低应付利息，则不被识别为僵尸企业，可以避免那些盈利能力良好但实际利率较低的企业被误判为僵尸企业。"持续借贷标准"是指若企业 t 年的息税前收入低于最低应付利息，$t-1$ 年的外部债务总额超过其总资产的 50%，并且 t 年的借贷有所增加，则应将其识别为僵尸企业，避免漏掉本身盈利能力已经很差、杠杆率很高，且还在持续增加外部贷款的企业③。这个方法同样会误判一些企业：一些企业在 t 年遇到短期冲击被认定为僵尸企业，在 $t+1$ 年却是正常企业。

三是"官方标准"。这来自 2015 年 12 月国务院总理李克强在国务院常务会议的讲话，其首次对"僵尸企业"提出了具体的清理标准，即要对持续亏损三年以上且不符合结构调整方向的企业采取资产重组、产权转让、关闭破产等方式予以清理④。由此可以看出，官方给出的僵尸企业的标准是"企业连续

---

① CABALLERO R J, HOSHI T, KASHYAP A K. Zombie lending and depressed restructuring in Japan [J]. American Economic Review, 2008, 98 (5)：1943-1977.

② 聂辉华，江艇，张雨潇，等. 中国僵尸企业研究报告：现状、原因和对策 [M]. 北京：中国社会科学出版社，2016：11-12.

③ FUKUDA S I, NAKAMURA J I. Why Did "Zombie" Firms Recover in Japan? [J]. World Economy, 2011, 34 (7)：1124-1137.

④ 国务院重申清理"僵尸企业" 持续亏损 3 年以上企业成"靶心" [EB/OL]. http://www.gov.cn/zhengce/2015-12/10/content_5022105.htm.

三年利润为负"。该定义易于理解与操作，但存在两方面的问题：一是容易将发展潜力大但尚未盈利的初创企业误判为僵尸企业；二是一些连续三年经营亏损的上市公司通过资本运作将净利润变为正以避免退市，反而未被识别为僵尸企业[1]。

四是"人大国发院"（中国人民大学国家发展研究院）标准。该标准在"FN-CHK"标准的基础上进行改进。即：如果一个企业在 t 年和 $t-1$ 年都被"FN-CHK"方法识别为僵尸企业，那么该企业在 $t+1$ 年被识别为僵尸企业[2]。该标准很好地修正了前面三种方法导致误判的情况。本小节对西部地区僵尸企业的事实与特征分析的数据主要源于中国人民大学国家发展研究院在 2016 年 7 月发布的《中国僵尸企业研究报告：现状、原因和对策》。

（二）西部地区僵尸企业事实与特征

1. 时间趋势和区域特征

学者们普遍认为西部地区僵尸企业占比较高。如聂辉华和江艇等认为经济发展水平较低的地区，本身经济底子差、产业结构单一等，特别是西部欠发达地区，中央政府和东部地区进行了大量的转移支付，僵尸企业占比较高[3]；黄少卿和陈彦研究发现，西部地区的制度环境导致西部地区成为全球僵尸企业数量占比最高的地区[4]；王鸥研究发现西部地区存在资源型企业未能及时转型、银行及政府给予过度保护、传统计划经济体制改革不彻底，以及宏观调控政策的不完善、政府行政的过度干预和政策的雷同性等问题，西部地区僵尸企业占比较高[5]。

根据聂辉华和江艇等报告的数据，可以发现西部地区确实存在僵尸企业数量占比较高的现象。根据 1998—2013 年（2010 年除外）中国工业企业数据库，他们使用"人大国发院"标准识别僵尸企业，得到的结果如表 5-1 所示。

---

[1] 中国经济网. A 股"不死鸟"玩转退市机制 [EB/OL]. http://finance.ifeng.com/a/20160302/14244668_0.shtml.

[2] 聂辉华, 江艇, 张雨潇, 等. 中国僵尸企业研究报告：现状、原因和对策 [M]. 北京：中国社会科学出版社, 2016：14-15.

[3] 聂辉华, 江艇, 张雨潇, 等. 中国僵尸企业研究报告：现状、原因和对策 [M]. 北京：中国社会科学出版社, 2016：30-31.

[4] 黄少卿, 陈彦. 中国僵尸企业的分布特征与分类处置 [J]. 中国工业经济, 2017 (3)：25-45.

[5] 王鸥. 关于西部地区僵尸企业产生及治理研究 [J]. 生产力研究, 2018, 309 (4)：88-92, 123.

表 5-1　分区域僵尸企业数量、僵尸企业占比分布情况

地区	2000—2004 年 企业数量/家	僵尸企业数量/家	僵尸企业占比/%	2005—2013 年（2010 年除外）企业数量/家	僵尸企业数量/家	僵尸企业占比/%
西部地区	122 715	32 986	26.88	288 512	28 784	9.98
西藏	1 576	63	4.00	803	29	3.61
甘肃	14 108	3 249	23.03	13 075	1 973	15.09
青海	2 104	498	23.67	3 258	349	10.71
内蒙古	8 052	1 918	23.82	27 510	2 394	8.70
四川	26 723	6 407	23.98	85 954	5 972	6.95
重庆	11 051	2 702	24.45	33 790	2 480	7.34
贵州	10 788	2 937	27.22	19 387	2 338	12.06
宁夏	2 291	635	27.72	6 097	1 040	17.06
新疆	6 692	1 868	27.91	13 204	1 803	13.65
广西	15 750	4 560	28.95	35 666	3 690	10.35
陕西	13 044	4 401	33.74	27 787	3 462	12.46
云南	10 536	3 748	35.57	21 981	3 254	14.80
东北地区	63 211	13 335	21.10	191 945	12 915	6.73
辽宁	36 172	6 657	18.40	130 199	7 748	5.95
吉林	13 549	3 164	23.35	34 452	2 224	6.46
黑龙江	13 490	3 514	26.05	27 294	2 943	10.78
中部地区	166 034	36 307	21.87	430 882	26 598	6.17
河南	50 149	9 549	19.04	120 439	5 094	4.23
湖北	31 284	6 185	19.77	79 561	5 809	7.30
湖南	28 741	6 176	21.49	71 959	3 192	4.44
江西	16 893	4 185	24.77	48 054	2 323	4.83
安徽	20 237	5 293	26.16	79 922	5 442	6.81
山西	18 730	4 919	26.26	30 947	4 738	15.31
东部地区	637 617	86 475	13.56	1 690 899	127 147	7.52

表5-1(续)

地区	2000—2004年 企业数量/家	僵尸企业数量/家	僵尸企业占比/%	2005—2013年（2010年除外） 企业数量/家	僵尸企业数量/家	僵尸企业占比/%
浙江	121 983	11 705	9.60	346 904	36 506	10.52
福建	41 091	4 368	10.63	115 178	5 389	4.68
广东	122 171	13 433	11.00	316 093	19 356	6.12
天津	28 131	3 482	12.38	46 539	4 482	9.63
上海	55 250	7 502	13.58	101 235	8 955	8.85
北京	24 402	3 677	15.07	41 636	5 808	13.95
山东	77 504	11 916	15.37	280 023	12 017	4.29
江苏	124 223	21 892	17.62	350 821	26 937	7.68
河北	39 838	7 872	19.76	88 764	7 211	8.12
海南	3 024	628	20.77	3 706	486	13.11
全国	989 577	169 103	17.09	2 602 238	195 444	7.51

数据来源：各省份数据根据聂辉华、江艇、张雨潇等撰写的《中国僵尸企业研究报告：现状、原因和对策》整理得来；东部、中部、西部和东北地区以及全国[1]数据经各省份加总再除计算得来。

由表5-1可知，从整体来看，西部地区僵尸企业占比在2000—2004年和2005—2013年（2010年除外）这两个时间段差别较大，全国各个省份的僵尸企业数量占比也都呈现下降趋势。在全国层面，2000—2004年僵尸企业数量占比为17.09%，2005—2013年僵尸企业数量占比为7.51%，呈现下降趋势，国有企业改革的推进和2004年之后的国有经济战略性调整对产能过剩有较为显著的化解作用。就地区而言，西部地区的僵尸企业数量占比由2000—2004年的26.88%下降至2005—2013年的9.98%。与其他地区相比，西部地区在2000—2004年和2005—2013年的僵尸企业占比都是最高的，而经济发展水平

---

[1] 按照国家统计局2011年6月13号颁布的划分方法，根据《中共中央、国务院关于促进中部地区崛起的若干意见》《国务院发布关于西部大开发若干政策措施的实施意见》以及党的十六大报告精神，将我国经济区域划分为东部、中部、西部和东北四大地区；其中，东部包括北京、天津、河北、上海、江苏、浙江、福建、山东、广东和海南十省份，中部包括山西、安徽、江西、河南、湖北和湖南六省，西部包括内蒙古、广西、重庆、四川、贵州、云南、西藏、陕西、甘肃、青海、宁夏和新疆十二省份，东北包括辽宁、吉林和黑龙江三省。

较高的东部地区僵尸企业占比较低。

从西部地区各省份范围来看，由图 5-1 可知，2000—2004 年西部地区僵尸企业占比由大到小依次为云南、陕西、广西、宁夏、贵州、重庆、四川、内蒙古、青海、甘肃和西藏，相应值分别为 35.57%、33.74%、28.95%、27.91%、27.72%、27.22%、24.45%、23.98%、23.82%、23.67%、23.03% 和 4.00%，其中大部分省份也是全国僵尸企业占比较高的地区。而将图 5-2 与图 5-1 进行对比可知，相较于 2000—2004 年，西部地区 2005—2013 年僵尸企业占比下降幅度大，反映 2004 年之后国有经济的战略性调整对僵尸企业治理有很好效果。西部地区僵尸企业占比由大到小依次为宁夏、甘肃、云南、新疆、陕西、贵州、青海、广西、内蒙古、重庆、四川和西藏，相应值分别为 17.06%、15.09%、14.80%、13.65%、12.46%、12.06%、10.71%、10.35%、8.70%、7.34%、6.95% 和 3.61%。相较于 2000—2004 年，2005—2013 年西部地区的僵尸企业占比平均下降幅度达 14.27%，下降幅度由大到小依次是陕西、云南、广西、重庆、四川、贵州、内蒙古、新疆、青海、宁夏、甘肃和西藏，下降幅度分别为 21.28%、20.77%、18.61%、17.11%、17.03%、15.17%、15.12%、14.26%、12.96%、10.66%、7.94% 和 0.39%。

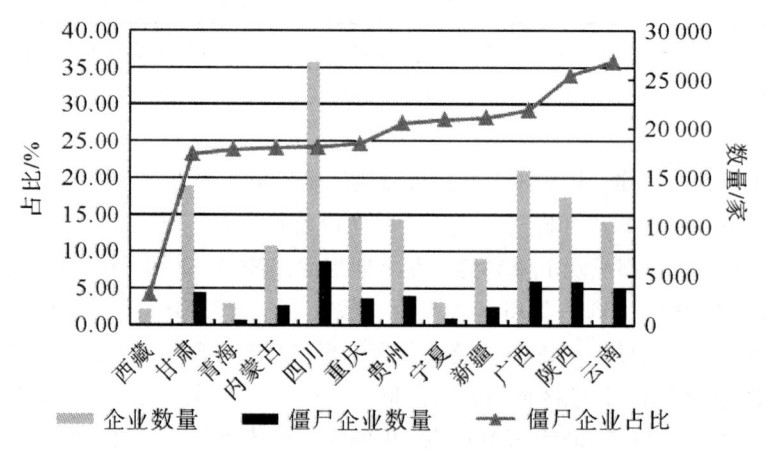

图 5-1 2000—2004 年西部地区各省份企业数量、僵尸企业数量和僵尸企业占比

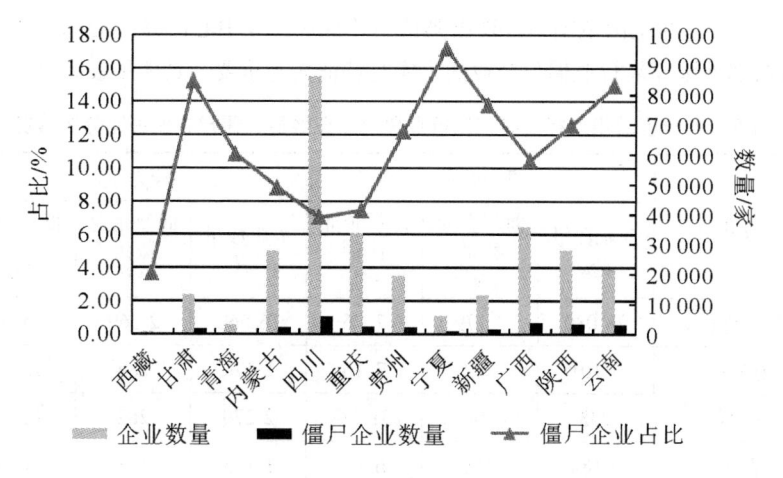

图 5-2 2005—2013 年西部地区各省份企业数量、
僵尸企业数量和僵尸企业占比

2. 具体行业特征

结合西部地区实体经济相关行业的特征，还可以对西部地区若干具体行业的僵尸企业事实与特征进行分析。2000 年以来，国家实行西部大开发战略以及新一轮西部大开发战略，先后出台了《西部大开发"十五"规划》《西部大开发"十一五"规划》《西部大开发"十二五"规划》《西部大开发"十三五"规划》等，着重对西部地区在基础设施、生态环境和环境保护、农业基础、科技教育等方面进行财政支持和政策扶持，其首要建设重点是基础设施建设，包括水利、交通运输和电网、通信等领域。2008 年全球金融危机爆发后，为促进经济平稳增长，中央政府制订了"四万亿"经济刺激计划，通过增加政府投资、扩大信贷规模与支持、增发债券和货币等多种金融支持手段，重点支持基础设施建设、农村建设、居民收入、医疗卫生教育事业和生态环境建设等扩大内需、促进经济增长的措施，其重点行业包括煤炭、钢铁、水泥、建筑机械等相关行业，这些行业也恰好是近年来产能过剩的重点行业。下文将重点对西部地区煤炭和钢铁行业的僵尸企业特征进行具体分析。

西部地区地域广阔，资源丰富，特别是陕西、内蒙古、甘肃、宁夏和新疆拥有储备丰富的煤炭资源，是国家大型煤炭基地集中分布区。实施西部大开发战略以来，煤炭产业也是西部地区承接东、中、东北部产业跨区域转移的主要产业，但煤炭产业属于典型的资源密集型产业，受煤炭资源分布及产业布局影响较大。近年来，西部的煤炭行业发展迅速，相关数据显示，2000—2018 年，上述西部地区五省份，煤炭产量从 1.86 亿吨增长至 18.5 亿吨，比例由 15% 增加至52%①，在全国范围内呈现出典型的"煤炭产业中心西移"的趋势，因此分析西部地区煤炭行业僵尸企业的事实与特征尤为重要。具体见表5-2。

表5-2 分区域煤炭行业和钢铁行业僵尸企业数量、僵尸企业占比分布情况

地区	煤炭行业 企业数量/家	僵尸企业数量/家	僵尸企业比例/%	钢铁行业 企业数量/家	僵尸企业数量/家	僵尸企业比例/%
西部地区	28 080	2 179	7.76	16 562	2 569	15.51
内蒙古	3 101	222	7.16	2 176	284	13.05
广西	233	74	31.76	2 279	282	12.37
重庆	3 184	218	6.85	1 113	133	11.95
四川	7 230	413	5.71	3 484	452	12.97
贵州	4 679	206	4.40	2 313	443	19.15
云南	2 917	321	11.00	1 540	287	18.64
西藏	8	0	0.00	5	1	20.00
陕西	3 692	254	6.88	835	155	18.56
甘肃	967	158	16.34	1 195	190	15.90
青海	267	27	10.11	407	74	18.18
宁夏	706	100	14.16	693	188	27.13
新疆	1 096	186	16.97	522	80	15.33
东北地区	5 168	562	10.87	6 493	770	11.86
辽宁	1 744	184	10.55	5 366	566	10.55
吉林	1 326	151	11.39	680	112	16.47
黑龙江	2 098	227	10.82	447	92	20.58
中部地区	31 505	2 662	8.45	13 334	1 499	11.24
河南	6 828	299	4.38	3 019	295	9.77
湖北	1 121	84	7.49	1 635	200	12.23
湖南	6 360	482	7.58	3 337	225	6.74

---

① 中国煤炭网.西部五省区产量占比逐年增加 我国煤炭产业重心将西移[EB/OL]. www.coal.com.cn/News/398541.htm.

表5-2(续)

地区	煤炭行业 企业数量/家	煤炭行业 僵尸企业数量/家	煤炭行业 僵尸企业比例/%	钢铁行业 企业数量/家	钢铁行业 僵尸企业数量/家	钢铁行业 僵尸企业比例/%
江西	2 008	167	8.32	831	85	10.23
安徽	978	109	11.15	1 240	152	12.26
山西	14 210	1 521	10.70	3 272	542	16.56
东部地区	7 676	659	8.59	38 801	4 611	11.88
浙江	29	10	34.48	6 904	969	14.04
福建	1 711	81	4.73	1 910	209	10.94
广东	121	22	18.18	3 993	317	7.94
天津	35	10	28.57	3 361	395	11.75
上海	3	0	0.00	1 674	274	16.37
北京	253	11	4.35	480	89	18.54
山东	3 375	204	6.04	4 104	283	6.90
江苏	211	33	15.64	10 885	1 372	12.60
河北	1 934	284	14.68	5 414	685	12.65
海南	4	4	100.00	76	18	23.68
全国	72 429	6 062	8.37	75 190	9 449	12.57

数据来源：各省份数据根据聂辉华、江艇、张雨潇等撰写的《中国僵尸企业研究报告：现状、原因和对策》整理得来；东部、中部、西部和东北地区以及全国数据经各省份加总再除计算得来。

由表5-2可知，从整体上来看，全国煤炭行业的僵尸企业比重在2000—2013年为8.37%，西部、东北、中部和东部地区僵尸企业占比分别为7.76%、10.87%、8.45%和8.59%，其中西部地区煤炭行业僵尸企业占比较低，这与西部地区近年来煤炭行业的不断发展，东、中和东北部地区煤炭产业转移等密切相关。

西部地区各省份内部煤炭行业僵尸企业占比存在很大差别。由图5-3可知，西部地区2000—2013年各省份僵尸企业占比由大到小分别是广西、新疆、甘肃、宁夏、云南、青海、内蒙古、陕西、重庆、四川、贵州和西藏，僵尸企业占比分别为31.76%、16.97%、16.34%、14.16%、11.00%、10.11%、7.16%、6.88%、6.85%、5.71%、4.40%和0，显示出僵尸企业占比与煤炭资源禀赋紧密关联，煤炭产值高的地区往往也是僵尸企业占比较高的地区。

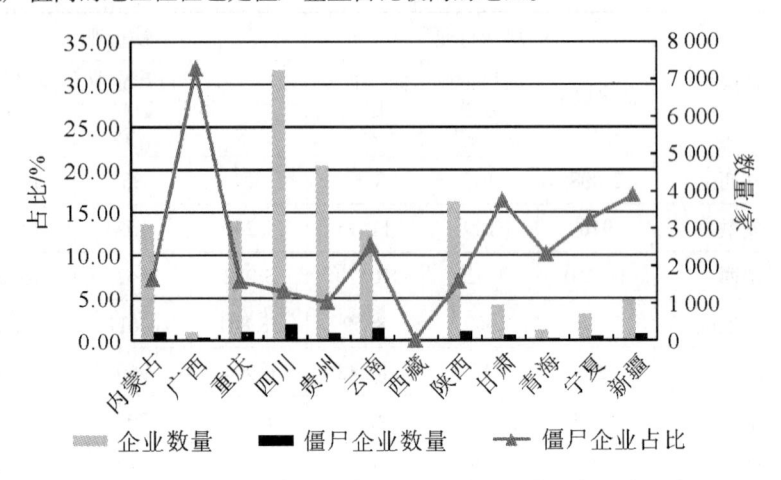

图 5-3 西部地区各省份煤炭行业僵尸企业数量和僵尸企业占比

对于钢铁行业而言，钢铁行业的发展受资源（铁矿、水、煤炭等）禀赋、交通基础设施和市场需求等因素影响巨大，2000 年实行西部大开发战略以来，西部地区基础设施建设任务重，对钢铁需求量大，国家相关部门先后出台了《钢铁产业发展政策》（2005）、《国务院关于中西部地区承接产业转移的指导意见》（2010）、《产业转移指导目录（2012 年版）》《产业转移指导目录（2018 年版）》等政策。在这些政策的引导下，西部地区钢铁产业不断壮大的同时，积极承接东、中部地区的钢铁产业转移，西部地区粗钢产量 2006 年、2015 年和 2018 年分别为 5 419.95 万吨、111 324.2 万吨和 13 478.91 万吨，占全国市场份额分别为 12.93%、14.09% 和 14.52%。西部地区钢铁产业占全国市场份额逐年上升，但东部地区依然是我国钢铁行业发展的主要阵地。从全国层面来看，全国钢铁行业僵尸企业占比在 2000—2013 年为 12.57%，西部、东北、中部和东部地区钢铁行业僵尸企业占比分别为 15.51%、11.86%、11.24% 和 11.88%。其中西部地区钢铁行业僵尸企业占比最高，达 15.51%，这与其自身钢铁行业发展技术、交通基础设施和市场需求密切相关。东部地区的钢铁行业僵尸企业占比较小，这跟东部地区市场需求、发展技术和交通便利度密切相关。

具体而言，西部地区各省份钢铁行业僵尸企业占比存在较大差异。由图 5-4 可知，西部地区钢铁行业僵尸企业占比由大到小分别是宁夏、西藏、贵州、云南、陕西、青海、甘肃、新疆、内蒙古、四川、广西和重庆，僵尸企业占比分别为 27.13%、20.00%、19.15%、18.64%、18.56%、18.18%、15.90%、

15.33%、13.05%、12.97%、12.37%和11.95%。由此可见，西部地区各省份僵尸企业占比高的地区往往分布在钢铁行业发展欠发达地区，如宁夏、西藏、陕西、青海、新疆等地，这些地区本身钢铁企业数量较少，钢铁行业欠发达。而僵尸企业占比低的地区主要分布在重庆、广西、四川、内蒙古等地区，这些地区一方面有较大的消费市场，另一方面有着较为丰富的水资源。可以看出，僵尸企业占比与地理位置、市场规模有关。

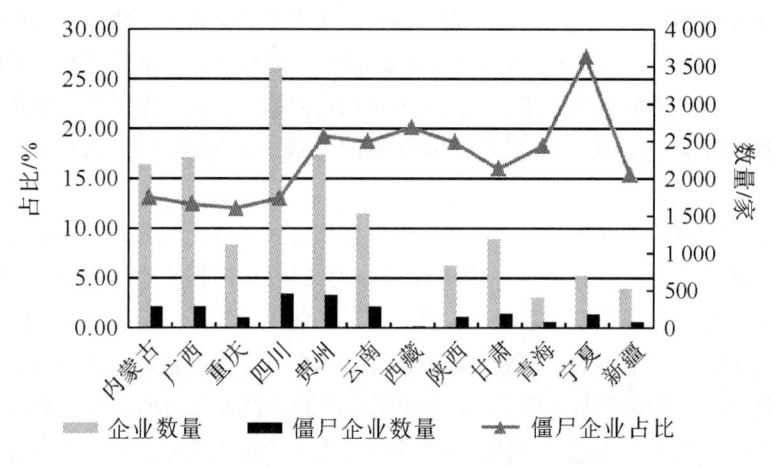

图 5-4　2000—2013 年西部地区各省份钢铁行业
僵尸企业数量、僵尸企业占比

二、产能过剩

（一）产能过剩的定义、原因与测度方法

在考察西部地区实体经济产能过剩状况之前，先简要回顾一下产能过剩的定义、原因和测度方法。

1. 产能过剩的定义、原因

产能过剩不是一个新问题，不管是发达的资本主义市场还是发展中社会主义市场都普遍存在。产能过剩的定义可以从微观和宏观、总量与结构、体制与非体制等多个视角来界定①。就微观层面而言，产能过剩的概念最早来自张伯伦（1933）《垄断竞争理论》一书。他认为产能产出是完全竞争均衡条件下的产出水平，当出现垄断竞争导致平均成本线高于边际成本线，从而使企业产品

---

① 中国金融四十人论坛课题组，纪志宏，纪敏，赵奕然. 产能过剩的衡量与原因分析：一个文献综述 [J]. 新金融评论，2017（1）：73-95.

供给能力高于均衡价格下的市场需求时，就出现了持续性产能过剩状况。其后西方学者就这一概念不断进行深入研究，普遍认为产能过剩就是垄断竞争或不完全竞争导致的实际产出小于最优产出的情况。相较于国外学者注重从供给侧生产能力的超额生产来分析产能过剩，我国学者更加侧重于从宏观层面上的供求失衡角度来进行研究。最具有代表性的是李江涛在研究产能过剩及治理机制时指出，产能过剩是指随经济周期波动出现的市场上产品实际生产能力大大超过有效需求的状态，且超过部分大于维持正常生产和市场竞争所需的闲置产能界限[1]。该定义不仅关注产能过剩所造成的社会福利损失，而且还考虑了产能过剩对行业产生的破坏性竞争，如资本市场资源错配、企业库存增加和企业利润大幅度下降等，从而不利于经济社会的发展，成为经济运行的重要风险之一。

更有学者将产能过剩问题与中国经济发展方式转变相结合，对产能过剩的形成原因进行研究，并根据原因将其划分为结构性产能过剩和体制性产能过剩。前者是指在产业发展过程中，部分落后产能无法生产满足市场需求的产品而引起的产品产能过剩，而先进产能产业技术创新乏力导致供给相对不足，从而供给结构与需求结构不匹配[2]。而体制性产能过剩则认为地方政府对市场经济体制尤其是要素市场的干预，导致企业投资决策出现偏差，供给能力远远大于市场实际需求[3]。这两类产能过剩的定义与林毅夫等[4]认为经济周期性波动、企业低水平重复建设，以及江飞涛和耿强等、韩秀云[5]等认为地方政府干预与投资冲动等是导致产能过剩的原因相吻合。

2. 产能过剩的测度

衡量产能过剩的主要指标是产能利用率，产能利用率的测度方法主要有数据包络分析法（DEA）、随机前沿分析法（SFA）、协整法、生产函数法和峰值法等，最常用的是数据包络分析法和随机前沿分析法。本小节主要采用 DEA 窗口分析法（DEA Window Analysis）来评价分析西部地区工业产能利用率，

---

[1] 李江涛. 产能过剩及其治理机制 [J]. 国家行政学院学报, 2006 (5): 32-35.

[2] 周劲, 付保宗. 产能过剩的内涵、评价体系及在我国工业领域的表现特征 [J]. 经济学动态, 2011 (10): 60-66; 翟东升. 解析"中国式"产能过剩 [J]. 宏观经济管理, 2013 (7): 35-37.

[3] 王立国, 周雨. 体制性产能过剩：内部成本外部化视角下的解析 [J]. 财经问题研究, 2013 (3): 27-35.

[4] 林毅夫, 巫和懋, 邢亦青. "潮涌现象"与产能过剩的形成机制 [J]. 经济研究, 2010, 45 (10): 4-19.

[5] 江飞涛, 耿强, 吕大国, 等. 地区竞争、体制扭曲与产能过剩的形成机理 [J]. 中国工业经济, 2012 (6): 44-56; 韩秀云. 对我国新能源产能过剩问题的分析及政策建议：以风能和太阳能行业为例 [J]. 管理世界, 2012 (8): 171-172, 175.

具体过程借鉴董敏杰和梁泳梅等①的测算方法，引入 SBM（slack based measure，至前沿最远距离函数）模型，解决传统径向 DEA 模型对无效率的测度量没有包含松弛变量的问题。具体如下：

假设 Y 表示有效产出，对于给定固定投入 F（资本 K），生产能力可表示为 Y（F）或 Y（K），Y（F）多大程度上转化为实际产出 y，取决于可变投入 V（劳动力以及中间投入 Z）和技术水平 TECH。因此，实际产出可表示为：

$$y = Y(F, V, TECH) = Y(K, L, Z, TECH) \quad (5.1)$$

由于技术水平 TECH 在现实中难以直接衡量，故采用技术效率 TE（$0 \leqslant TE \leqslant 1$）来替代，则实际产出函数式（5.1）可写成

$$y = TE \times Y(F, V) = TE \times Y(K, L, Z) \quad (5.2)$$

技术效率反映技术水平落后导致的产出不足，即相对"落后"的生产单元与"先进"的生产单元之间的"相对效率"，技术效率越低，落后产能程度越严重。而产能利用率 CU 即为实际产出与生产能力的比值，即

$$CU = y/Y(F) = TE \times Y(F, V)/Y(F) = TE \times EU \quad (5.3)$$

其中，CU、TE 和 EU 分别表示产能利用率、技术效率和设备利用率；设备利用率 $EU = Y(F, V)/Y(F)$，表示可变投入约束下设备设计生产能力的利用效率。

式（5.3）中的有效产出函数 Y（F，V）与 Y（F）分别表示考虑所有投入（包括固定投入和可变投入）和只考虑固定投入要素的有效产出。对于模型导向，本节计算的是工业行业的产出，故采用产出导向型模型，并假设生产技术规模报酬可变（VRS）。使用 DEA 窗口分析法测算，测算公式分别为：

第一种，只考虑固定投入要素（即 F 只考虑 K）的模型：

$$\theta_1^* = \max\theta_1，即 \ Max \ Y_j^t(K_j^t) - \sum_{i=1}^{N} \lambda_i^t y_i^t$$

$$s.t. \ \sum_{i=1}^{N} \lambda_i^t K_i^t \leqslant K_j^t, \ \sum_{i=1}^{N} \lambda_i^t y_i^t \leqslant y_j^t, \ \sum_{i=1}^{N} \lambda_i^t = 1, \ \lambda_i^t \geqslant 0 \quad (5.4)$$

第二种，考虑固定投入（K）、可变投入（L）和中间投入（Z）的模型：

$$\theta_2^* = \max\theta_2；即 \ Max \ Y_j^t(K_j^t, L_j^t, Z_j^t) = \sum_{i=1}^{N} \lambda_i^t y_i^t$$

$$s.t. \ \sum_{i=1}^{N} \lambda_i^t K_i^t \leqslant K_j^t, \ \sum_{i=1}^{N} \lambda_i^t L_i^t \leqslant L_j^t,$$

---

① 董敏杰，梁泳梅，张其仔. 中国工业产能利用率：行业比较、地区差距及影响因素［J］. 经济研究，2015（1）：85-100.

$$\sum_{i=1}^{N} \lambda_i^t Z_i^t \leq Z_j^t, \quad \sum_{i=1}^{N} \lambda_i^t y_i^t \leq y_j^t, \quad \sum_{i=1}^{N} \lambda_i^t = 1, \quad \lambda_i^t \geq 0 \qquad (5.5)$$

其中，① λ_i^t 为权重向量，用于构造生产前沿面；N 为生产单元个数；② K_i^t、L_i^t、Z_i^t、y_i^t 分别表示 t 期生产单元 i 的固定投入、可变投入、中间投入和实际产出；③ $\sum_{i=1}^{N} \lambda_i^t K_i^t \leq K_j^t$、$\sum_{i=1}^{N} \lambda_i^t L_i^t \leq L_j^t$、$\sum_{i=1}^{N} \lambda_i^t Z_i^t \leq Z_j^t$，分别表示被考察生产单元的固定投入（$K$）、可变投入（$L$）和中间投入（$Z$）大于有效的固定投入、可变投入与中间投入；④ $\sum_{i=1}^{N} \lambda_i^t y_i^t \leq y_j^t$ 表示被考察生产单元的实际产出应小于有效产出，即相应约束结合在一起表示，被考察单元生产组合位于 t 期的生产可能集之内；⑤ $\sum_{i=1}^{N} \lambda_i^t = 1$ 表示规模报酬可变（VRS）；⑥ θ 为观测产出要达到生产最前沿面所需要的缩放比例；对于生产单元 j 来说，当只将固定投入要素（K）视为给定，其他可变投入要素可以自由变换时的产能产出为 $\theta_1^* y_j^t$；当考虑固定投入要素（K）、可变要素（L）和中间投入（Z）视为给定时的产能产出为 $\theta_2^* y_j^t$。

Färe et al.（1989）在计算产能利用率时界定了"有偏产能利用率"和"无偏产能利用率"两个概念，两者分别相当于式（5.3）的 CU 和设备利用率 EU，区别在于是否包含了技术效率[①]。这一观点受到了质疑。Coelli et al.（2002）认为现实中企业存在技术效率不同的现象，建议将技术效率纳入产能利用率中[②]。同样，本节与董敏杰和梁泳梅等[③]的做法一致，考虑到中国工业落后产能问题普遍存在，这里采用 Coelli et al.（2002）的观点，将技术效率纳入产能利用率。因此，下文主要从产能利用率、技术效率、设备利用率三个方面对西部地区产能过剩状况进行测度与分析。

考虑传统的 DEA 模型会导致结果有偏，使用 SBM-DEA 方法测算，其只考虑固定投入的测算模型公式，表示如下：

---

① FÄRE R, KOKKELENBERG G E C. Measuring Plant Capacity, Utilization and Technical Change: A Nonparametric Approach [J]. International Economic Review, 1989, 30 (3): 655-666.

② COELLI T, EMILI GRIFELL-TATJÉ, PERELMAN S. Capacity utilisation and profitability: A decomposition of short-run profit efficiency [J]. International Journal of Production Economics, 2002, 79 (3): 261-278.

③ 董敏杰，梁泳梅，张其仔. 中国工业产能利用率：行业比较、地区差距及影响因素 [J]. 经济研究, 2015 (1): 85-100.

$$\eta^* = \max 1 + \frac{s^+}{y_0} \qquad (5.6)$$

$$\text{s. t. } \sum_{i=1}^{N} \lambda_i K_i \leq K_0, \ \sum_{i=1}^{N} \lambda_i y_i - s^+ = y_0, \ \sum_{i=1}^{N} \lambda_i = 1, \ \lambda_i \geq 0, \ s^+ \geq 0$$

其中，s^+ 表示被评价单元产出的冗余量；η 为产出导向下被考察单元能达到的最大产出扩张比例；脚标0指被评价单元的各项投入以及产出。

3. 变量与数据说明

本节构建全国30个省份（由于西藏数据严重缺失，故没有加入计算，港澳台地区除外），我们选取2000—2016年规模以上工业企业的省级面板数据对西部地区工业产能利用率进行测度，并与其他地区进行比较。以下对相关变量和处理进行说明。

（1）产出变量：工业总产值（y）。选取各省份规模以上工业企业工业总产值（亿元）为产出变量，部分年份没有找到工业总产值，利用工业销售产值/工业企业产品销售率计算得出工业总产值。考虑数据的可比性，研究将历年各地区名义工业总产值按2000—2016年各年分地区工业生产者出厂价格指数进行平减，得到以2000年为基期的各地区实际工业总产值。

（2）投入变量包括三个：固定投入即资本投入（K）以及可变投入（劳动力L和中间投入Z）。

资本投入变量（K）选用各省份规模以上工业企业固定资产净值（亿元），同样考虑考虑数据的可比性，根据分地区固定资产投资价格指数，将历年各地区名义固定资产净值换算成以2000年为基期的各地区实际固定资产净值。如果存在固定资产净值缺失，则采用固定资产净值＝固定资产原值－累计折旧来计算得到。

劳动力（L）选取各省份规模以上工业企业年平均从业人数（万人）。2012年的就业人数缺失值采用插值法处理。

中间投入（Z），采用公式 $Z_t = (TV_t - AV_t + T_t)/PPIRM_t$ 反推出来，其中 Z_t、TV_t、AV_t、T_t、$PPIRM_t$ 分别指第t期的中间投入、工业总产值、工业增加值、应交增值税及工业生产者购进价格总指数。其中，我们对工业增加值的缺失值进行如下补充处理：首先计算没有缺失值年份的工业增加值与工业总产值的比值，然后求取其平均值，再与缺失值年份的工业总产值相乘，得到该年的工业增加值。应交增值税缺失值处理办法如同工业增加值处理办法：首先计算没有缺失值的增值税与工业增加值的比重，然后求其平均值，再与缺失值年份的工业总产值相乘，得到该年的应交增值税。为保持研究前后一致，本节暂没有考虑增值税改革对应交增值税的影响。在计算每一期的中间投入（Z_t）之后，对各年名义中间投入采用2000—2016年的工业生产者购进价格总指数进行平减，得到以2000年为基期的各地区中间投入。

数据来源于1999—2017年《中国工业经济统计年鉴》《中国统计年鉴》和《中国经济普查年鉴（2004）》、各省份统计年鉴和国家统计局网站相关数据。

4. DEA窗口分析法简介

考虑到用传统DEA计算得来的效率值在年度间不可比，为更好地对不同省份进行横向静态比较和纵向动态比较，我们采用DEA窗口分析法来测度工业产能利用率。DEA窗口分析法最先由Charnes et al.（1985）提出。该方法既可以测算一个截面上各决策单元的效率，还可以测度每个决策单元在时间序列上的变化趋势[①]。DEA窗口分析法的原理在于将处于不同时期的决策单元视为不同的决策单元来处理，并通过类似移动平均的方法选定不同的参考集来评价决策单元的相对效率。本节在使用DEA窗口分析法时将窗口宽度 d 设定为3，通过设定窗口决策单元数量进行效率测算[②]。当研究的时间长度为 T 期，设定的窗口宽度为 d，则需要建立 $T-d+1$ 个窗口进行效率测算，则每个决策单元在第 m（$m=1, 2, 3, \cdots, T-d+1$）个窗口上将得到 d 个效率值，即逐一按窗口时点计算效率值，最后取各时点上的平均效率值，作为被评价决策单元时间序列比较的效率值[③]。

（二）西部地区产能过剩的事实与特征

自20世纪90年代末以来，政府部门先后在1999—2000年、2003—2004年、2006年、2009—2010年、2013年五个时间段进行了产能过剩的集中治理[④]。2016年，我国提出去产能、去库存、去杠杆、降成本、补短板（"三去一降一补"），其中"去产能"成为任务之首。目前，我国的产能过剩已经近

---

① CHARNES A, CLARK C T, COOPER W W, et al. A developmental study of data envelopment analysis in measuring the efficiency of maintenance units in the US air forces [J]. Annals of Operations Research, 1985, 2 (1): 95-112.

② 孙蓉, 奉唐文. 保险公司经营农险的效率及其影响因素：基于SBM模型与DEA窗口分析法 [J]. 保险研究, 2016 (1): 43-53.

③ 王锋, 冯根福. 基于DEA窗口模型的中国省际能源与环境效率评估 [J]. 中国工业经济, 2013 (7): 55-68.

④ 卢锋. 治理产能过剩问题（1999—2009）[C] //"CCER中国经济观察"第19次报告会, 2009：21-38；余森杰, 金洋, 张睿. 工业企业产能利用率衡量与生产率估算 [J]. 经济研究, 2018, 608 (5): 58-73.

似于全行业、全局性的了①。

国家统计局发布的《2018年国民经济和统计发展公报》数据显示，2018年我国工业产能利用率为76.5%。我们利用上述计算方法得到各省份工业EU、TU和CU之后，加总求平均计算全国、西部、东北、中部和东部地区的EU、TU和CU，结果比国家统计部门公布的数据要低，这是因为：①本研究测算方法考虑技术效率；②采用DEA窗口分析方法，在时间序列上类似移动平均，得到的数据会较为平稳。当然，由于不同研究对生产能力的界定不完全一致，本研究的测度结果无法与其他研究一一进行比较，因此本节所描述的事实与特征，仅以本节测算结果为基础，考察不同地区、西部地区不同省份之间的地区差异和时间变化趋势。具体而言，下文将分别对西部地区工业的设备利用率、技术效率和产能利用率的事实与特征分别进行分析。

1. 西部地区工业设备利用率（EU）② 的事实与特征

西部地区工业设备利用率（EU）与其他地区存在明显的差异。如图5-5所示，从整体来看，2000—2016年我国工业设备利用率（EU）先升后降，2000—2016年平均工业设备利用率（EU）为58.91%，在2000—2003年出现大幅度下降，然后在2004年大幅度上升，2004—2008年金融危机发生之前伴随着波动上涨，到2008年下滑到62.51%。受2008年全球金融危机的影响，EU出现了明显的波动下降态势，在2009年达到59.62%。随着政府"四万亿"经济刺激计划的全面实施，我国工业设备利用率（EU）在2009年开始有所回升，并在2011年达到最大值63.48%。2011年之后，宏观经济下行压力增大，我国工业设备利用率（EU）连年逐渐回落，2016年仅为57.85%。这与张少华和蒋伟杰③利用静态SBM模型，以及李瑞杰和郑超愚④利用空间滞后随机前沿面板模型测度得到的变化趋势结果一致，工业设备利用率（EU）与宏观经济波动周期、经济发展水平存在耦合。从区域比较来看，2000—2016年工业设备利用率（EU）平均值从大到小依次是东部地区、中部地区、东北地区和西部地区，相应值分别为79.34%、58.97%、52.02%和42.2%。西部地区的

---

① 聂辉华，江艇，张雨潇，等. 中国僵尸企业研究报告：现状、原因和对策[M]. 北京：中国社会科学出版社，2016：3-4.

② 我们在前面已经提到Färe et al.（1989）在计算产能利用率时界定"有偏产能利用率"和"无偏产能利用率"两个概念，其中设备利用（EU）就是无偏产能利用率，是经技术调整后的产能利用，在一定程度上修正了产能利用率下偏的问题。

③ 张少华，蒋伟杰. 中国的产能过剩：程度测量与行业分布[J]. 经济研究，2017（1）：91-104.

④ 李瑞杰，郑超愚. 溢出效应、全要素生产率与中国工业产能过剩[J]. 上海经济研究，2019（7）：45-56.

工业设备利用率（EU）明显低于其他地区，同时存在与全国一致的变化趋势，在 2000—2003 年逐渐下降，在 2008 年全球金融危机爆发期间以及之后呈现大幅度下降趋势，在 2011 年逐渐回升，但之后受宏观环境的影响，又持续缓慢下降，至 2016 年底仅为 37.56%。

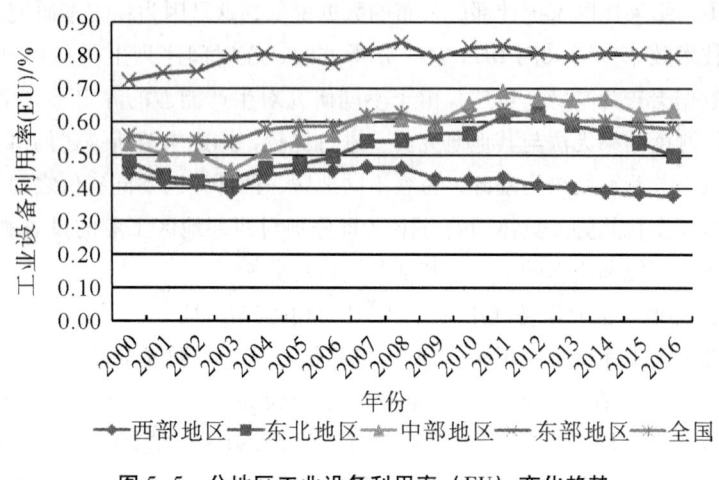

图 5-5　分地区工业设备利用率（EU）变化趋势

工业设备利用率（EU）在西部地区各省份存在较大差异。如图 5-6 所示，西部地区 2000—2016 年工业设备利用率（EU）的平均值由大到小依次是重庆、四川、广西、甘肃、贵州、云南、陕西、宁夏、内蒙古、新疆和青海，相应值分别为 70.22%、55.78%、55.77%、41.99%、40.45%、39.83%、39.43%、37.18%、36.09%、24.43% 和 22.97%，重庆和四川两地工业设备利用率较高，原因在于其本身经济发展水平较高。广西近年来 EU 增长较快，由 2000 年的 48.88% 上升到 2016 年的 73.45%，原因在于受西部大开发战略、北部湾经济区建设等国家宏观战略的影响，出现了两次大幅度的上升。

西部地区的资源富集区陕西、内蒙古、甘肃、宁夏和新疆以及青海六省份的工业设备利用率整体呈下降趋势。这些地区本身工业产业在经济发展中占比较高，是西部地区资源型产业的集聚地，更是煤炭行业、钢铁行业僵尸企业占比的高值区，受地区承接产业转移和近年来经济增长下行压力的影响，这些地区工业设备利用率整体呈现下降趋势。

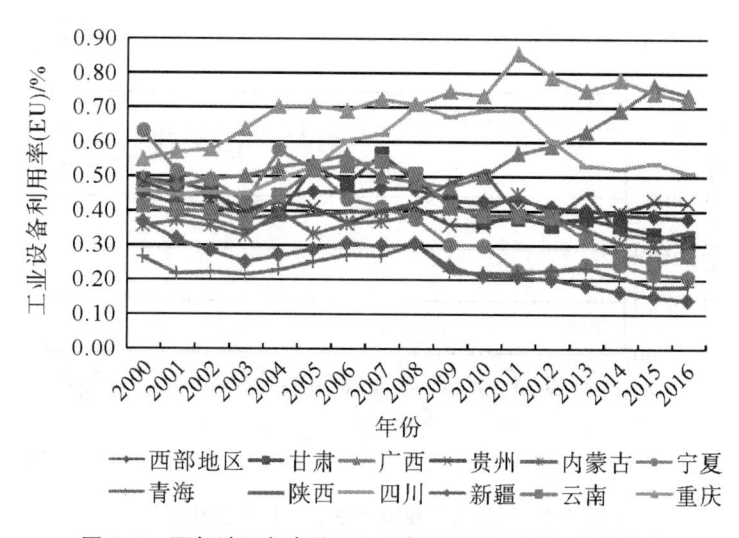

图 5-6　西部地区各省份工业设备利用率（EU）变化趋势

2. 西部地区工业技术效率（TE）① 的事实与特征

西部地区工业技术效率（TE）与其他地区同样存在较大的地区差异。如图 5-7 所示，从全国来看，2000—2016 年我国技术效率为 86.66%，整体呈上升再大幅度下降趋势，在 2000—2005 年上升，2006 年之后逐渐下降，并在 2008 年全球金融危机发生之后下降，2010 年达最小值，为 84.06%，之后迅速回升。近年来受宏观经济下行的影响，工业技术效率（TE）缓慢下降，2016 年仅为 84.62%。从地区差异来看，2000—2016 年工业技术效率（TE）平均值由大到小依次是东部地区、西部地区、东北地区和中部地区，相应值分别为 94.03%、84.38%、81.41% 和 81.18%，东部地区的工业技术效率远高于其他地区。西部地区工业技术效率轻微下降，由 2000 年的 84.45% 下降到 2016 年的 82.59%，除其工业技术效率存在下滑的趋势外，也意味着落后产能在逐渐增大。

---

① 前面已经提到技术效率（TE）是技术水平落后导致的产出不足，反映的是相对"落后"的生产单元与"先进"的生产单元之间的"相对效率"，同样可以反映产能的水平。

第五章　西部地区实体经济质量：事实与特征　77

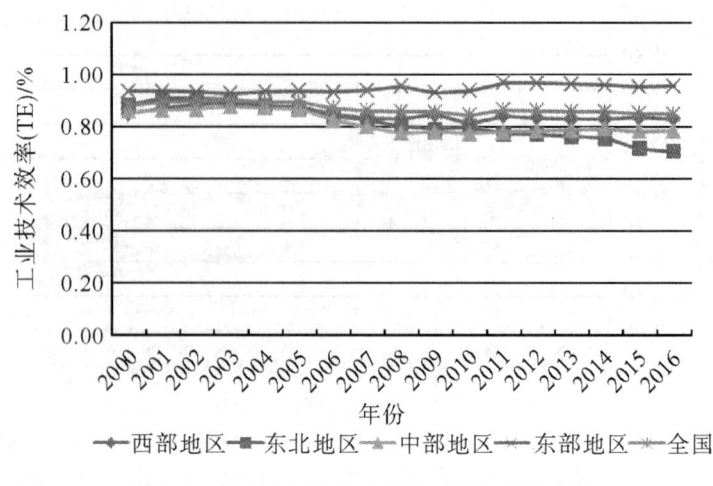

图 5-7 分地区工业技术效率（TE）变化趋势

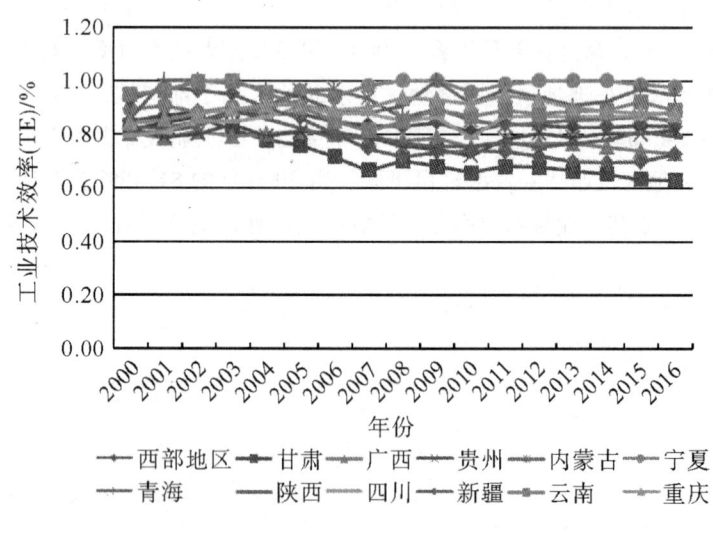

从西部地区各省份工业技术效率（TE）变化趋势来看，工业技术效率（TE）在西部地区各省份同样存在差异。如图 5-8 所示，西部地区各省份工业技术效率（TE）之间的差距同样由集中走向发散，各省份工业技术效率（TE）由大到小依次是宁夏、青海、云南、重庆、内蒙古、四川、陕西、新疆、贵州、广西和甘肃，相应值分别为 95.49%、93.93%、90.28%、89.56%、86.77%、85.19%、79.63%、79.59%、78.81%、77.37%和71.58%。

图 5-8 西部地区各省份工业技术效率（TE）变化趋势

3. 西部地区工业产能利用率（CU）① 的事实与特征

近年来，西部地区的工业产能利用率远低于其他地区的工业产能利用率，并且出现轻微波动下降趋势，由 2000 年 37.59% 下降至 2016 年的 30.74%；同时，西部地区的工业产能利用率与东部地区的差距越来越大。

如图 5-9 所示，我国工业产能利用率在 2000—2016 年呈现明显的先上升后下降的波动变化趋势，在 2000—2003 年出现缓慢下降趋势，在 2006 年、2009 年出现大幅度下降，之后在国家各项刺激政策的作用下快速上升并在 2011 年达到最大值 54.61%，2011 年之后受经济下行压力增大的影响，再次出现波动下降趋势，并在 2016 年达到 48.95%，这与前面所测度的工业设备利用率（EU，无偏产能利用率）变化趋势一致。从地区差异来看，西部地区的工业产能利用率（CU）最低，2000—2016 年的工业产能利用率均值为 35.51%，而东部地区、中部地区和东北地区 2000—2016 年的工业产能利用率均值分别为 74.99%、47.81%、42.28%。

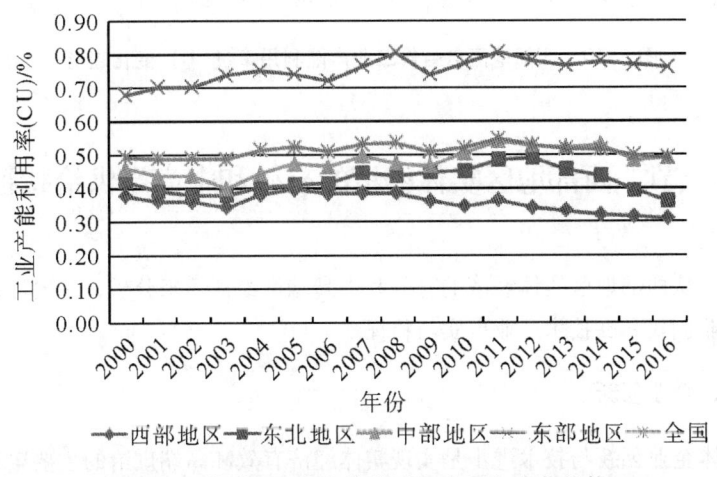

图 5-9 分地区工业产能利用率（CU）变化趋势

西部地区各省份工业产能利用率之间也存在较大差异。如图 5-10 所示，西部地区 2000—2016 年工业产能利用率均值由大到小依次是重庆、四川、广西、云南、宁夏、贵州、陕西、内蒙古、甘肃、青海和新疆，相应值分别为 63.06%、47.55%、42.99%、35.82%、35.00%、31.92%、31.30%、31.30%、30.29%、21.50% 和 19.88%，各省份之间变化趋势与前面所描述的工业设备

---

① 此处的产能利用率为 Färe et al.（1989）定义的"有偏产能利用率"，由于没有经技术调整，在一定程度上存在产能利用率下偏问题。

利用率（EU）变化趋势一致，但结果偏小。这同样验证了"没有考虑技术调整的产能利用率存在下偏问题"的现象。

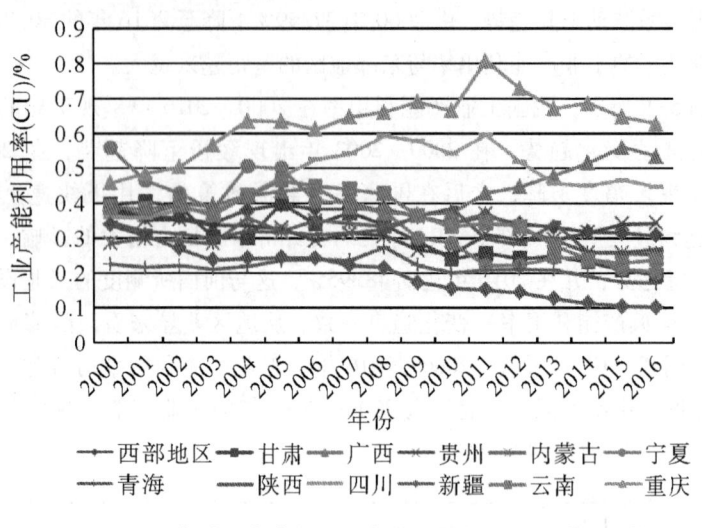

图 5-10　西部地区各省份工业产能利用率（CU）变化趋势

第二节　西部地区实体经济的有效和中高端供给特征

本节从西部地区实体经济的有效和中高端供给视角来分析，主要涉及西部地区企业创新和高技术产业事实与特征。

一、企业创新

实体企业创新与技术进步是实现实体经济有效和高端供给的主要渠道，更是实体经济可持续发展的关键。现有的研究衡量创新活动或技术进步的指标主要包括全要素生产率（TFP）、研发投入（R&D 支出）和专利产出。基于数据可得性考虑，本节主要从规模以上工业企业的投入和产出两方面来分析西部地区企业创新的事实与特征。

（一）基于企业创新投入视角

本小节分别从企业创新在人员和资本上的投入视角来考察西部地区企业创新行为。

1. 研发人员密集度

为更好地考察企业创新人员投入的相对强度，构建研发人员密集度指标，我们提出计算公式：研发人员密集度=100×规模以上工业企业R&D从业人员/规模以上工业企业从业人数，即反映规模以上工业企业R&D从业人员占全体从业人员的百分比。我们根据相关数据处理得到表5-3。从整体上看，2008—2016年，我国规模以上工业企业研发人员密集度呈现上升趋势，由2008年的1.39%上升至2016年的2.85%。四大区域的工业企业研发人员密集度存在较大差异，由大到小依次是东部地区、中部地区、东北地区和西部地区，西部地区工业企业研发人员密集度由2008年的1.34%上升至2016年的1.9%，且西部地区工业企业研发人员密集度与东部、中部地区的差距越来越大。

表5-3　西部地区研发人员密集度变化趋势　　　单位:%

地区	2008年	2009年	2010年	2011年	2012年	2013年	2014年	2015年	2016年
全国	1.39	1.64	1.77	2.12	2.37	2.55	2.65	2.70	2.85
东北地区	1.28	1.35	1.42	1.63	1.69	1.74	1.89	1.82	2.15
中部地区	1.41	1.57	1.69	1.87	1.95	2.09	2.10	2.08	2.18
东部地区	1.41	1.76	1.95	2.44	2.80	3.02	3.16	3.26	3.43
西部地区	1.34	1.32	1.28	1.35	1.55	1.73	1.82	1.80	1.90
内蒙古	1.12	1.11	1.20	1.43	1.71	2.11	2.11	2.34	2.50
广西	0.82	0.98	1.07	1.37	1.33	1.25	1.35	1.11	1.11
重庆	1.75	1.70	1.74	1.90	2.00	2.16	2.39	2.35	2.43
四川	1.52	1.42	1.15	0.97	1.32	1.51	1.65	1.60	1.78
贵州	0.83	0.96	1.05	1.13	1.38	1.75	1.53	1.46	1.53
云南	0.97	0.81	0.92	1.14	1.27	1.14	1.30	1.73	1.90
西藏	0.22	2.24	1.05	0.13	0.44	0.42	0.66	0.22	1.04
陕西	2.02	1.88	1.88	1.97	2.24	2.68	2.70	2.55	2.59
甘肃	1.45	1.48	1.37	1.56	1.89	2.02	2.10	1.97	2.11
青海	0.46	0.87	0.84	1.01	1.02	0.95	0.96	0.61	0.87
宁夏	1.29	1.31	1.30	1.33	1.33	1.45	1.72	1.67	1.83
新疆	0.78	0.86	0.98	1.10	0.94	0.95	0.89	1.00	1.02

数据来源：根据原始数据计算得来。原始数据来源于国家统计局网站、历年《中国工业经济统计年鉴》；部分缺失值采用插值法填补。

从西部地区各省份工业企业研发人员密集度来看，西部地区12省份的研发人员密集度差异较大。其中2008—2016年，研发人员密集度由大到小排序依次是陕西、重庆、甘肃、内蒙古、宁夏、四川、贵州、云南、广西、新疆、青海和西藏，相应值分别为2.28%、2.05%、1.77%、1.74%、1.47%、1.44%、1.29%、1.24%、1.15%、0.95%、0.84%和0.71%，研发人员密集度与地区工业经济发达程度密切关联，大多数省份在2008—2016年的研发人员密集度整体呈上升趋势，但是西藏、青海两省份波动明显。

2. 研发经费强度

为更好地分析企业创新费用投入的相对强度，本节引入基于企业主营业务收入的研发经费强度，其计算公式：研发经费强度＝100×规模以上工业企业R&D经费/规模以上工业企业主营业务收入（%），即反映规模以上工业企业主营业务收入中R&D投入占比。由表5-4可知，从整体上看，2008—2018年，我国规模以上工业企业研发经费强度呈现上升趋势，由2008年的0.61%上升至2018年的1.27%，但整体占比较低。四大区域的工业企业研发经费强度存在较大差异，由大到小依次是东部地区、中部地区、东北地区和西部地区。西部地区工业企业研发经费强度由2008年的0.47%上升至2018年的0.83%，但与东部、中部地区的差距较大，且越来越大。2018年西部地区的工业企业研发经费强度分别是东部地区和中部地区的56.84%和72.37%。西部地区与东北地区的工业企业研发经费强度的差距越来越小，2018年仅相差0.02%。

表5-4　西部地区研发经费强度变化趋势　　　　单位：%

地区	2008年	2009年	2010年	2011年	2012年	2013年	2014年	2015年	2016年	2017年	2018年
全国	0.61	0.70	0.70	0.71	0.77	0.80	0.84	0.90	0.94	1.06	1.27
东北地区	0.53	0.58	0.57	0.57	0.55	0.57	0.58	0.62	0.74	0.82	0.85
中部地区	0.55	0.65	0.62	0.58	0.63	0.65	0.68	0.71	0.74	0.85	1.15
东部地区	0.67	0.76	0.78	0.83	0.91	0.95	0.99	1.07	1.11	1.25	1.46
西部地区	0.47	0.51	0.50	0.48	0.54	0.55	0.58	0.63	0.66	0.74	0.83
内蒙古	0.34	0.38	0.41	0.40	0.47	0.50	0.55	0.63	0.64	0.77	0.74
广西	0.42	0.49	0.49	0.48	0.48	0.48	0.45	0.38	0.37	0.39	0.48
重庆	0.82	0.85	0.83	0.83	0.91	0.89	0.89	0.96	1.01	1.35	1.52
四川	0.48	0.47	0.40	0.35	0.45	0.47	0.51	0.62	0.62	0.72	0.84
贵州	0.50	0.58	0.59	0.55	0.53	0.47	0.47	0.46	0.50	0.61	0.81
云南	0.27	0.30	0.35	0.39	0.43	0.45	0.50	0.63	0.73	0.76	0.81
西藏	1.00	1.30	0.67	0.23	0.58	0.47	0.25	0.19	0.23	0.15	0.33
陕西	0.61	0.71	0.71	0.70	0.73	0.77	0.82	0.88	0.88	0.85	0.94
甘肃	0.46	0.49	0.43	0.39	0.43	0.46	0.50	0.56	0.65	0.55	0.54
青海	0.24	0.38	0.40	0.41	0.45	0.52	0.41	0.30	0.35	0.40	0.31
宁夏	0.49	0.56	0.52	0.49	0.48	0.49	0.53	0.58	0.66	0.72	0.86
新疆	0.28	0.35	0.33	0.33	0.36	0.36	0.38	0.45	0.47	0.41	0.43

数据来源：根据原始数据计算得来。原始数据来源于国家统计局网站、历年《中国工业经济统计年鉴》；部分缺失值采用插值法填补。

从西部地区工业企业研发经费强度来看，西部地区 12 省份的工业企业研发经费强度差异较大。其中 2008—2018 年工业企业研发经费强度由大到小排序依次是重庆、陕西、宁夏、贵州、四川、内蒙古、云南、甘肃、西藏、广西、新疆和青海，相应值分别为 0.99%、0.78%、0.58%、0.55%、0.54%、0.53%、0.51%、0.50%、0.49%、0.45%、0.38% 和 0.38%。除西藏以外，西部地区各省份 2008—2018 年工业企业研发经费强度整体呈上升趋势，其中重庆在 2015 年出现大幅度上升，其工业企业研发经费强度由 2008 年的 0.82% 上升至 2018 年的 1.52%。

（二）基于产出视角

企业的创新行为必然会带来相应的创新产出，企业创新产出表现在其专利的申请与授权、新产品的市场份额、新增产品的数量等多方面。以下选取相应指标对西部地区企业创新产出的事实和特征进行描述。

1. 新产品销售

企业的创新行为会产出新产品、新工艺、新技术等创新产出，随之带来新产品销售收入，而新产品之所以被创造，正是因为其具有较好的收益。为更好地比较企业创新行为带来的新产品销售情况，本节引入"新产品销售收入占企业主营业务收入比重（%）"这一指标，该指标等于"100×规模以上工业企业新产品销售收入/规模以上工业企业主营业务收入"。我们根据相关数据计算处理得到表 5-5。由表 5-5 可知，西部地区规模以上工业企业新产品销售收入占企业主营业务收入比重在 2008—2018 年先轻微上升，受金融危机滞后影响，在 2010—2012 年呈下降趋势，在 2013 年重新呈上升趋势，在 2018 年达到了 9.53%。

从西部地区各省份的新产品销售收入占主营业务收入比重来看，重庆远高于其他省份，2008—2018 年规模以上工业企业新产品销售收入占企业主营业务收入比重（%）平均值达 23.44%，其次是广西、四川、宁夏、陕西、贵州、甘肃、云南、西藏、新疆、内蒙古和青海，相应值分别为 9.55%、8.60%、7.03%、6.67%、6.18%、6.12%、5.60%、4.81%、4.19%、4.12% 和 2.46%，整体变化趋势在 2008—2018 年呈现先轻微上升然后下降再波动上升的趋势，各省份之间在 2018 年逐渐走向收敛。规模以上工业企业新产品销售收入占企业主营业务收入比重的分布与各省份的经济发展基础和地理区位密切关联，比如广西，由于地处泛珠三角地区，有广阔的市场和良好的交通网络，往往对市场需求较为敏感，越发增强了其创新产品的动力。

表 5-5 西部地区各省份新产品销售收入占企业主营业务收入比重

单位:%

地区	2008年	2009年	2010年	2011年	2012年	2013年	2014年	2015年	2016年	2017年	2018年
全国	11.40	15.98	13.42	11.95	11.89	12.37	12.91	13.59	15.07	16.91	19.28
东部	12.59	13.03	13.45	14.28	14.59	15.19	15.80	16.26	18.02	19.93	22.70
中部	9.10	33.27	18.10	8.95	9.34	10.64	10.81	11.56	12.63	14.58	18.72
东北	8.80	13.22	10.17	8.34	7.34	6.15	7.28	8.43	11.47	13.62	13.14
西部	9.90	10.10	9.13	8.32	7.08	7.12	7.39	8.11	8.31	9.81	9.53
内蒙古	4.06	3.21	3.19	2.96	3.21	3.11	2.85	3.51	3.89	8.04	7.33
广西	10.48	12.55	11.09	10.04	8.40	9.27	7.13	7.99	8.91	9.45	9.80
重庆	29.66	28.72	27.28	26.60	18.87	17.30	19.32	21.70	21.37	25.62	21.43
四川	12.59	12.50	9.29	7.03	6.67	6.94	7.12	7.48	7.33	8.85	8.80
贵州	6.35	5.85	8.07	8.85	6.42	5.01	4.72	3.99	5.15	5.69	7.95
云南	6.23	5.49	5.15	5.00	5.00	4.42	5.00	5.22	6.19	6.92	7.02
西藏	6.94	9.85	5.52	2.44	2.29	2.39	3.41	4.13	4.58	4.38	7.03
陕西	6.78	8.02	7.45	7.00	5.34	5.59	5.77	5.29	5.88	7.43	8.82
甘肃	6.23	6.07	7.16	7.65	7.65	7.12	7.76	6.61	3.86	4.10	3.10
青海	4.65	4.97	2.06	0.50	0.55	0.60	0.38	1.05	1.69	4.94	5.66
宁夏	5.51	6.93	6.25	5.71	6.23	8.12	5.49	8.14	5.56	8.24	11.21
新疆	3.61	2.59	3.27	3.78	3.68	4.05	5.19	6.03	5.72	4.05	4.19

数据来源：根据原始数据计算得来。原始数据来源于国家统计局网站、历年《中国工业经济统计年鉴》；部分缺失值采用插值法填补。

2. 专利申请质量

专利常被用来衡量一个地区或者一个行业的技术进步和创新能力。专利包括发明专利、实用新型和外观设计，其中发明专利要满足实用性、新颖性和创造性三个特性，也是最能反映创新能力的一种专利，其主要是对新产品和新技术、新工艺的发明，即机器、仪器、设备和用具等产品以及制造方法。同时，专利申请之后需要缴纳年费才能更新其存续期。因此本节采用两个指标来反映工业企业专利申请的质量，一是发明专利申请数占比（％），其等于"规模以上工业企业发明专利申请数/规模以上工业企业专利申请数"；二是工业企业平均有效发明专利数（件），其等于"规模以上工业企业有效发明专利数/规模以上工业企业单位数"。

（1）发明专利申请数占比

实用新型和外观设计两种专利只需要满足一定的实用性与新颖性要求，而发明专利需要满足实用性、新颖性和创造性这三个特性，其更能体现企业的创新能力和核心竞争力。在此，我们利用规模以上工业企业专利申请数中发明专利占比数量来考察西部地区企业创新能力。

如表5-6所示，我国规模以上工业企业发明专利申请数量占比整体呈增长趋势，由2008年的34.14%增加至2018年的38.81%。其中，2010年出现发明专利申请数占比大幅度上升，最大值达到69.73%。西部地区规模以上工业企业发明专利申请数占比在2008—2018年的变化趋势同全国一样，整体呈上升趋势，由2008年的29.2%上升至2018年的38.88%，并且在2010年出现最大值67.45%，工业企业创新能力增强。

表5-6 西部地区规模以上工业企业发明专利申请数占比　　单位:%

地区	2008年	2009年	2010年	2011年	2012年	2013年	2014年	2015年	2016年	2017年	2018年
全国	34.14	34.78	69.73	34.93	35.96	36.57	38.05	38.48	40.12	39.24	38.81
东部	34.71	34.73	70.15	35.31	36.38	36.89	37.82	38.01	39.64	39.07	38.55
中部	33.32	35.19	67.17	32.61	33.79	34.63	37.72	39.97	42.38	39.92	39.40
东北	35.82	39.77	75.97	36.68	40.19	42.76	42.97	44.28	45.43	44.02	42.90
西部	29.20	32.15	67.45	34.90	34.63	35.41	38.77	37.85	38.45	38.20	38.88
内蒙古	51.41	47.14	92.09	45.12	46.67	47.58	42.93	39.88	44.48	45.65	38.21
广西	28.54	37.90	73.08	35.67	44.07	50.00	50.06	43.46	47.88	46.09	41.02
重庆	16.10	21.86	48.31	25.72	25.14	20.53	28.63	33.39	30.79	29.82	34.34
四川	32.53	33.14	75.85	41.95	32.19	36.06	39.67	36.90	39.30	38.73	40.74
贵州	44.33	44.09	83.41	39.97	48.21	43.99	47.35	51.64	46.56	47.57	43.69
云南	46.88	40.13	81.53	41.15	44.34	41.78	40.84	39.80	38.00	35.09	32.92
西藏	50.00	50.00	50.00	95.00	94.44	88.89	33.33	82.35	34.09	60.00	38.46
陕西	33.77	34.33	73.52	38.22	39.69	43.55	43.12	40.37	41.27	42.67	43.57
甘肃	30.33	36.80	65.86	30.39	31.76	26.15	30.41	31.30	31.31	33.91	36.12
青海	34.57	34.21	53.90	22.02	33.49	39.52	28.91	47.21	46.57	37.17	37.37
宁夏	23.31	35.57	81.00	43.43	53.39	53.62	52.67	53.25	51.74	47.37	42.13
新疆	27.23	23.71	46.81	23.21	21.23	24.38	32.75	33.68	30.52	31.80	34.87

数据来源：根据原始数据计算得来。原始数据来源于国家统计局网站、历年《中国工业经济统计年鉴》；部分缺失值采用插值法填补。

西部地区各省份之间规模以上工业企业发明专利申请数占比存在较大差异。西藏自治区规模以上工业企业较少，历年专利申请数较少，发明专利的申请数目占比波动较大。除西藏以外，西部地区各省份2008—2016年规模以上工业企业发明专利申请数占比平均值由大到小分别是内蒙古、贵州、宁夏、广西、云南、陕西、四川、青海、甘肃、新疆和重庆，相应值分别为49.20%、49.16%、48.86%、45.25%、43.86%、43.10%、40.63%、37.72%、34.94%、

30.02%和 28.60%，其中规模以上工业企业发明专利申请数占比数值较高的地区往往是市场化程度较低的省份。这说明受政府对发明专利申请的支持与鼓励，发明专利申请数占比较大。而重庆作为直辖市，本身经济发展水平较高，实用新型和外观设计能在一定程度上体现工业企业的核心竞争力，专利申请基数大，但发明专利申请数占比较小。

（2）工业企业平均有效发明专利数

专利需要缴纳年费才能维持有效性，一般来说，如果发明人或持有人愿意为某项专利持续缴纳年费以保护其专利使用权，也就意味着该项专利依然具有价值，即专利的存续年限越长，经济价值就越高。为更好地体现西部地区工业企业的创新能力，我们引入"规模以上工业企业平均有效发明专利数"来考察，其等于"规模以上工业企业有效发明专利数/规模以上工业企业单位数"。我们根据相关数据整理得到表 5-7。

表 5-7 西部地区规模以上工业企业平均有效发明专利数 单位：件

地区	2008年	2009年	2010年	2011年	2012年	2013年	2014年	2015年	2016年	2017年	2018年
全国	0.19	0.27	0.35	0.62	0.81	0.91	1.19	1.50	2.03	2.51	2.89
东部	0.21	0.29	0.41	0.78	1.03	1.14	1.48	1.88	2.55	3.09	3.60
中部	0.17	0.28	0.29	0.38	0.48	0.58	0.78	0.99	1.31	1.62	1.87
东北	0.09	0.17	0.18	0.27	0.37	0.45	0.55	0.74	1.24	1.73	1.86
西部	0.15	0.22	0.26	0.39	0.53	0.63	0.88	1.00	1.35	1.76	1.95
内蒙古	0.07	0.09	0.10	0.11	0.22	0.33	0.38	0.49	0.72	1.37	1.38
广西	0.10	0.13	0.13	0.18	0.29	0.34	0.49	0.68	1.10	1.15	1.13
重庆	0.17	0.25	0.29	0.53	0.75	0.86	1.02	0.96	1.27	1.87	2.60
四川	0.12	0.19	0.29	0.46	0.52	0.70	1.20	1.30	1.74	2.34	2.53
贵州	0.26	0.22	0.30	0.43	0.50	0.56	0.81	0.91	1.06	1.28	1.17
云南	0.19	0.23	0.28	0.44	0.51	0.64	0.75	1.19	1.40	1.56	1.52
西藏	0.22	0.44	0.51	1.04	1.11	0.42	0.45	0.87	1.06	0.83	0.67
陕西	0.23	0.37	0.45	0.67	1.11	1.15	1.31	1.39	1.97	2.36	2.63
甘肃	0.18	0.40	0.32	0.36	0.49	0.52	0.60	0.88	1.15	1.47	1.67
青海	0.51	0.29	0.21	0.23	0.40	0.39	0.43	0.47	0.66	0.70	0.95
宁夏	0.12	0.16	0.20	0.29	0.35	0.37	0.58	0.73	1.06	1.34	1.83
新疆	0.10	0.22	0.16	0.19	0.24	0.31	0.45	0.57	0.70	0.87	1.08

数据来源：根据原始数据计算得来。原始数据来源于国家统计局网站、历年《中国工业经济统计年鉴》；部分缺失值采用插值法填补。

由表 5-7 可知，西部地区规模以上工业企业平均有效发明专利数涨幅为 1.8 件，由 2008 年的 0.15 件上升至 2018 年的 1.95 件，并于 2011 年超过了中部地区和东北地区。

西部地区各省份规模以上工业企业平均有效发明专利数同样存在较大差异。规模以上工业企业平均有效发明专利数 2008—2018 年平均值由大到小分别是陕西、四川、重庆、云南、甘肃、西藏、贵州、宁夏、广西、内蒙古、青海和新疆，其值分别是 1.24 件、1.04 件、0.96 件、0.79 件、0.73 件、0.69 件、0.69 件、0.64 件、0.52 件、0.48 件、0.48 件和 0.44 件。陕西规模以上工业企业平均有效发明专利数 2008—2018 年增幅达 2.4 件，仅次于重庆的 2.42 件和四川的 2.41 件，这与陕西本身重视知识产权工作有关。陕西省先后出台了《陕西省知识产权战略推进计划（2013—2014 年）》和《关于加强战略性新兴产业知识产权工作的意见》等专项计划，并在 2013 年首次将专利申请量和授权量列入省对市（区）的年度目标责任考核体系，极大地刺激了地区工业企业的知识产权创造和保护力度。四川和重庆作为西部发达省份，本身企业对专利申请和保护的意识较强，加上政府的大力引导与支持，规模以上工业企业平均有效发明专利数较其他省份多。

二、高技术产业发展

高技术产业作为研究和开发高技术的密集型产业，是新旧发展动能转换的主要抓手。本节基于规模和绩效两个层面，从高技术产业发展角度分析西部地区实体经济的有效和高端供给状况，考察的指标主要有高技术产业企业数（个）、高技术产业主营业务收入、高技术产业利润总额/高技术产业主营业务收入、高技术产业 R&D 经费内部支出/高技术产业主营业务收入、高技术产业专利申请数/高技术产业企业数等。

（一）基于规模层面

为考察高技术产业发展规模，我们选择高技术产业企业数、高技术产业主营业务收入、高技术企业 R&D 研发强度（等于高技术产业 R&D 经费内部支出/高技术产业主营业务收入）来考察。根据相关数据处理得到西部地区高技术产业企业数和高技术产业主营业务收入的变化趋势，以及与其他地区的比较情况，如图 5-11、图 5-12 和表 5-8 所示。

由图 5-11 和表 5-8 可知，西部地区高技术产业企业数整体呈增长趋势，但在 2005 年和 2011 年出现了波动下降。西部地区的高技术产业企业数由 2000 年的 1 243 家上升至 2016 年 3 535 家，增加了 1.84 倍，其占全国的比重呈现先下降后上升的趋势。特别是在进入"十二五"时期后,西部地区高技术产业企业占全国比重持续增加,由2009年的最低值8.64%上升至11.48%。但西部地区的高新技术产业企业规模远小于东部地区。东部地区高技术产业发展明显优于其他地区,且这种优势仍在不断扩大。这与东部沿海地区本身经济市场化程度高,拥有较为丰富的人力、财力和物力资源等有关。

表5-8 分地区高技术产业企业数占比和高技术产业主营业务收入占比

单位:%

年份	高技术产业企业数占比				高技术产业主营业务收入占比			
	东部	东北	中部	西部	东部	东北	中部	西部
2002年	68.28	6.34	13.23	12.15	82.35	5.07	5.48	7.10
2003年	69.84	5.93	12.61	11.61	85.79	4.24	4.47	5.55
2004年	74.87	5.98	9.71	9.44	88.79	2.97	3.67	4.66
2005年	73.94	5.41	10.55	10.10	88.16	3.15	3.99	4.69
2006年	73.12	5.92	11.06	9.89	88.42	2.73	4.31	4.53
2007年	73.59	5.96	11.06	9.39	87.51	3.01	4.58	4.94
2008年	74.76	5.70	11.43	8.87	86.71	3.26	5.53	5.33
2009年	73.18	6.08	12.10	8.64	83.94	3.57	6.52	5.97
2010年	72.57	5.75	13.01	8.67	82.94	3.69	7.09	6.27
2011年	70.60	5.57	14.49	9.35	79.48	3.76	8.97	7.80
2012年	69.93	5.25	15.44	9.38	76.60	3.79	10.86	8.75
2013年	69.76	4.88	16.06	9.30	74.08	3.80	12.17	9.99
2014年	68.25	4.52	17.36	9.87	72.39	3.65	13.36	10.57
2015年	67.20	4.01	18.31	10.48	71.39	3.06	14.89	10.61
2016年	65.72	3.49	19.31	11.48	70.33	2.61	15.46	11.58

数据来源:根据原始数据计算得来。

原始数据来源于国家统计局网站(http://www.stats.gov.cn/)和中国经济社会大数据研究平台(https://data.cnki.net/)。

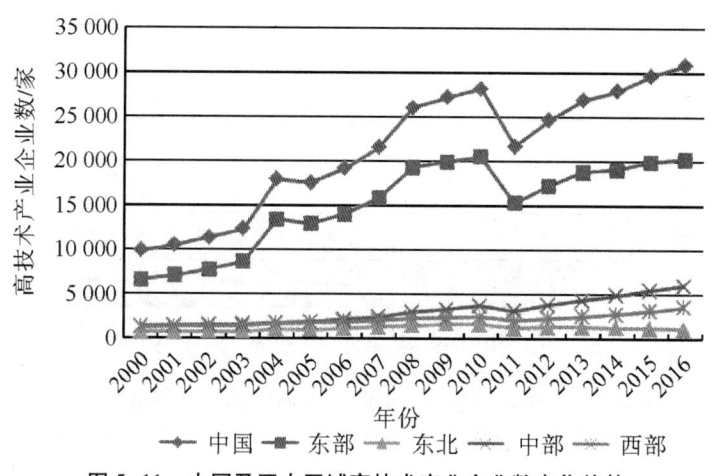

图 5-11　中国及四大区域高技术产业企业数变化趋势

同样，从分地区高技术产业企业主营业务收入发展情况来看，由图 5-12 和表 5-8 可知，西部地区高技术产业企业主营业务收入远低于东部地区，但紧跟中部地区，并高于东北地区，在进入"十二五"时期后，增长趋势加快，从 2002 年的 1 037.3 亿元增加至 2016 年的 17 804.2 亿元。西部地区高技术产业企业主营业务收入占全国的比重呈现先下降后缓慢上升的趋势，由 2002 年的 7.1% 下降到 2004 年的最小值 4.66%，之后逐渐上升，并于 2016 年达到 11.58%。

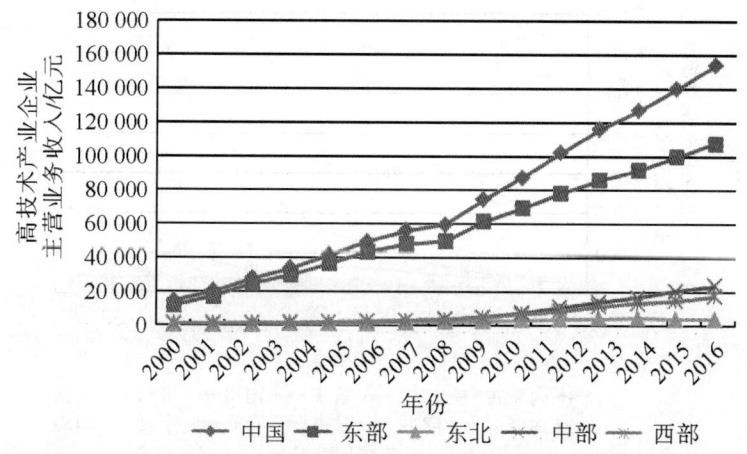

图 5-12　中国及四大区域高技术产业企业主营业务收入变化趋势

由图 5-13 可知，西部地区各省份高技术产业企业数存在较大差异。从高技术产业企业数来看，四川远多于其他地区，其次是陕西、重庆和广西，这与地区经济发展基础、地理位置以及地方的高校及科研院所的分布密切相关。西藏、宁夏、青海和新疆则是高新技术产业企业数较少的分布区。

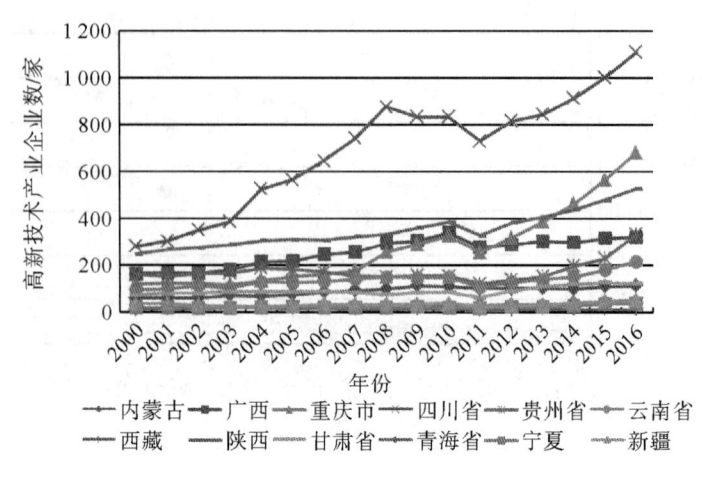

图5-13 西部各省份高技术产业企业数量变化趋势

从高技术产业企业主营业务收入来看，如图5-14所示，四川省的高技术产业企业主营业务收入长期高于其他地区，重庆在进入"十二五"时期后增加较快，由2010年的507.8亿元增加至2016年的4 896亿元，其次是陕西和广西。西部地区各省份在高技术产业企业数和高技术产业企业主营业务收入上的分布具有一致性。

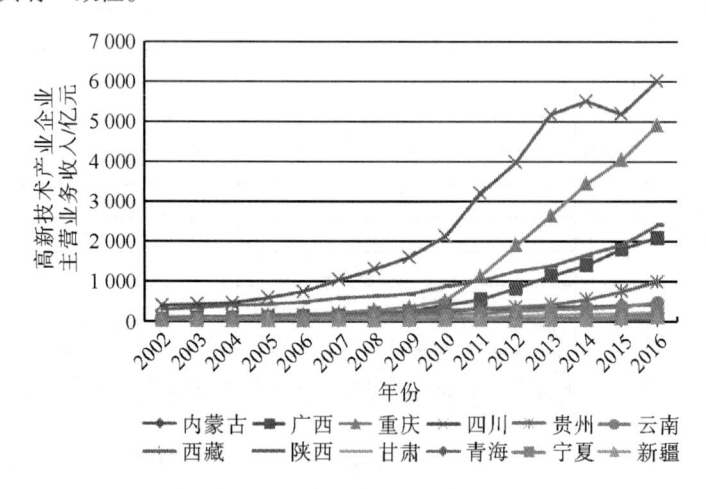

图5-14 西部各省份高技术产业企业主营业务收入变化趋势

（二）基于绩效层面

为考察高技术产业的绩效水平，我们采用"高技术产业专利申请量"和"利润率（等于100×高技术产业利润总额/主营业务收入）"两个指标，根据相关数据处理得到高技术产业专利申请量变化趋势，如表5-9所示。

表 5-9　2008—2017 年西部地区各省份高技术产业专利申请数

单位：件

年份	内蒙古	广西	重庆	四川	贵州	云南	西藏	陕西	甘肃	青海	宁夏	新疆
2008 年	14	153	345	1 123	370	131	21	556	56	1	31	35
2009 年	78	180	549	1 301	524	250	18	834	87	21	43	53
2010 年	12	92	420	1 452	520	110	1	732	114	—	18	15
2011 年	54	262	959	1 965	637	271	17	1 312	139	—	115	28
2012 年	39	339	1 153	5 054	966	409	15	1 606	249	3	125	4
2013 年	58	457	1 641	5 029	1 119	359	3	2 296	220	16	208	56
2014 年	62	420	1 649	6 885	1 454	390	3	2 077	293	8	69	52
2015 年	125	435	2 467	6 739	1 122	337	2	2 056	202	16	64	157
2016 年	99	510	2 469	7 760	1 122	446	3	2 478	232	177	193	112
2017 年	722	506	3 442	8 929	1 483	458	2	2 702	254	138	138	165

数据来源：根据原始数据计算得来。

原始数据来源于国家统计局网站（http://www.stats.gov.cn/）和中国经济社会大数据研究平台（https://data.cnki.net/）。

由表 5-9 可知，2008—2017 年，西部地区各省份高技术产业专利申请量整体呈上升趋势，其中四川高技术产业专利申请量远高于其他地区，其次是陕西、重庆、贵州等省份，这与地方经济发展基础、科研院所数量和宏观战略支持等紧密相关。其中贵州省近年来抓住承接产业转移的优势，大力发展大数据电子信息等高技术产业，带来了高技术产业的发展。西藏、新疆、青海、宁夏等地区本身经济发展水平不高，高技术产业发展相对落后。

从高技术产业利润率角度来看，我们根据"100×高技术产业利润总额/高技术产业主营业务收入"计算得出东部、中部、东北和西部地区的高技术产业的利润率，如图 5-15 所示。由图 5-15 可知，从整体来看，西部地区在 2005—2014 年利润率高于全国平均水平，反映西部地区市场潜力较大，发挥市场活力有助于高技术产业发展。

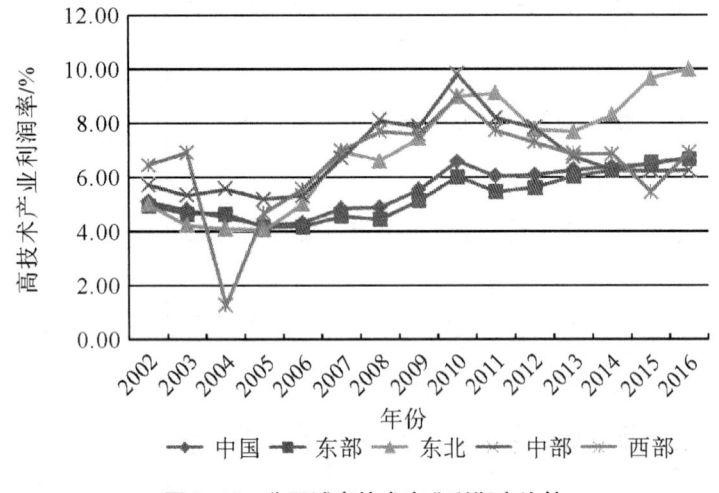

图 5-15　分区域高技术产业利润率比较

西部地区各省份高技术产业利润率存在较大差异，且在不同年份差异较大。如表 5-10 所示，整体来看，2002—2016 年，宁夏、重庆、四川、陕西和贵州等省份的平均利润率较低，其中宁夏利润低的原因主要是其在 2004 年出现 -41.96% 的利润率。而重庆、四川、陕西和贵州在西部地区本身高技术产业发展较好，市场化程度高，也说明这些地区的高技术产业在本身市场发展、国家宏观战略导向等因素的影响下，高技术产业发展逐渐向适应市场化需求的方向转型。

表 5-10 2002—2016 年西部地区各省份高技术产业利润率

单位：%

年份	内蒙古	广西	重庆	四川	贵州	云南	西藏	陕西	甘肃	青海	宁夏	新疆
2002 年	17.18	9.20	4.67	5.67	4.59	9.98	24.89	5.62	4.02	6.63	9.28	3.50
2003 年	17.44	9.12	6.40	5.79	5.08	10.79	29.37	6.15	3.15	13.20	4.26	8.58
2004 年	19.25	8.55	6.39	-8.94	4.57	12.45	27.27	4.71	1.37	18.00	-41.96	13.98
2005 年	6.13	8.17	6.69	4.77	2.35	11.04	43.24	1.57	6.63	11.59	5.73	10.48
2006 年	6.41	6.98	6.61	4.44	5.54	10.56	24.61	4.73	7.65	13.03	8.23	7.34
2007 年	7.89	5.84	6.09	7.04	8.24	10.39	20.62	5.11	15.10	11.90	5.78	12.17
2008 年	4.77	8.38	5.45	8.36	8.56	13.26	31.75	5.38	18.18	4.16	6.98	14.18
2009 年	5.55	8.20	6.90	7.33	8.65	14.85	39.13	5.77	17.16	4.67	9.46	15.34
2010 年	13.81	14.56	5.00	7.34	10.23	13.43	41.18	8.97	15.35	5.63	19.42	16.47
2011 年	10.83	15.51	3.26	6.66	9.54	15.32	36.54	7.33	13.81	11.11	21.45	14.15
2012 年	7.62	13.48	2.67	7.68	9.65	11.95	33.77	6.24	12.91	12.92	9.72	15.98
2013 年	9.83	11.03	2.80	7.17	7.39	14.50	27.97	6.27	13.56	15.38	-0.31	9.18
2014 年	10.19	9.45	3.22	7.53	8.26	10.89	18.87	7.04	14.16	10.84	0.00	2.60
2015 年	7.30	9.46	4.04	3.35	7.75	7.97	37.37	7.27	15.20	5.27	2.86	9.76
2016 年	5.90	10.73	4.31	6.57	6.06	9.31	30.00	8.81	12.24	6.98	6.82	13.33

数据来源：根据原始数据计算得来。

原始数据来源于国家统计局网站（http://www.stats.gov.cn/）和中国经济社会大数据研究平台（https://data.cnki.net/）。

第三节　西部地区实体经济质量的测度与综合评价

在前面两节对西部地区实体经济质量现状进行初步分析的基础上，本节将进一步利用工业全要素生产率这一指标对西部地区实体经济质量进行测度与综合评价。

一、实体经济质量测度方法选择

受内生增长理论的影响，经济学界普遍使用全要素生产率（total factor productivity，TFP）来代表经济产出效率和技术进步水平。20 世纪 80 年代以来，国内经济学者也广泛使用全要素生产率来测度地区、行业和企业等的全要素生产率，并逐渐被众人认可。本节采用工业全要素生产率来综合衡量实体经济质量。工业全要素生产率可以反映工业经济增长方式是否可持续，是分析工业经济增长源泉与实体经济质量的重要工具。国内从宏观和微观两个方面围绕工业全要素生产率来进行研究。在微观企业层面，鲁晓东和连玉君、杨汝岱利用中国工业企业数据库，采用 OP（由 Olley 和 Pakes 在 1996 年首次提出）和 LP（由 Levinsohn 和 Petrin 在 2003 年提出）等方法测算了中国工业企业全要素生产率[1]。在宏观层面，主要针对行业和地区层面，李小平和朱钟棣、陈诗一等对中国工业分行业的全要素生产率进行了估计[2]；吴玉鸣和李建霞、沈能等，以及刘秉镰和李清彬对地区、城市的全要素生产率进行了实证分析。现有研究的测度方法主要有索罗余值法、数据包络分析（DEA）和随机前沿面法（SFA）[3]，其中 DEA—Malmquist 指数法属于非参数方法；而索罗余值法和随机前沿面法（SFA）是参数分析方法，后者需要假设具体的生产函数形式。

本节采用 DEA 模型的 Malmquist 指数法测算西部地区各省份的工业全要素

---

[1] 鲁晓东，连玉君. 中国工业企业全要素生产率估计：1999—2007 [J]. 经济学，2012，11 (2)：541-558；杨汝岱. 中国制造业企业全要素生产率研究 [J]. 经济研究，2015 (2)：63-76.

[2] 李小平，朱钟棣. 中国工业行业的全要素生产率测算：基于分行业面板数据的研究 [J]. 管理世界，2005 (4)：55-64；陈诗一. 中国工业分行业统计数据估算：1980—2008 [J]. 经济学，2011，10 (3)：735-776.

[3] 吴玉鸣，李建霞. 中国区域工业全要素生产率的空间计量经济分析 [J]. 地理科学，2006 (4)：4385-4391；沈能，刘凤朝，赵建强. 中国地区工业技术效率差异及其变动趋势分析：基于 Malmquist 生产率指数 [J]. 科研管理，2007 (4)：15-22；刘秉镰，李清彬. 中国城市全要素生产率的动态实证分析：1990—2006：基于 DEA 模型的 Malmquist 指数方法 [J]. 南开经济研究，2009 (3)：139-152.

生产率。DEA-Malmquist 指数法是由 Charnes 和 Cooper 等在"相对概念"的基础上提出来的数据包络分析法,利用数学规划法对决策单元(DMU)的相对有效性进行评价[1]。该模型根据研究目标不同可以分为产出导向或投入导向模型,按照其规模报酬是否变化又分为规模报酬不变(CCR)模型和规模报酬可变(BCC)模型,其中 BCC 模型可以将技术效率分解为纯技术效率和规模效率。本节选择以产出为导向、规模报酬可变模型对各地区工业全要素生产率进行测算。

假设 N 个决策单元 DMU,K、L 表示投入要素,Y 表示期望产出,y 为实际产出,其计算公式如下:

$$\theta_2^* = \max\theta_2;\ 即\ \text{Max}\ Y_j^t(K_j^t, L_j^t) = \sum_{i=1}^{N} \lambda_i^t y_i^t$$

$$\text{s. t.}\ \sum_{i=1}^{N} \lambda_i^t K_i^t \leq K_j^t,\ \sum_{i=1}^{N} \lambda_i^t L_i^t \leq L_j^t,\ \sum_{i=1}^{N} \lambda_i^t y_i^t \leq y_j^t,\ \sum_{i=1}^{N} \lambda_i^t = 1,\ \lambda_i^t \geq 0$$

(5.7)

DEA-Malmquist 指数法是基于 DEA 模型提出的,其核心思想是使用距离函数的比率来计算投入产出效率。Fare R.、Grosskopf S.、Roos P. 将 DEA 模型与 Malmquist 指数法相结合,将 Malmquist 指数分解为技术效率变化指数(EFFCH)和技术进步变化指数(TECH)[2]。其计算公式如下:

$$M(x^{t+1}, y^{t+1}, x^t, y^t) = \frac{D^{t+1}(x^{t+1}, y^{t+1})}{D^t(x^t, y^t)} \cdot \left\{\frac{D^t(x^t, y^t)}{D^{t+1}(x^t, y^t)} \cdot \frac{D^t(x^{t+1}, y^{t+1})}{D^{t+1}(x^{t+1}, y^{t+1})}\right\}^{1/2}$$
$$= \text{EFFCH} \cdot \text{TECH}$$

(5.8)

其中,(x^t, y^t) 和 (x^{t+1}, y^{t+1}) 分别表示 t 时期和 $t+1$ 时期的投入、产出向量。MI 指数表示 Malmquist 生产率指数,若 MI>1,则较之于 t 期,$t+1$ 时期的 Malmquist 生产率指数是增长的,即全要素生产率是增长的;反之,则 TFP 是下降的。若 MI=1,则没有变化。EFFCH 表示技术效率变化指数,EFFCH>1,则综合技术效率改进;EFFCH<1,则综合技术效率退步。TECH 表示技术进步变化指数,TECH>1,表示技术进步增长率提高,生产前沿面正向移动;TECH<1,说明技术呈衰退趋势变化。

---

[1] CHARNES A, COOPER W W, RHODES E. Measuring the efficiency of decision making units [J]. European Journal of Operational Research, 1978, 2 (6): 429-444.

[2] FARE R, GROSSKOPF S, ROOS P. On two definitions of productivity [J]. Economics Letters, 1996, 53 (3): 269-274.

工业全要素生产率（TFP）是由DEA—Malmquist指数法所测度的Malmquist生产率指数换算而来的，其换算方法参考程惠芳等的换算方法，即假定基年（2000年）的TFP=1，则2001年的$TFP_{2001}=TFP_{2000} \cdot MI_{2001}$；2002年的$TFP_{2002}=TFP_{2001} \cdot MI_{2002}$[①]，以此类推，求得2003—2016年的工业全要素生产率TFP。

二、数据来源与说明

根据上面介绍的测算方法，本节选取DEA-Malmquist指数来测算西部地区各省份的工业全要素生产率（TFP）。其中投入变量包括两个，即固定资本（K）和劳动力（L），产出变量仅有工业总产值，涉及的相关数据来源及处理方法与前面测算工业企业产能利用率的处理类似，在此不再列举。

三、西部地区工业全要素生产率事实与特征

根据上述测算方法，我们对全国30个省份（由于西藏数据难以获取，在此没对西藏进行测算，港澳台地区除外）2000—2016年的面板数据测算各省份的工业全要素生产率，输出结果分别含有Malmquist生产率指数（MI指数）、纯技术效率变化指数（EFFCH）和技术进步变化指数（TECH），其中MI指数=EFFCH·TECH，并将MI指数换算成TFP值，其中分地区的相关指数由该地区各省份值进行加总求平均得来，如每年全国层面M指数数据即为全国30个省份（西藏及港澳台地区除外）的MI指数加总求平均得来。具体分析如下。

（一）西部地区Malmquist生产率指数（MI指数）事实与特征

从整体来看，2000—2016年，我国工业Malmquist生产率指数年均增长6.8%，西部、东北、中部和东部地区分别增长6.7%、5.5%、6.6%和7.3%，其中东部地区增长最快，其次是西部地区、中部地区和东北地区。西部地区的MI指数的变动趋势大体与全国变动趋势一致，2000—2012年波动变化，2012年之后相对来说变化平稳。具体见图5-16。

---

① 程惠芳，陆嘉俊．知识资本对工业企业全要素生产率影响的实证分析［J］．经济研究，2014（5）：174-187．

图 5-16　分地区 Malmquist 生产率指数变动趋势

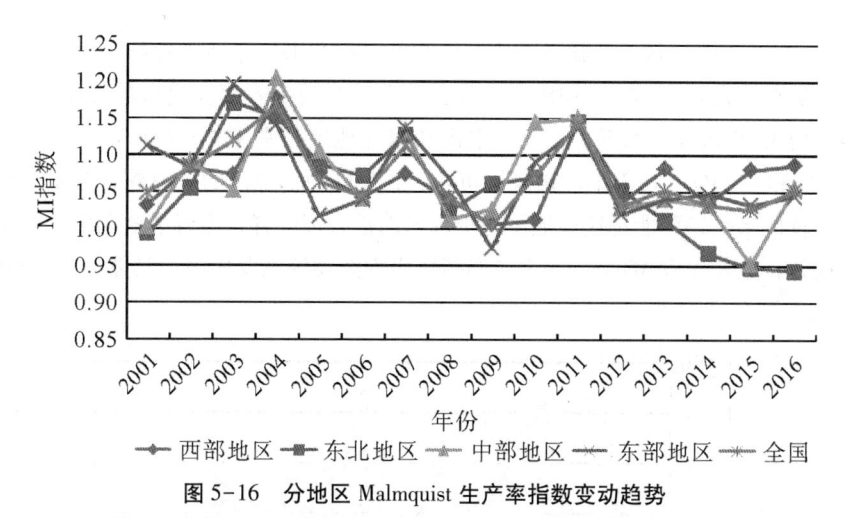

注：东、中、东北、西部地区及全国 Malmquist 生产率指数为相应省份的算术平均。

西部地区各省份 Malmquist 生产率指数之间也存在较大差异。如图 5-17 所示，2000—2016 年西部地区各省份 Malmquist 生产率年均增长由大到小依次是内蒙古、青海、四川、重庆、广西、陕西、云南、甘肃、贵州、新疆和宁夏，相应值分别为 10.06%、9.15%、9.14%、8.13%、7.84%、6.79%、6.23%、5.21%、5.03%、3.63% 和 2.42%，这与地区经济发展水平和资源禀赋密切相关。同时可以看出 Malmquist 指数由分散走向集中，存在收敛趋势。从变化趋势来看，西部地区大部分省份变化趋势与西部地区整体变化趋势相一致，波动变化，其中甘肃、宁夏、内蒙古、重庆等地区波动非常明显，贵州、四川、广西、新疆等地区波动不明显。

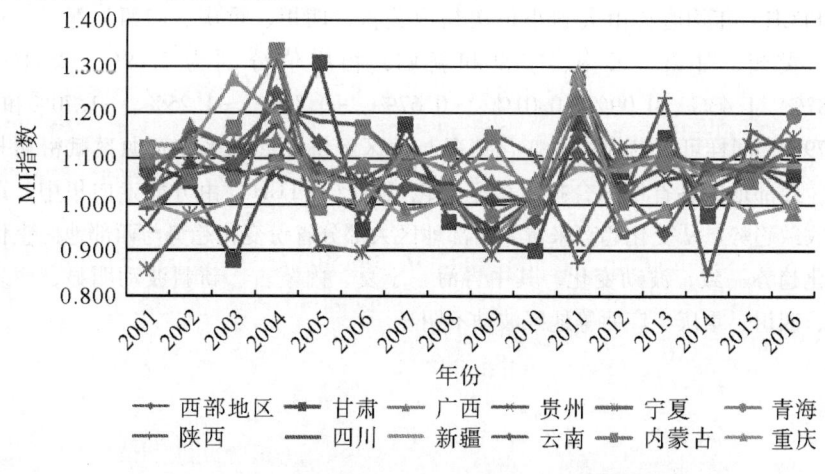

图 5-17　西部地区各省份 Malmquist 生产率指数变动趋势

（二）西部地区综合技术效率变化指数（EFFCH）事实与特征

从整体来看，2000—2016 年，我国工业综合技术效率变化指数（EFFCH）年均增长-0.05%，西部、东北、中部和东部地区分别增长-0.07%、-1.6%、0.31%和0.24%。西部地区出现了负增长，反映西部地区的工业综合技术效率处于较低水平，可能是这些地区的资源未能被合理配置，阻碍了地区生产效率的提升，也是导致 Malmquist 生产率指数出现波动的主要原因。具体见图 5-18 所示。

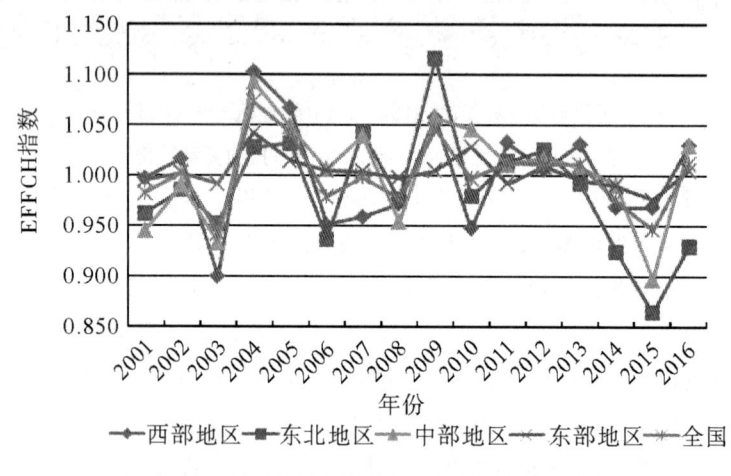

图 5-18　分地区综合技术效率变化指数变动趋势

西部地区各省份综合技术效率变化指数（EFFCH）之间也存在较大差异。如图 5-19 所示，2000—2016 年，西部地区各省份综合技术效率变化指数（EFFCH）年均增长由大到小依次是内蒙古、四川、重庆、广西、青海、陕西、贵州、甘肃、云南、宁夏和新疆，相应值分别为 2.89%、2.11%、1.87%、1.43%、0.09%、0.01%、-0.67%、-0.79%、-1.25%、-1.70%和-4.79%，同样可以发现这些变化情况与地区经济发展水平和资源禀赋密切相关。西部地区各省份综合技术效率变化指数（EFFCH）由分散走向集中，存在收敛趋势。从变化趋势来看，西部地区大部分省份变化趋势与西部地区整体变化趋势一致，波动变化，其中青海、宁夏、内蒙古、新疆波动明显，而贵州、四川、重庆、广西等地区波动不明显。

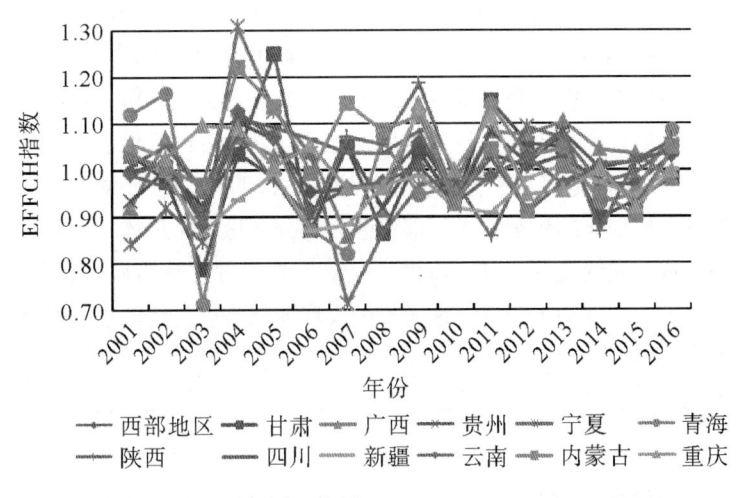

图 5-19 西部地区各省份综合技术效率变化指数变动趋势

(三) 西部地区技术进步变化指数 (TECH) 事实与特征

从整体来看，2000—2016 年，我国工业技术进步变化指数 (TECH) 年均增长 7.01%，全国工业技术进步明显。西部、东北、中部和东部地区分别增长 7.18%、7.33%、6.36% 和 7.11%，西部地区仅次于东部地区，反映出近年来西部地区工业技术进步较为明显。具体见图 5-20。

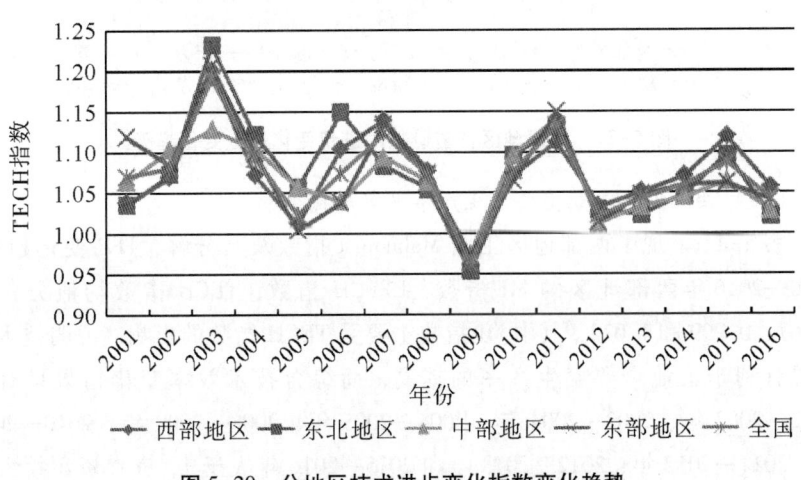

图 5-20 分地区技术进步变化指数变化趋势

西部地区各省份技术进步变化指数 (TECH) 之间也存在较大差异。如图 5-21 所示，2000—2016 年，西部地区各省份技术进步变化指数 (TECH) 年均增长由大到小依次是青海、宁夏、甘肃、新疆、云南、内蒙古、陕西、四

第五章 西部地区实体经济质量：事实与特征 | 99

川、重庆、广西和贵州，相应值分别为 10.15%、9.15%、8.36%、8.27%、8.10%、7.97%、4.18%、3.99%、0.54%、0.47% 和 -0.61%。技术进步增长率高的地区主要集中在本身经济发展水平较低、生产力较落后的地区，这些地区具有引进、消化和吸收先进技术的后发优势。同时可以看出技术进步变化指数（TECH）由分散走向集中，存在收敛趋势，说明可以通过技术进步提高地区生产效率。从变化趋势来看，西部地区大部分省份变化趋势与西部地区整体变化趋势一致，波动变化，其中青海、宁夏、内蒙古波动明显，贵州、广西、四川、重庆等地区波动不明显，这又集中表现为越落后的地区越能通过技术进步提高生产效率。

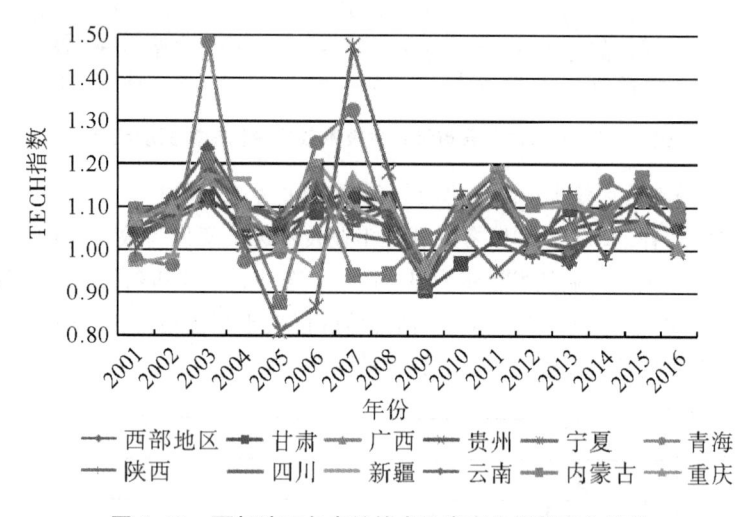

图 5-21 西部地区各省份技术进步变化指数变化趋势

（四）西部地区工业全要素生产率事实与特征

表 5-11 呈现了西部地区工业 Malmquist 指数及其分解、TFP 变化趋势，2000—2016 年西部地区的 MI 指数、EFFCH 指数、TECH 指数均值分别为 1.067、0.999 和 1.072，其中 MI 指数主要受 TECH 指数的影响，说明技术进步更有利于工业全要素生产率的提高，而综合技术效率变化指数只有在 2002—2003 年、2003—2004 年、2004—2005 年、2008—2009 年、2010—2011 年、2011—2012 年、2012—2013 年和 2015—2016 年大于 1，存在资源投入浪费和产出不足，技术创新活动的效率需要提高。我们根据前面介绍的工业全要素生产率的计算方法，算出以 2000 年为基期的工业 TFP，如表 5-3 所示。相较于 2000 年，2001—2016 年西部地区工业全要素生产率（TFP）整体呈现出增长趋势，由 2000 年的 1 增加至 2016 年的 2.832。

表 5-11　2000—2016 年西部地区工业 Malmquist 指数及其分解、TFP 变化趋势

时间	MI 指数	EFFCH 指数	TECH 指数	年份	TFP
2000—2001 年度	1.031	0.996	1.036	2000 年	1.000
2001—2002 年度	1.083	1.015	1.067	2001 年	1.031
2002—2003 年度	1.073	0.898	1.199	2002 年	1.119
2003—2004 年度	1.177	1.102	1.070	2003 年	1.208
2004—2005 年度	1.073	1.066	1.010	2004 年	1.424
2005—2006 年度	1.042	0.950	1.102	2005 年	1.526
2006—2007 年度	1.074	0.957	1.138	2006 年	1.608
2007—2008 年度	1.039	0.971	1.074	2007 年	1.729
2008—2009 年度	1.006	1.057	0.952	2008 年	1.808
2009—2010 年度	1.011	0.946	1.069	2009 年	1.850
2010—2011 年度	1.147	1.032	1.110	2010 年	1.872
2011—2012 年度	1.035	1.005	1.031	2011 年	2.173
2012—2013 年度	1.081	1.030	1.049	2012 年	2.212
2013—2014 年度	1.034	0.967	1.069	2013 年	2.366
2014—2015 年度	1.080	0.967	1.118	2014 年	2.441
2015—2016 年度	1.086	1.029	1.055	2015 年	2.613
平均	1.067	0.999	1.072	2016	2.832

为更好地了解西部地区工业全要素生产率的变化情况，我们对西部、东北、中部和东部地区以及全国进行对比。如图 5-22 所示，西部、中部和东部地区工业全要素生产率（TFP）整体呈上升趋势，东北地区呈现先上升后下降趋势，在 2014 年开始下降，这主要是由于 2014 年东北地区的技术进步指数由 1.012 下降到 0.967，并在 2015 年、2016 年进一步下降。这依然反映了技术进步是影响全要素生产率变动的主要原因。近年来，工业全要素生产率（TFP）的增加主要得益于技术进步，但又受综合技术效率的制约，因此在提高工业全要素生产率的同时还得在技术进步效率方面多花工夫。东部地区的工业 TFP 一直处于较高水平，这与其本身经济发展水平和工业发展实力相一致。西部地区工业 TFP 的提高得益于西部大开发战略、"一带一路"建设以及建设长江经济带等战略带来的产业转移和技术引进。

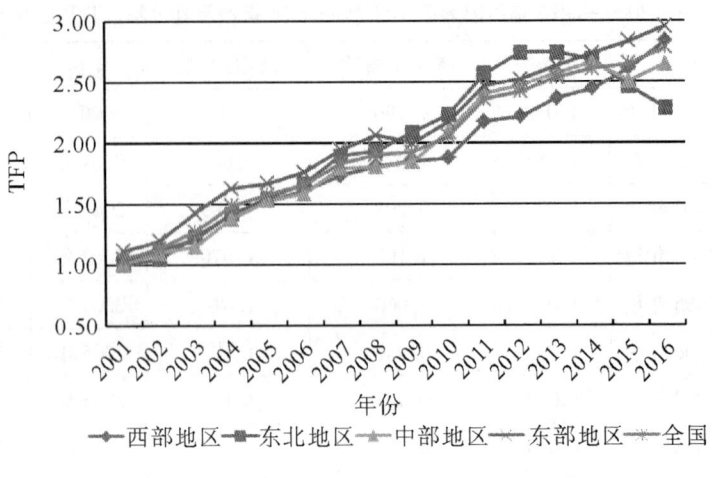

图 5-22 分地区工业全要素生产率变化趋势

同样，西部地区各省份工业全要素生产率（TFP）也存在差异。如图 5-23 所示，2001—2016 年，西部地区各省份工业全要素生产率（TFP）的均值由大到小依次是内蒙古、四川、重庆、青海、广西、云南、陕西、甘肃、贵州、新疆和宁夏，相应值分别为 2.601、2.587、2.464、2.130、2.043、1.841、1.793、1.472、1.438、1.207 和 0.917。西部地区各省份内部工业 TFP 差异较大，高值区主要分布在经济发达地区如四川和重庆，内蒙古得益于近年来技术进步指数与综合技术效率指数稳步上升，其工业 TFP 值上升较快，2016 年已经超越四川、重庆等地，成为西部 11 省份中的最大者。青海在进入"十二五"时期以来，大力整治产能过剩、处置僵尸企业等，工业 TFP 出现了大幅度的上升。而宁夏、新疆技术进步指数和综合技术效率指数在大多数年份小于 1，故两地的工业全要素生产率（TFP）增长幅度较小，宁夏甚至在某些年份还出现了负增长。

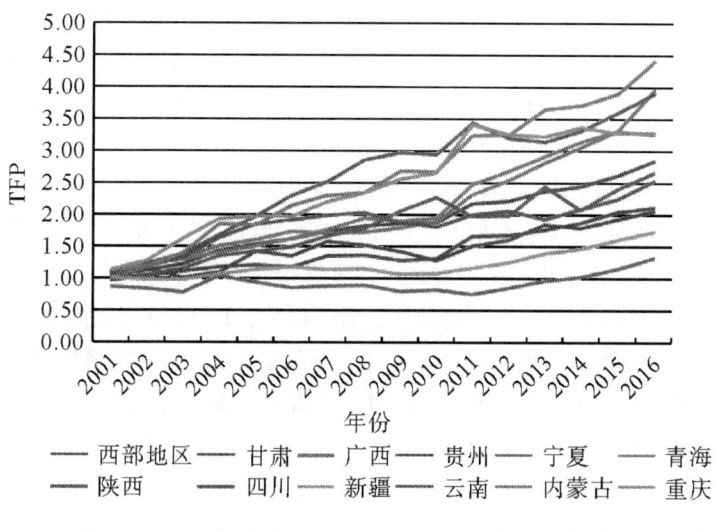

图 5-23　西部地区各省份工业全要素生产率变化趋势

本章对西部地区实体经济质量发展的事实与特征进行了分析。

首先，本章从僵尸企业和产能过剩角度出发分析实体经济的无效和低端供给特征。从僵尸企业分布情况来看，西部地区僵尸企业占比较高，较之于2000—2004年，2005—2013年僵尸企业占比下降幅度较大。僵尸企业占比在西部各省份之间也存在较大差异，其中云南、陕西、宁夏、青海、甘肃等省份一直是僵尸企业占比较高的地区，矿产资源密集地区僵尸企业占比更高。从产能过剩视角来看，西部地区的工业设备利用率和工业产能利用率低于其他地区，且工业产能利用率和工业设备利用率的变化趋势与宏观经济波动周期、经济地区发展水平存在耦合，工业产能利用率、工业设备利用率和技术效率在东部、西部、中部和东北部地区逐渐发散，各地区间的利用率差距越来越大。西部地区工业产能利用率和工业设备利用率的高值区主要分布在重庆、四川等经济发达地区。

其次，本章从企业创新和高技术产业发展视角分析实体经济有效和高端供给特征。从企业创新视角来看，西部地区的企业创新投入和产出与东部、中部地区的差距越来越大。西部地区各省份之间企业创新投入和产出同样存在较大差异，企业创新投入指标较高地区主要分布在经济发展水平高、科研院所集聚的陕西、重庆、四川等地；企业创新产出较高地区主要分布在陕西、四川、重庆等市场化程度较高、经济发展基础较好的省份。在高技术产业发展方面，从高技术产业发展的规模指标来看，西部地区高技术产业发展明显落后于东部和中部地区，但在"十二五"时期的发展远超东北地区，西部地区的高技术产业企业数与主营业务收入占全国的比重逐渐上升，同时高技术产业规模指标较高的地区主要有陕西、重庆、四川和广西，这些地方往往经济发展基础较好、地方政府干预较强，同时高校及科研院所相对集聚。从高技术产业发展绩效指标来看，西部地区的高技术产业发展逐渐向适应市场化需求的方向转型。

最后，本章利用工业全要素生产率对西部地区实体经济质量进行测度和综合评价。从全国 TFP 增长率来看，西部地区增长最慢，且增长受宏观经济政策和经济周期影响明显。在西部地区各省份内部，TFP 增长率的高值区主要分布在内蒙古、青海、四川、重庆等具有工业资源禀赋优势和经济发展水平较高的省份。从综合技术效率来看，西部地区资源未能被合理配置，综合技术效率低下，在西部各省份之间综合技术效率存在收敛的变化趋势；从技术进步变化指数来看，西部地区的技术进步增长率高于其他地区，这反映西部地区具有吸收和消化先进技术的后发优势，而且这一现象在越落后的地区越明显，说明西部地区能通过技术进步来提高 TFP。从 TFP 来看，工业全要素生产率的提高主要源于技术进步，工业全要素生产率较高的地区主要分布在四川、重庆等经济发达省份。

总体来说，经济发展水平高的地区往往实体经济发展较好。西部地区的实体经济质量远低于东部地区，但西部地区具有实体经济质量提升的后发优势，特别是技术进步方面的空间非常大，因此更需要从理论与实证方面来分析金融如何支持西部地区实体经济质量的提升。

第六章 西部地区金融发展：事实与特征

在揭示了西部地区实体经济质量的事实与特征之后，本章将进一步分析西部地区金融发展的具体特征及存在的问题。研究主要从传统金融和新金融两个方面展开，结合西部地区金融发展的现实，传统金融又主要聚焦于银行业和资本市场两个方面。

第一节 西部地区金融发展：银行业

一、西部地区银行业规模现状

近年来，西部地区银行业规模稳健增长，法人金融机构改革稳步推进。2018年末，西部地区银行业金融机构个数、从业人员数、资产总额分别约为6.1万个、97.5万人、43.5万亿元。

就西部地区银行业规模总量而言，从表6-1可以看出，近年来西部地区银行业金融机构，不论是机构个数、从业人员数、资产总额还是法人机构数，都呈现出稳步增长的态势。

表6-1 2007—2018年西部地区银行业金融机构概况

年份	营业网点 机构个数/个	从业人数/人	资产总额/亿元	法人机构/个
2015	59 176	907 243	338 181.6	1 307
2016	60 418	927 464	379 404.4	1 353
2017	60 400	929 762	415 319.0	1 407

表6-1(续)

年份	营业网点			法人机构/个
	机构个数/个	从业人数/人	资产总额/亿元	
2018	60 750	975 137	435 385.5	1 430

注：营业网点机构数据不包括国家开发银行等政策性银行、大型商业银行、股份制银行金融机构总部数据。数据来源：中国人民银行上海总部、各分行、营业管理部、省会（首府）城市中心支行。

就西部地区银行业规模在全国的占比而言，如图6-1所示，2007年以来，西部地区的银行业金融机构个数全国占比在25%上下，整体较为稳定；从业人员数全国占比在20%上下，2010年开始趋于稳定；资产总额占比整体而言呈现出稳步上升的趋势，近年来在20%上下浮动；法人机构个数全国占比则呈现出下降趋势，2011年最高，2014年后趋于稳定。

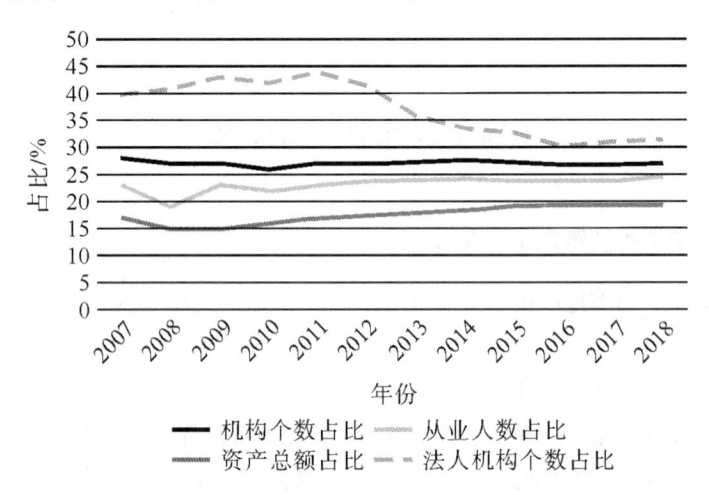

图6-1 2007—2018西部地区银行业机构个数、从业人数、资产总额、法人机构数占比

数据来源：中国人民银行上海总部、各分行、营业管理部、省会（首府）城市中心支行。

就西部地区银行业规模的区域差异而言，西部12个省份的银行业规模存在显著差异。如表6-2所示，2018年，西部地区12个省份的银行业金融机构个数排名前三的分别是四川、陕西、广西，其中四川的银行业金融机构为14 225个，而最少的西藏则只有695个；银行业金融机构从业人数排名前三的是四川、陕西、内蒙古，其中四川的银行业金融机构从业者为262 911人，而最少的西藏仅有9 833人；银行业金融机构资产总额排名前三的分别是四川、重庆、陕西，其中四川的银行业金融机构资产总额为 96 733.27 亿元，而最少的西藏仅有 6 962 亿元；银行业金融机构法人机构数排名前三的分别是云南、内蒙古、四川，云南的银行业金融机构法人机构数为 215 个，而最少的西藏只有 5 个。

表 6-2　2018 年西部地区 12 个省份的银行业金融机构概况

地区	营业网点 机构个数/个	营业网点 从业人数/人	营业网点 资产总额/亿元	法人机构/个
陕西	7 254	106 117	51 251.2	149
四川	14 225	262 911	96 733.27	179
云南	5 574	78 899	40 936	215
贵州	5 175	71 393	37 047.4	175
广西	6 296	90 439	38 527	145
甘肃	4 873	68 786	27 637	120
青海	1 144	18 194	8 847	41
宁夏	1 356	23 178	9 384	42
西藏	695	9 833	6 962	5
新疆	3 622.5	62 283.5	28 685	120
内蒙古	5 543	98 501	35 005	180
重庆	4 403	77 357	51 305	55

注：营业网点机构数据不包括国家开发银行等政策性银行、大型商业银行、股份制银行金融机构总部数据。

数据来源：中国人民银行上海总部、各分行、营业管理部、省会（首府）城市中心支行。

二、西部地区银行业结构现状

当前，西部地区银行业结构存在着以大型商业银行为商业银行主体、中小金融机构不足以及民营银行和外资银行欠缺的特征。

表 6-3 显示，在 2018 年西部地区不同类型的银行业金融机构中，小型农村金融机构和大型商业银行的机构个数最多，而股份制商业银行、城市商业银行等中小金融机构个数相对较少，民营银行和外资银行数量则更少，目前整个西部地区仅四川省有 1 家民营银行（各省银行业金融机构情况见附表 1 至附表 11）。

表 6-3 2018 年西部地区不同类型银行业金融机构概况

机构类别	营业网点 机构个数/个	从业人数/人	资产总额/亿元
大型商业银行	15 621	346 938	135 339.9
国家开发银行等政策性银行	642	36 914	51 868
股份制商业银行	2 402	57 303	36 672.6
城市商业银行	3 431	73 201	53 195.4
城市信用社	755	15 949	12 197.6
小型农村金融机构	22 774	242 810	77 236.7
财务公司	34	1 114	5 102.6
信托公司	12	4 011	1 555.3
邮政储蓄银行	9 207	75 008	18 858.8
外资银行	73	1 849	925.3
民营银行	1	347	362
新型农村金融机构	1 562	32 779	5 793.4
其他	24	3 822	4 528.1

注：根据 2018 年西部地区各省份银行业金融机构情况汇总。由于缺乏 2018 年新疆各种不同类型金融机构数据，表格中数据没有包含新疆。但由前述表格中新疆的银行业金融机构概况可以看出，这并不影响结论。

由前文可知，四川省银行业金融机构的规模在西部地区居于前列。在此，我们以四川省为例来看西部地区银行业结构的基本情况。从表 6-4 可以看出，即使是西部地区金融发展较为发达的四川省，2018 年银行业金融机构个数仍然是小型农村金融机构和大型商业银行居于前列，股份制商业银行和城市商业银行金融机构个数明显少于大型商业银行，而外资银行和民营银行则更为稀少。2018 年，四川省大型商业银行机构个数为 3 339 个，而股份制商业银行和城市商业银行机构个数则仅有 556 个和 930 个，外资银行和民营银行则分别只有 23 个和 1 个。

表6-4 2018年四川省银行业金融机构情况

机构类别	营业网点 机构个数/个	营业网点 从业人数/人	营业网点 资产总额/亿元	法人机构/个
大型商业银行	3 339	91 688	36 876	0
国家开发银行等政策性银行	115	4 277	8 161	0
股份制商业银行	556	11 975	8 145	0
城市商业银行	930	20 327	16 038	13
城市信用社	0	0	0	0
小型农村金融机构	5 908	69 444	18 859	101
财务公司	4	—	1 077	4
信托公司	2	—	234	2
邮政储蓄	3 057	27 560	5 744	0
外资银行	23	772	372	0
民营银行	1	347	362	1
新型农村机构	282	4 238	731	56
其他	8	—	134	2
合计	14 225	262 911	96 733.27	179

数据来源：四川银保监局网站：http://www.cbirc.gov.cn/branch/sichuan/view/pages/index/index.html.

除了以上特征外，近年来西部地区银行业金融机构网点布局逐步下沉，普惠服务力度进一步加大。如：2018年广西城市商业银行新设普惠金融事业部；贵州城市商业银行和村镇银行实现了县域全覆盖；重庆小微专营支行、社区支行等机构约300家；金融机构跨区域合作水平提升，陕西发起筹建的丝绸之路农商银行发展联盟成员单位增至82家，辐射15个省份，总资产近3万亿元。

三、西部地区银行业存贷款现状

从西部地区银行业金融机构的存贷款来看，近年来，西部地区存贷款余额平稳增长，每年增速较上年均略有上升（如图6-2所示）。其中，西部地区银行存款余额大于贷款余额，存贷差额不大。

具体到存款的不同部门结构而言，近年来，西部地区住户部门存款增长加快，非金融企业存款增长放缓。2018年末，西部地区本外币各项存款余额中住户存款增长较快，余额同比增长11.5%，较上年末提高4.7个百分点，占各项存款新增额的54.7%，同比上升24.7个百分点。非金融企业存款增长明显放缓，同比增长3.8%，较上年末下降3.9个百分点。

具体到贷款的不同部门而言，近年来西部地区各省份积极落实民营、小微企业金融服务政策，民营、小微企业贷款融资边际改善，服务工业和科技创新提质增效。如：2018年，广西支小再贷款、再贴现余额同比分别增长107.5%、95.5%，带动普惠口径小微企业贷款增速高于各项贷款2.6个百分点；青海全省各市（州）设立再贴现转授权窗口，开通再贴现"绿色通道"，对金融机构提交的民营和小微企业票据，符合条件见票即贴现，扩大了民营和小微企业融资渠道；重庆创新开展科技型企业知识价值信用贷款试点并累计实现融资超过400亿元，推动信贷投向结构优化，工业贷款增速同比提高9.7个百分点，有效支持了工业稳增长、调结构、增效益。

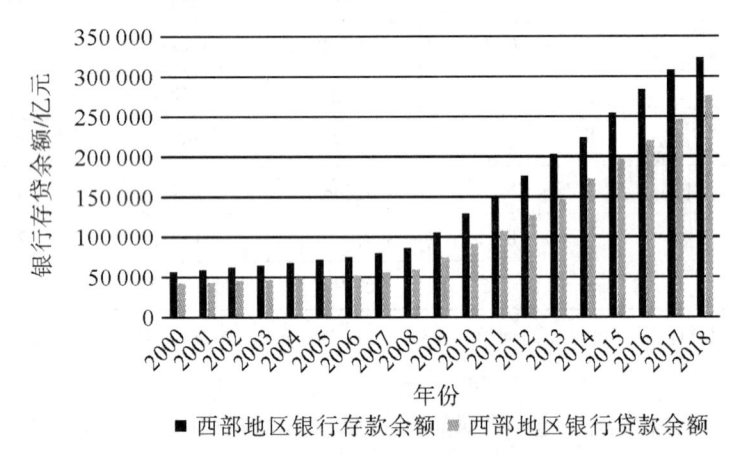

图6-2　2000—2018西部地区存贷款余额

数据来源：笔者根据西部地区12省份统计局数据手工搜集整理。

四、西部地区银行业资产质量现状

近年来，西部地区金融体系结构性去杠杆稳步推进，银行业金融机构经营总体稳健。随着结构性去杠杆稳步推进，资金在金融体系内部循环、多层嵌套等情况大幅减少。

2018年末，西部地区银行业总资产增长4.8%，低于东部和中部地区的5.3%、7.8%。地方法人银行经营总体稳健。从资本充足率看，2018年末，西部地区地方法人银行资本充足率较上年末下降 0.4 个百分点，风险抵御能力有待增强（同期，东部地区地方法人银行资本充足率较上年末提高 0.5 个百分点）。从流动性比率看，西部地区地方法人银行流动性比率较上年末提高 4.2 个百分点，而与之对应的东部、中部地区地方法人银行流动性比率分别较上年末提高 7.4 个百分点、4.7 个百分点。从银行不良贷款看，2018 年末，西部地区不良贷款率较上年末提高 0.07 个百分点，而全国商业银行不良贷款率为 1.83%，比上年末提高 0.09 个百分点，东部、中部地区不良率分别较上年末提高 0.04 个百分点、0.17 个百分点。

综合以上分析可以看出，近年来，西部地区银行业规模稳健增长，银行业结构以大型商业银行为商业银行主体，中小金融机构不足，民营银行和外资银行欠缺；银行业金融机构网点布局逐步下沉，普惠服务力度进一步加大；存贷款余额平稳增长；银行业金融机构经营总体稳健；同时，西部地区各省份积极落实民营、小微企业金融服务政策，民营、小微企业贷款融资边际改善，服务工业和科技创新提质增效。

第二节 西部地区金融发展：资本市场

资本市场活动是指期限在 1 年以上的资金融通活动，资本市场工具主要有股票、企业债券等。我国资本市场从 20 世纪 90 年代发展至今，已经建立起多层次的资本市场体系，主要包括场内市场、场外市场、债券市场等。其中场内市场的主板（含中小板）、创业板（俗称"二板"）和场外市场的全国中小企业股份转让系统（俗称"新三板"）、区域性股权交易市场等共同组成了我国多层次资本市场体系。以下将从场内市场、场外市场和债券市场三个方面，从资本市场角度分析西部地区金融发展状况。

一、西部地区资本市场场内市场发展现状

（一）股权融资规模经历震荡上升到下降状态

股权融资是资本市场的一种重要融资方式。2010 年以来，西部地区主板和创业板的股权融资规模并没有呈现为线性增长趋势，而是呈现出较明显的波动趋势。图 6-3 显示，西部地区主板和创业板的股权融资规模波动较为频繁，特别是在 2016 年，西部地区的股权融资规模达到近 9 年的最高值，为 3 740.48 亿元，反映了 2015 年与 2016 年我国股市的整体虚假繁荣状况。到 2017 年，

西部地区的股权融资规模不断缩减到 1 565.57 亿元。而到 2018 年，西部地区的股权融资规模继续缩减到 937.35 亿元。

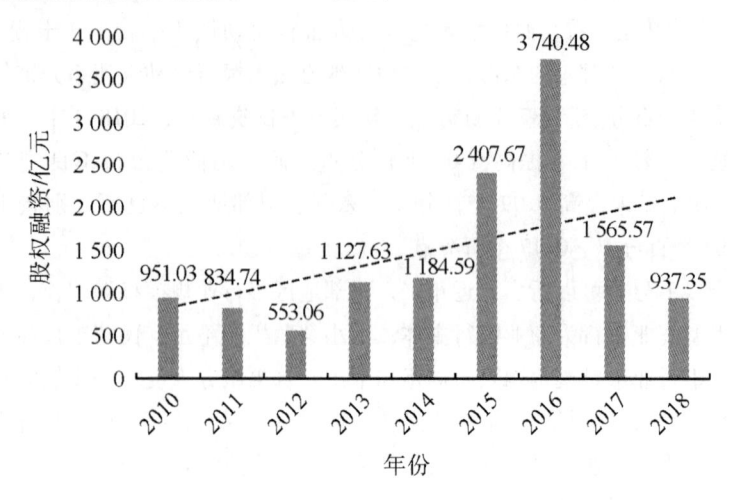

图 6-3　我国西部地区资本市场股权融资规模

数据来源：wind 数据库。

（二）与东部地区在股权融资规模和上市公司数量上存在明显差距

与中部地区①和东部地区②相比，尤其是与东部地区相比，西部地区的股权融资规模还比较小。从图 6-4 可以看出，与中部地区相比，2010—2018 年，西部地区和中部地区在股权融资规模上一直处于相对胶着状态。2010—2012 年，西部地区的融资额度低于中部地区，2013—2016 年，又上浮高于中部地区，到 2017—2018 年，西部地区的融资额度又略低于中部地区。如图 6-4 所示，西部地区与中部地区的差距并不是十分显著。但是与东部地区相比，西部地区与东部地区的差距就十分明显，2010—2018 年的 9 年时间里，东部地区在融资规模上一直遥遥领先于西部地区。以 2010 年为例，东部地区的融资规模为 8 326.33 亿元，西部地区为 951.03 亿元，东部地区的融资规模约是西部地区的 8.8 倍。到 2018 年，东部地区与西部地区在融资规模上的差距进一步扩大，东、西部地区的融资规模分别是 8 742.26 亿元、937.35 亿元，东部地区的融资规模约是西部地区的 9.3 倍。

---

① 中部地区包括山西、吉林、黑龙江、安徽、江西、河南、湖北、湖南 8 个省份，以下同。
② 东部地区包括北京、天津、河北、辽宁、上海、江苏、浙江、福建、山东、广东、海南 11 个省份，以下同。

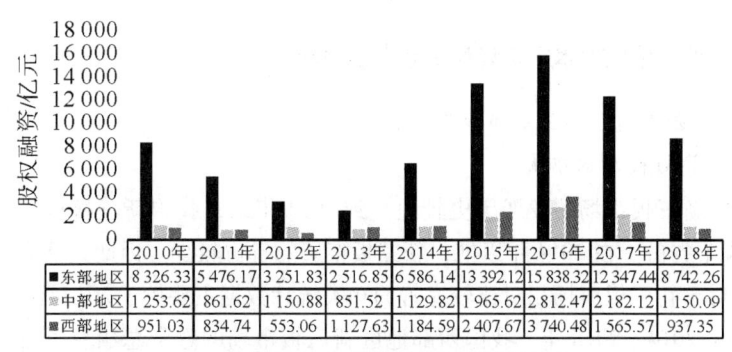

股权融资/亿元	2010年	2011年	2012年	2013年	2014年	2015年	2016年	2017年	2018年
东部地区	8 326.33	5 476.17	3 251.83	2 516.85	6 586.14	13 392.12	15 838.32	12 347.44	8 742.26
中部地区	1 253.62	861.62	1 150.88	851.52	1 129.82	1 965.62	2 812.47	2 182.12	1 150.09
西部地区	951.03	834.74	553.06	1 127.63	1 184.59	2 407.67	3 740.48	1 565.87	937.35

图 6-4　股权融资规模：西部地区与中、东部地区比较

数据来源：wind 数据库。

除了融资规模存在差距外，西部地区与中、东部地区在股权融资上市公司的数量上也存在差距，特别是与东部地区的差距更加明显。如图 6-5 所示，2010 年，西部地区股权融资上市公司为 67 家，中部地区股权融资上市公司为 87 家，东部地区股权融资的上市公司为 383 家，其中中部地区约是西部地区的 1.3 倍，而东部地区约是西部地区的 5.7 倍。东部地区股权融资上市公司数量远远高于西部地区，特别是 2015—2017 年。虽然东、中、西三大地区股权融资上市公司数量与前几年相比有明显的增加，但是东部地区的增加幅度远远高于西部地区。从图 6-5 来看，西部地区与东部地区在 2015—2017 年三年间股权融资上市公司数量存在的差距尤其大。以 2017 年为例，西部地区股权融资上市公司数量为 88 家，东部地区为 831 家，东部地区是西部地区的 9.4 倍多，差距十分显著且还在逐渐扩大。

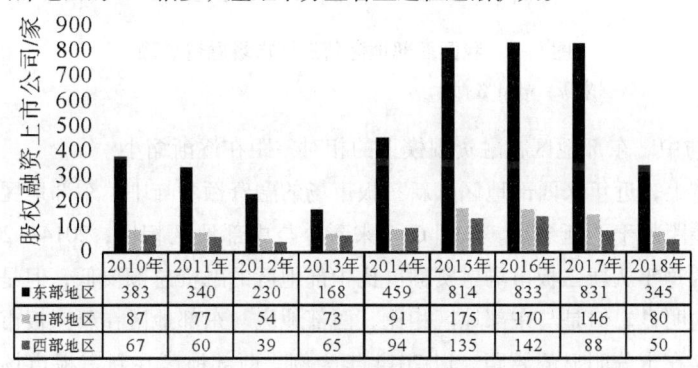

股权融资上市公司/家	2010年	2011年	2012年	2013年	2014年	2015年	2016年	2017年	2018年
东部地区	383	340	230	168	459	814	833	831	345
中部地区	87	77	54	73	91	175	170	146	80
西部地区	67	60	39	65	94	135	142	88	50

图 6-5　股权融资上市公司家数：西部地区与中、东部地区比较

数据来源：wind 数据库。

二、西部地区资本市场场外市场发展现状

（一）西部地区新三板市场发展状况

1. 融资规模明显扩大

我国新三板市场的发展历史较短。到2014年末，我国新三板市场拓展至全国24个省份。在2014年以前，新三板拓展的省份较少。因此，从全国整体来看，对于新三板市场相对比较完善的相关统计数据主要始于2014年。如图6-6所示，2014—2018年，我国西部地区新三板市场的融资总额有了较大幅度的提升。2014年，西部地区在新三板市场的融资总额为2.82亿元。到2015年，西部地区在新三板市场的融资总额达到92.72亿元，2015年的融资额度约是2014年融资额度的32.9倍，反映了我国西部地区新三板市场的快速发展（2015年，新三板市场已经拓展到西部地区的全部省份）。

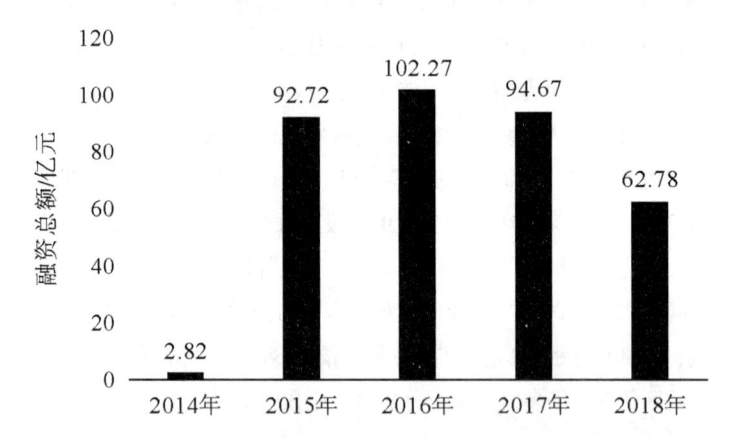

图6-6 我国西部地区新三板市场融资总额

数据来源：wind数据库。

2. 与中、东部地区在融资规模上的相对差距在逐渐缩小

总体上，近年来西部地区从新三板市场的融资额度与中、东部地区仍有差距，但差距趋于不断缩小。从图6-7来看，与中部地区相比，2014—2018年，西部地区每年从新三板市场融资额度比中部地区的融资总额要低，但是差距不是十分的明显。但是与东部地区相比，西部地区与东部地区在新三板市场的融资总额存在十分明显的差距。以2014年为例，西部地区在新三板市场的融资总额为2.82亿元，而东部地区为107.18亿元，东部地区约是西部地区的38倍。到2015年，西部地区与中部地区和东部地区在新三板市场的融资总额都大幅度增长，而且西部地区的增幅高于中部和东部地区，西部地区的增幅为

31.88%，中部地区的增幅达到13.8%，东部地区的增幅为5.86%，西部地区增幅较大的原因极有可能是新三板市场在2015年开始在西部地区省份全面拓展，而东部地区在2014年的拓展范围已经很广。虽然西部地区的增幅最大，但是与东部地区的绝对差距仍然很大。2015年，西部地区新三板市场融资额度为92.72亿元，东部地区为735.51亿元，东部地区约是西部地区的7.93倍。到2018年，随着新三板市场的低迷，与上一年相比，西部地区在新三板市场的融资额度处于下降状态。如图6-7所示，西部地区与中、东部地区相比，虽然绝对差距仍然较大，但是相对差距在缩小。2018年，西部地区新三板市场融资额度为62.78亿元，东部地区为300.32亿元，中部地区为96.51亿元，东部地区约是西部地区的4.8倍，与前几年相比，差距相对缩小。

	2014年	2015年	2016年	2017年	2018年
■东部地区	107.18	735.51	732.86	603.97	300.32
■中部地区	6.98	103.35	107.72	119.25	96.51
■西部地区	2.82	92.72	102.27	94.67	62.78

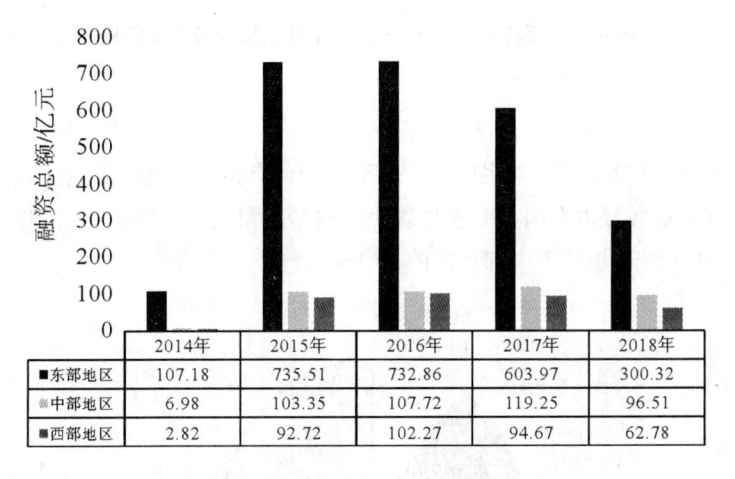

图6-7 新三板市场融资总额：西部地区与中、东部地区比较
数据来源：wind数据库。

3. 挂牌企业数量快速扩容，但是在全国的占比仍然偏低

挂牌企业数量反映了新三板市场的发展程度。近年来，西部地区新三板市场挂牌企业数量总体上呈现不断增加的趋势。如图6-8所示，2015年我国西部地区新三板市场的挂牌企业数量为526家，到2016年就快速扩容到996家，增长幅度达到89.4%，反映了我国西部地区新三板市场的快速发展。到2017年，西部地区的新三板市场挂牌企业数量继续增加到1 152家。虽然遭遇了新三板的退市潮，但到2018年底，西部地区的挂牌企业数量仍然有1 099家。

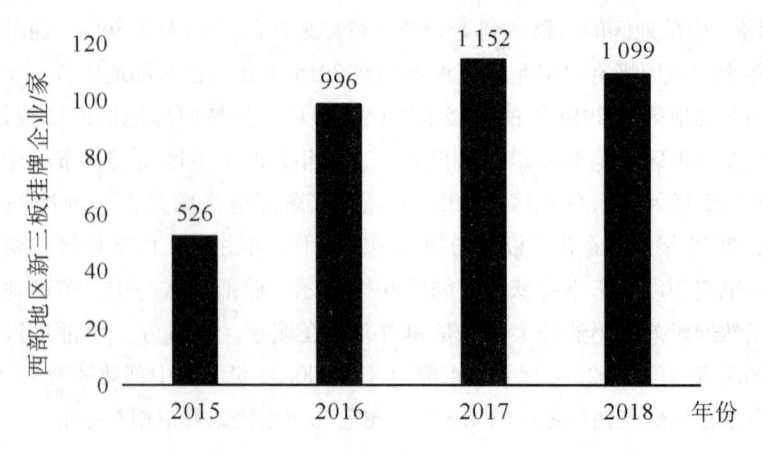

图 6-8　西部地区 2015—2018 年新三板挂牌企业数量

数据来源：wind 数据库。

虽然如图 6-8 所示，西部地区在新三板市场挂牌企业数据快速增加，但是占全国的比重仍然偏低。如图 6-9 所示，2018 年底，我国西部地区新三板市场的挂牌企业数量占全国新三板挂牌企业数量总量的 10.29%，大大低于东部地区的 73.72%，也低于中部地区的 15.99%。

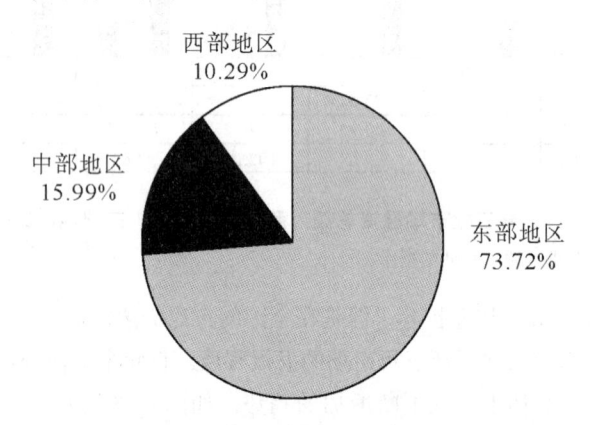

图 6-9　2018 年新三板各地区挂牌数量占比

数据来源：wind 数据库。

从图 6-10 还可以看出，2015—2018 年，虽然我国西部地区与中、东部地区新三板市场挂牌企业数量都发生了幅度相似的变化，即呈现出先上升再下降的状态，但是西部地区与中、东部地区仍然存在差距，尤其是与东部地区相比，挂牌企业数量存在较大的差距，反映了我国西部地区新三板市场的发展还远远落后于东部地区。

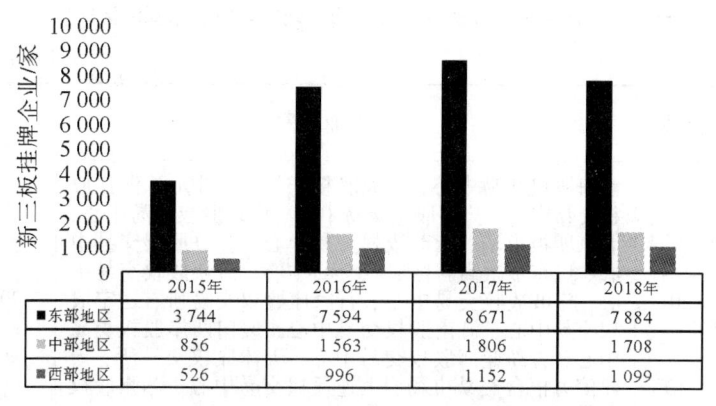

	2015年	2016年	2017年	2018年
东部地区	3 744	7 594	8 671	7 884
中部地区	856	1 563	1 806	1 708
西部地区	526	996	1 152	1 099

图 6-10　新三板市场挂牌企业数量：西部地区与中、东部地区比较

数据来源：wind 数据库。

（二）西部地区区域性股权市场发展状况

1. 区域性股权交易中心几乎覆盖西部各省份

2008 年，我国成立了第一家区域性股权市场。近年来，各省份陆续成立区域性股权市场。经过近 10 年的探索和实践，我国西部地区的区域性股权市场也取得了较大的发展。2018 年底，西部地区 12 个省份共成立了 13 家区域性股权交易市场，其中贵州省成立了 1 家，即贵州股权交易中心有限公司；甘肃成立了 1 家，即甘肃股权交易中心；内蒙古成立了 1 家，即内蒙古股权交易中心；广西成立了 2 家，包括广西北部湾股权交易所和南宁股权交易中心；陕西成立了 2 家，包括陕西股权交易中心和西安企业资本服务中心；四川成立了 2 家，包括天府（四川）联合股权交易中心和成都股权托管中心；宁夏成立了 1 家，即宁夏股权托管交易中心；重庆成立了 1 家，即重庆股份转让中心；新疆成立了 1 家，即新疆股权交易中心；青海成立了 1 家，即青海股权交易中心。除了西藏和云南外，西部地区的其他省份都成立了区域性股权交易中心。

2. 挂牌企业数量与中、东部地区存在明显差距

从挂牌企业数量来看，截至 2018 年 12 月 31 日，西部地区区域性股权交易市场共有 15 188 家挂牌企业。中部地区有 22 563 家挂牌企业，约是西部地区的 1.49 倍；而东部地区有 70 804 家挂牌企业，约是西部地区的 4.7 倍。具体见表 6-5。

表 6-5　区域性股权交易市场：西部地区与中、东部地区比较

单位：家

地区	成立家数	挂牌企业名称	挂牌企业合计
东部地区	20	前海股权交易中心、上海股权托管交易中心、浙江股权交易中心、广州股权交易中心、广东股权交易中心、北京四板市场、江苏股权交易中心、齐鲁股权交易中心、广东金融高新区股权交易中心、海峡股权交易中心、宁波股权交易中心、石家庄股权交易所、辽宁股权交易中心、海南股权交易中心、厦门两岸股权交易中心、青岛蓝海股权交易中心、天津股权交易所、天津滨海柜台交易市场、大连股权交易中心、苏州股权交易中心	70 804
中部地区	8	武汉股权托管交易中心、中原股权交易中心、江西联合股权交易中心、湖南股权交易所、安徽省股权托管交易中心、吉林股权交易所、哈尔滨股权交易中心、北方工业股权交易中心	22 563
西部地区	13	甘肃股权交易中心、贵州股权交易中心有限公司、内蒙古股权交易中心、广西北部湾股权交易所、南宁股权交易中心、陕西股权交易中心、天府（四川）联合股权交易中心、宁夏股权托管交易中心、重庆股份转让中心、新疆股权交易中心、西安企业资本服务中心、青海股权交易中心、成都股权托管中心	15 188

注：统计截止于 2018 年 12 月 31 日。

数据来源：wind 数据库。

三、西部地区债券市场发展状况

（一）信用债发行数量增长趋势显著

企业信用债也是我国资本市场的重要融资方式之一。近年来，西部地区信用债的发行呈现出不断上涨的趋势。如图 6-11 所示，以 2010 年为例，西部地区的信用债发行仅有 128 只，而到 2018 年，西部地区的信用债发行达到 782 只，与 2010 年相比，增长了 510% 左右；而且在 2010—2018 年的 9 年时间里，西部地区的信用债发行只数的年平均增长率达到 23% 左右，这反映出信用债融资也逐渐成为西部地区企业融资的一种十分重要的方式。

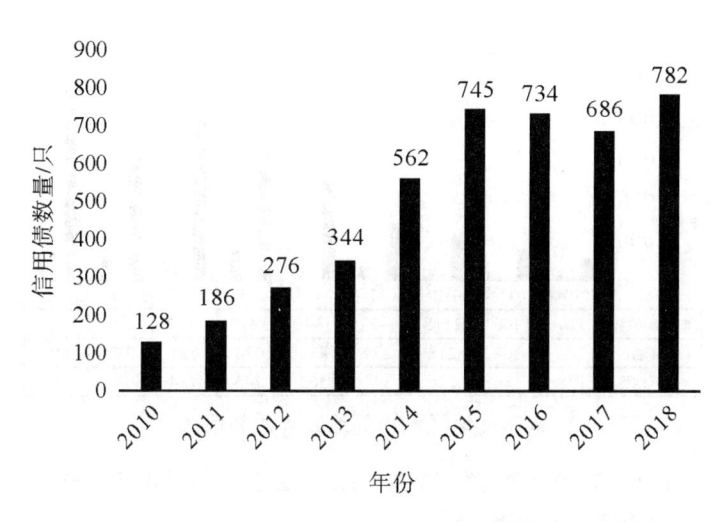

图 6-11　2010—2018 年西部地区信用债发行情况
数据来源：wind 数据库。

如图 6-11 所示，我国西部地区的信用债发行有较大幅度的增长。但是从图 6-12 来看，2010—2018 年，不仅我国西部地区信用债发行只数经历较大幅度增长，我国中部地区与东部地区信用债的发行只数同样也都具有十分显著的增长趋势，而且根据计算，中部地区与东部地区在 2010—2018 年的 9 年里年平均增长率要高于西部地区的 23%，其中中部地区的年平均增长率为 27.6%，东部地区为 27.7%。而且与东部地区相比，西部地区在信用债发行只数上远远低于东部地区。以 2010 年为例，西部地区的发行数量为 128 只，东部地区信用债的发行数量为 510 只，东部地区约是西部地区的 3.98 倍。到 2018 年，东部地区的发行数量达到 4 777 只，而西部地区为 782 只，东部地区约是西部地区的 6.1 倍，西部地区与东部地区的差距呈扩大趋势。与中部地区相比，西部地区与中部地区在信用债的发行只数上，差距并不是很明显。

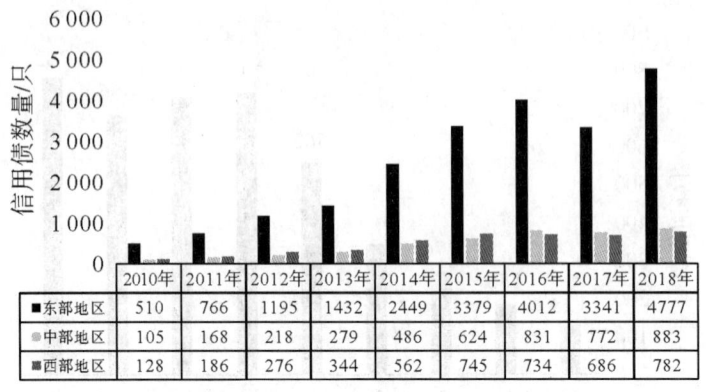

年份	2010年	2011年	2012年	2013年	2014年	2015年	2016年	2017年	2018年
东部地区	510	766	1195	1432	2449	3379	4012	3341	4777
中部地区	105	168	218	279	486	624	831	772	883
西部地区	128	186	276	344	562	745	734	686	782

图 6-12　信用债的发行数量：西部地区与中、东部地区比较

数据来源：wind 数据库。

（二）债券融资额度经历高速增长，但是与东部地区的绝对差距仍然巨大

债券融资额度反映了资本市场债券融资的发展程度。如图 6-13 所示，我国西部地区信用债的发行额度出现了不断上涨的趋势。以 2010 年为例，西部地区的信用债发行额度为 1 348.19 亿元，而到 2018 年，西部地区的信用债发行额度达到 7 728.23 亿元，与 2010 年相比，增长了 473% 左右。我国西部地区的信用债发行额度在 2016 年达到最高值，为 8 017.4 亿元，到 2017 年开始缩减至 6 458.41 亿元，反映出西部地区信用债的发行额度的波动状况与主板市场的股权融资额度的波动状况相似。

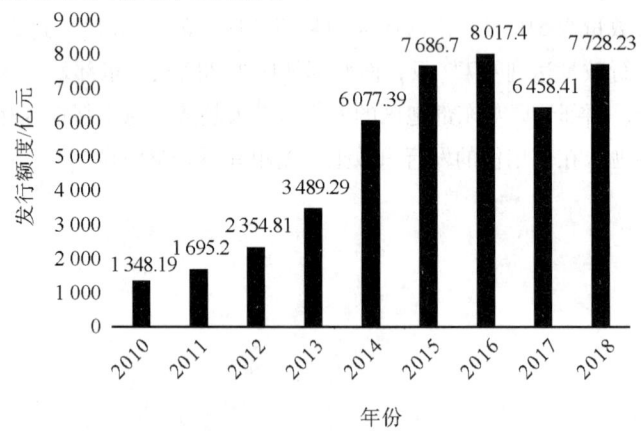

图 6-13　我国西部地区信用债的发行额度

数据来源：wind 数据库。

除了发行数量的差距外，西部地区与东部地区在信用债的发行额度上也存在较大差距。图6-14显示，西部地区在2010年的发行额度为1 348.19亿元，而东部地区信用债的发行额度为13 361.48亿元，东部地区是西部地区的9.9倍。到2018年，东部地区的发行额度达到70 921亿元，而西部地区的发行额度为7 728.23亿元，东部地区是西部地区的9.1倍。与中部地区相比，2010—2015年，西部地区的发行额度每年都超过中部地区。但是从2016年开始，中部地区的发行额度赶超了西部地区。根据计算，从2010—2018年的信用债发行额度年平均增长率来看，与中部地区和东部地区相比，西部地区的年平均增长率达到23.7%，略高于东部地区，东部地区的年平均增长率为20%左右；但是低于中部地区的年平均增长率，中部地区在这9年间的年平均增长率达到了28%。

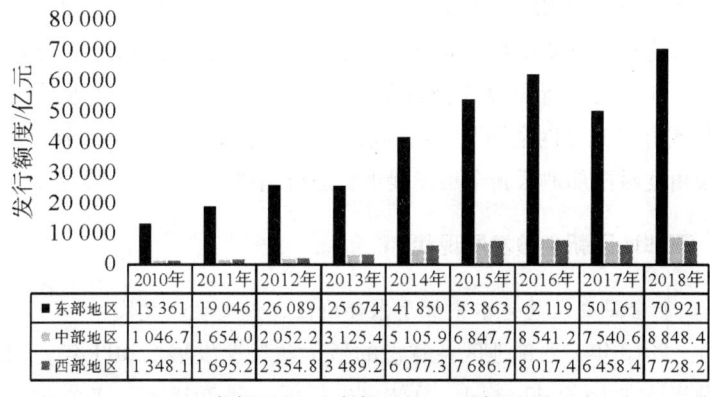

	2010年	2011年	2012年	2013年	2014年	2015年	2016年	2017年	2018年
东部地区	13 361	19 046	26 089	25 674	41 850	53 863	62 119	50 161	70 921
中部地区	1 046.7	1 654.0	2 052.2	3 125.4	5 105.9	6 847.7	8 541.2	7 540.6	8 848.4
西部地区	1 348.1	1 695.2	2 354.8	3 489.2	6 077.3	7 686.7	8 017.4	6 458.4	7 728.2

图6-14 信用债的发行额度：西部地区与中、东部地区比较

数据来源：wind数据库。

综合以上分析可以看出，在场内市场方面，近年来西部地区在主板和创业板的股权融资规模呈现出较明显的波动趋势，在股权融资规模和上市公司数量上与东部地区相比存在明显差距且差距正逐渐扩大。在场外市场方面，近年来西部地区新三板市场呈现出快速发展势头，融资规模与中、东部地区仍有差距，但差距趋于不断缩小；挂牌企业数量总体上呈现出不断增加的趋势，但在全国的占比仍然偏低，反映出西部地区新三板市场的发展还远远落后于东部地区；而区域性股权交易中心几乎覆盖西部各省份，但挂牌企业数量与中、东部地区存在明显差距。在债券市场方面，信用债融资已逐渐成为西部地区企业融资的一种十分重要的方式；西部地区债券融资额度高速增长，但是与东部地区的绝对差距仍然巨大。

第三节　西部地区金融发展：新金融

近年来，新金融蓬勃发展，已成为传统金融的重要补充，为实体经济提供了更加多样化、特色化的金融服务。已有研究表明，发展新金融对提高金融普惠性、提高金融服务的效率、激发实体经济活力、促进经济转型升级具有促进作用。相对于传统金融而言，新金融运用新一代信息技术，具有较强的空间穿透力，能够缩小金融发展水平的地区差距。西部地区传统金融发展水平相对落后、对实体经济支持不足的问题已经成为实体经济发展和结构优化的重要瓶颈。新金融作为金融创新的重要方面，在弥补传统金融服务实体经济不足方面有其独特的优势。下文将对西部地区新金融发展现状进行分析，并指出其存在的问题。正如前文对新金融概念的界定所述，一些研究将新金融等同于"数字金融"或者"互联网金融"，因此我们利用北京大学数字普惠金融指数，基于新金融角度对西部地区新金融发展现状进行阐述。

一、西部地区新金融发展现状

（一）新金融发展总体水平低于东部地区，但发展速度快

2011—2018年，西部地区各省份的新金融快速发展。2011年，西部各省的新金融指数在16至42之间，总体水平较低。到2018年，各省的新金融指数快速上升至260至302之间，发展迅速。2018年，重庆市的新金融水平最高，新金融指数为301.53；其次是陕西省，2018年的新金融指数为295.95；排在第三位的是四川省，新金融指数为294.3；新金融发展水平最低的是青海省，新金融指数为263.12。具体见图6-15。

虽然西部地区新金融业务快速发展，但与东部、中部地区仍然存在一定的差距。如表6-6所示，2018年，西部省份中新金融发展水平最高的重庆市，在全国31个省份（港澳台地区除外）中排名第11位；四川省排第15位；西部地区其他省份排名均落后于东部和中部地区，表明西部地区新金融发展水平与其他地区还有较大差距。

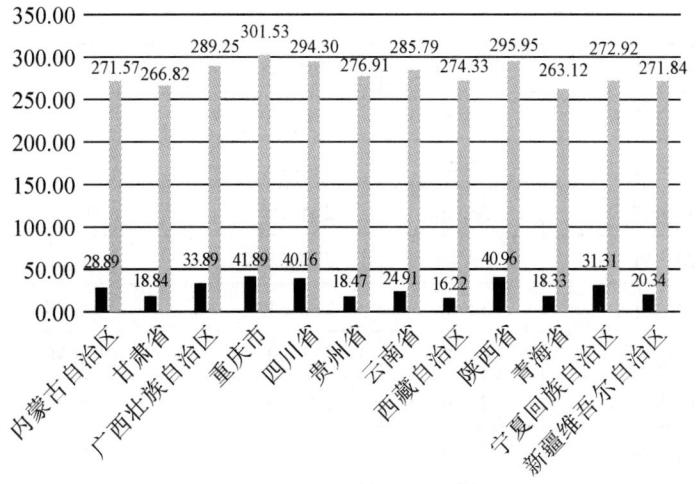

图 6-15 西部地区新金融指数

数据来源：郭峰，王靖一，王芳，等.测度中国数字普惠金融发展：指数编制与空间特征[J].经济学，2020（4）：1401-1418.

表 6-6 全国各省份新金融指数发展情况对比

地区	2011 年	2018 年	指数变化（2018/2011）
北京市	79.41	368.54	4.64
天津市	60.58	316.88	5.23
河北省	32.42	282.77	8.72
山西省	33.41	283.65	8.49
内蒙古自治区	28.89	271.57	9.40
辽宁省	43.29	290.95	6.72
吉林省	24.51	276.08	11.26
黑龙江省	33.58	274.73	8.18
上海市	80.19	377.73	4.71
江苏省	62.08	334.02	5.38
浙江省	77.39	357.45	4.62
安徽省	33.07	303.83	9.19
福建省	61.76	334.44	5.42

第六章 西部地区金融发展：事实与特征

表6-6(续)

地区	2011年	2018年	指数变化(2018/2011)
江西省	29.74	296.23	9.96
山东省	38.55	301.13	7.81
河南省	28.40	295.76	10.41
湖北省	39.82	319.48	8.02
湖南省	32.68	286.81	8.78
广东省	69.48	331.92	4.78
广西壮族自治区	33.89	289.25	8.53
海南省	45.56	309.72	6.80
重庆市	41.89	301.53	7.20
四川省	40.16	294.30	7.33
贵州省	18.47	276.91	14.99
云南省	24.91	285.79	11.47
西藏自治区	16.22	274.33	16.91
陕西省	40.96	295.95	7.23
甘肃省	18.84	266.82	14.16
青海省	18.33	263.12	14.35
宁夏回族自治区	31.31	272.92	8.72
新疆维吾尔自治区	20.34	271.84	13.36

数据来源：郭峰，王靖一，王芳，等.测度中国数字普惠金融发展：指数编制与空间特征[J].经济学，2020(4)：1401-1418.

从发展速度看，2011—2018年，西部地区大多数省份的新金融指数提高幅度在全国居于前列。其中，贵州、云南、西藏、青海、甘肃和新疆等省份2018年的指数是2011年指数的10倍以上。如表6-6所示，贵州、甘肃、青海、云南、新疆、西藏等省份，2018年的新金融指数较2011年有很大幅度的提高。

(二) 网络支付快速提高了金融服务覆盖面，与东部地区差距较小

新金融覆盖广度主要是北京大学数字金融研究中心运用蚂蚁金服的互联网支付账号及其绑定的银行账户数来计算的指数。得益于网络支付的便利、快捷，网络支付方式在城乡居民中得到快速推广，西部各省份的新金融覆盖广度

也随之有较大幅度提升。如图 6-16 所示，2011 年，西部各省份的新金融覆盖广度低，最高的重庆市新金融覆盖广度指数为 40.38，最低的青海省新金融覆盖广度指数仅为 1.96。

2011—2018 年，西部地区各省份新金融覆盖广度指数均有较大幅度提升。如图 6-16 所示，新金融覆盖广度指数最高的是重庆市，其覆盖广度指数快速上升为 285.11，是 2011 年的 7.06 倍。在 12 个省份中，覆盖广度提升较快的是青海省、贵州省、西藏自治区、云南省、新疆维吾尔自治区，其 2018 年的新金融覆盖广度指数分别是其 2011 年的 128.41 倍、87.38 倍、74.13 倍、35.11 倍和 20.69 倍。

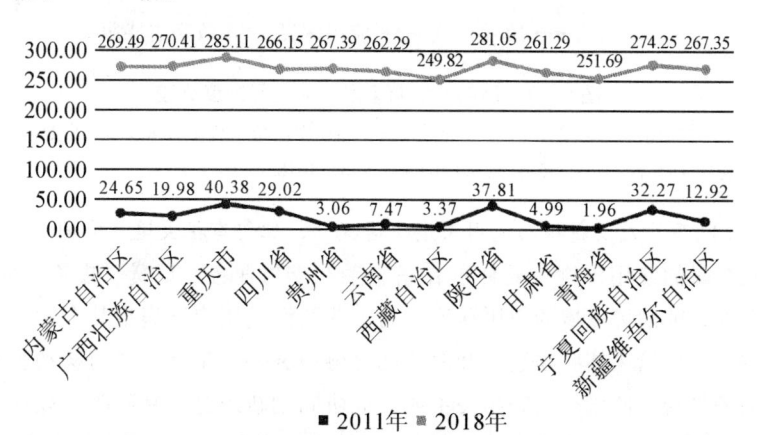

图 6-16 西部地区新金融覆盖广度指数

数据来源：郭峰，王靖一，王芳，等. 测度中国数字普惠金融发展：指数编制与空间特征 [J]. 经济学, 2020 (4)：1401-1418.

西部地区新金融覆盖广度指数与东部地区差距相对较小。如图 6-17 所示，在新金融指数的三个维度即覆盖广度、使用深度和数字支持服务 3 个维度中，覆盖广度指数的地区差距相对较小。这主要得益于数字技术具有较强的空间穿透力，不像传统金融机构那样对地区经济发展具有很强的依赖性，加上手机和互联网的高度普及，为西部地区发展新金融提高其覆盖率提供了较好的社会基础。

图 6-17　西部地区新金融 3 大发展维度比较

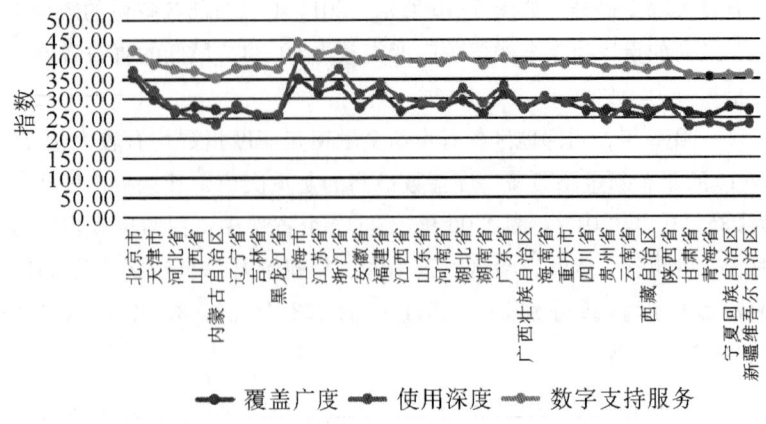

数据来源：郭峰，王靖一，王芳，等. 测度中国数字普惠金融发展：指数编制与空间特征［J］. 经济学，2020（4）：1401-1418.

（三）开放式创新推动使用深度快速提升，但仍有很大追赶空间

新金融的使用深度主要体现在新金融在支付业务、信贷、投资、货币基金、保险、征信等领域的使用深度。为了获取海量用户并满足其个性化需求，新金融服务供给主体必须建立开放式的金融服务创新平台，并与移动服务商、电子商务平台、监管机构等相关主体形成协同创新改进产品和服务设计联动，以及通过网络效应提高用户使用平台获取的额外价值而吸引更多的客户。这在一定程度上反映了新金融业务结构及其业务与实体产业的融合深度。

近年来，支付业务、个人消费网贷、在线财富管理、投资、保险等互联网业务迅速发展，实体产业与新金融的融合不断深化，推动了新金融使用深度的快速提升。此外，中央银行和各省份金融办推出各种举措完善地方征信系统和征信数据共享等，征信服务业务也得到了较快的发展。

从新金融的使用深度看，西部地区各省份新金融的使用深度指数均有较大幅度提升。如图 6-18 和表 6-7 所示，2011 年使用深度指数最高的是四川省，指数值为 58.56，2018 年该指数值上升为 295.83；2011 年使用深度指数最低的是青海省，指数值仅有 6.76，到 2018 年该指数值上升为 235.31。其中，提高最快的是青海省，2018 年使用深度指数是 2011 年的 34.81 倍；其次是甘肃省，2018 年使用深度指数是 2011 年的 17.83 倍。其他省份的使用深度指数均有不同幅度的提高。

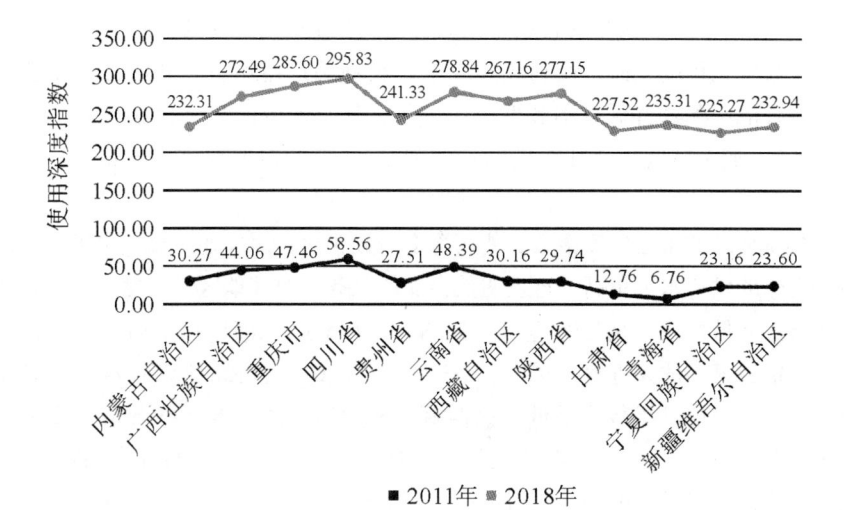

图 6-18 西部地区新金融使用深度指数

数据来源：郭峰，王靖一，王芳，等.测度中国数字普惠金融发展：指数编制与空间特征[J].经济学，2020（4）：1401-1418.

表 6-7 西部地区新金融发展程度

地区	覆盖广度指数	使用深度指数	支付	保险	征信	数字化
内蒙古	10.93	7.67	7.48	7.48	11.27	8.67
广西	13.53	6.18	4.96	4.96	14.97	6.23
重庆	7.06	6.02	4.42	4.42	10.91	10.46
四川	9.17	5.05	5.63	5.63	8.92	8.84
贵州	87.38	8.77	4.49	4.49	12.15	7.05
云南	35.11	5.76	4.15	4.15	7.59	9.45
西藏	74.13	8.86	—	—	8.78	11.05
陕西	7.43	9.32	7.35	7.35	23.30	5.29
甘肃	52.36	17.83	19.20	19.20	78.97	4.72
青海	128.41	34.81	—	—	22.98	3.76
宁夏	8.50	9.73	13.24	13.24	12.71	8.27
新疆	20.69	9.87	9.77	9.77	9.48	9.18

注：表中数据为各指数的 2018 年指数值与 2011 年指数值的比值。

(四) 西部地区数字支持服务提高较快，与东部地区发展差距小

在数字化程度方面，便利性和成本是影响用户使用新金融服务的主要因素。新金融服务具有低成本和低门槛优势，其服务越便利（比如较高的移动化程度）、成本越低（比如较低的贷款利率），则金融服务需求越多，反之则越少。

与新金融的覆盖广度指数、使用深度指数相比，西部地区数字化指数较前两个指标的发育水平更高，这表明数字支持服务在西部地区相对发展较快，且呈现出西北低西南高的区域差异。如图6-19所示，2011年，西部12省份的数字化指数最高的是青海（93.42），甘肃（75.61）和陕西（71.74）分别排第二位、第三位，指数值最低的是西藏（33.33）。2018年，指数值最高的是重庆（384.51），排名第二和第三的分别是广西（381.93）和陕西（379.31），最低的是内蒙古（349.76）。除此之外，西部地区的其他省份中，地处西北的甘肃、青海、宁夏、新疆的金融数字化程度相对较低，而地处西南的广西、重庆、四川、贵州和云南等省份的金融数字化程度相对较高。

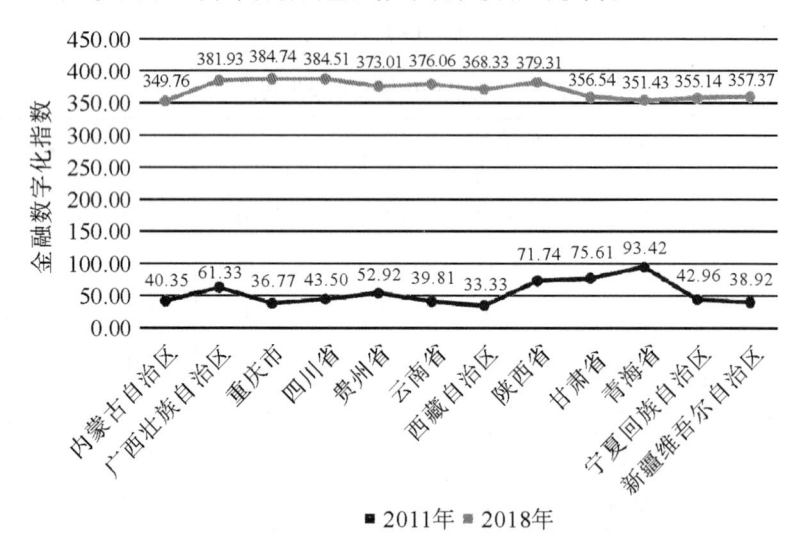

图6-19 西部地区的金融数字化指数

数据来源：郭峰，王靖一，王芳，等. 测度中国数字普惠金融发展：指数编制与空间特征[J]. 经济学, 2020 (4): 1401-1418.

西部地区金融数字化指数与东部地区的地区差距比覆盖广度、使用深度等指数的差距更小。如图6-20所示，金融数字化指数最高的是上海，其指数值为440.26；其次是北京，为420.19；最低的是内蒙古，为349.76。如表6-8

所示，全国金融数字化指数的变异系数为 0.055，在几项指标中，其变异系数最小，表明在三个维度的发展水平上，西部地区金融数字化支持的发展水平与其他地区差距最小。可见，数字化支持服务受经济社会发展水平的制约程度低，相对于传统普惠金融，数字普惠金融具有更好的空间穿透力，形成了更广泛的普惠金融覆盖度。

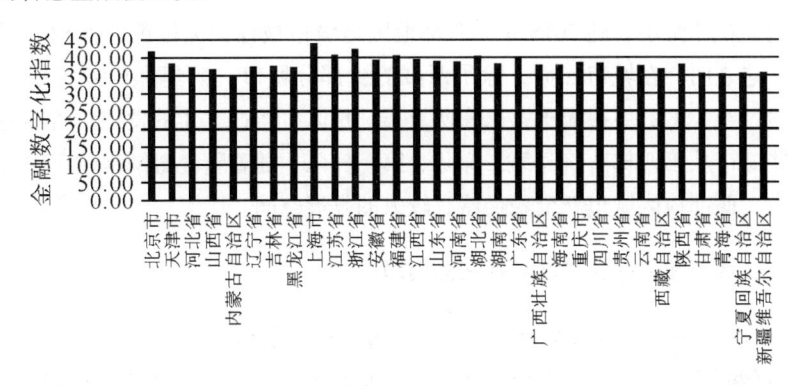

图 6-20 全国各地区金融数字化指数

数据来源：郭峰，王靖一，王芳，等. 测度中国数字普惠金融发展：指数编制与空间特征 [J]. 经济学，2020（4）：1401-1418.

表 6-8 新金融各业务指数地区差距

指标	总指数	覆盖广度	使用深度	支付	保险	货币基金	投资	信贷	征信	数字化
最大值	377.73	353.87	400.40	379.51	849.62	261.16	419.90	243.08	345.81	440.26
最小值	263.12	249.82	225.27	194.60	491.33	133.39	163.71	135.86	254.10	349.76
中位数	294.30	273.41	279.48	256.25	629.05	183.78	245.07	177.77	295.99	381.93
均值	300.208	281.923	287.497	260.863	644.113	189.298	253.414	178.383	295.409	383.702
标准差	29.774	26.640	44.152	45.749	90.777	34.254	58.970	27.066	25.027	21.287
变异系数	0.0992	0.0945	0.1536	0.1754	0.1400	0.1810	0.2327	0.1517	0.0847	0.0555

数据来源：北京大学数字金融研究中心课题组. 北京大学数字普惠金融指数（第三期，2011—2020年）[R/OL]. https://idf.pku.edu.cn/zsbz/515313.htm.

（五）西部大多数城市新金融发展水平低，但发展空间很大

为反映西部地区城市新金融发展水平，北京大学数字普惠金融研究中心分别以 2011 年和 2018 年当年指数最高的城市指数值为基准，将全国各城市的数字普惠金融指数进行排序，排序在基准 80% 范围内的城市属于发展水平处于第一梯队的城市，在地图中标为红色；70%~79% 范围内的属于发展水平处于第二梯队的城市，在地图中标为橙色；60%~69% 范围内的属于发展水平处于第三梯队的城市，在图中标为黄色；60% 以下的城市属于发展水平处于第四梯队

的城市，在地图中标为绿色。

城市层面，新金融空间发展格局呈现出"东高西低"的特征，但西部地区城市新金融的发展空间较大。2018年新金融指数第一梯队、第二梯队基本处于"胡焕庸线"以东，而"胡焕庸线"以西的西部地区城市多处于第三梯队、第四梯队。西部地区地级市在2011年被标记的颜色以绿色居多，被标为橙色的面积非常小。到2018年，西部地区地级市被标记为橙色的面积大幅度增加。这表明，在城市层面，除了西藏的少部分城市（阿里和山南等地区），西部地区绝大多数城市属于第二梯队、第三梯队。经过几年的发展，西部地区的一些城市从第四梯队跻身第二梯队、第三梯队。随着新金融网络效应的进一步扩大，西部地区城市新金融仍然有较大的发展空间。

二、西部地区新金融发展存在的问题

（一）西部地区新金融企业数量少，创新能力不足

与东部地区相比，西部地区新金融企业相对较少，新金融服务供给能力不能很好地满足实体经济发展的需要。

首先，西部地区新金融企业数量少，总体规模偏小，领军企业和知名品牌少，难以为实体经济融资提供有力的支持。从P2P网贷行业的地区分布看，网贷平台主要分布在广东、北京、上海和浙江等东部发达地区，其他地区数量偏少。具体数量分布情况如表6-9所示。截至2019年8月底，全国P2P网贷平台成交总量为780.46亿元，其中，广东、北京、上海和浙江等地成交量占比分别为15.72%、43.31%、13.85%和20.08%，四个地区成交总量占到全国的92.96%。上述四个地区的正常运营平台数分别为128个、148个、39个和59个，占全国正常运营平台总数的57.19%。四个地区的累计问题平台数分别为544个、380个、303个和383个，占全国累计问题平台总数的54.67%。贷款余额TOP 100平台的地区分布集中度较高，八成以上分布在北（京）上（海）广（东）浙（江）四个地区，地域优势显著。如表6-9所示，在TOP 100中，北京地区平台数量最多，有39家；然后是广东20家；浙江和上海分别有14家和13家。

表6-9 2019年8月各地区P2P网贷平台运营情况

省份	成交量/亿元	占比/%	运营平台数量/家	占比/%	累计转型及停业平台数/家	占比/%	累计问题平台数/家	占比/%
全国	780.46		654		3 106		2 857	

表6-9(续)

省份	成交量/亿元	占比/%	运营平台数量/家	占比/%	累计转型及停业平台数/家	占比/%	累计问题平台数/家	占比/%
广东	122.68	15.72	128	19.57	544	17.51	446	15.61
北京	338.04	43.31	148	22.63	380	12.23	295	10.33
浙江	108.06	13.85	39	5.96	303	9.76	462	16.17
上海	156.71	20.08	59	9.02	383	12.33	359	12.57
江苏	2.81	0.36	19	2.91	150	4.83	150	5.25
山东	3.99	0.51	30	4.59	306	9.85	365	12.78
湖北	2.72	0.35	24	3.67	100	3.22	72	2.52
四川	1.7	0.22	13	1.99	72	2.32	74	2.59
其他	43.76	5.61	194	29.66	868	27.95	634	22.19

数据来源：笔者根据"网贷之家"网站的统计数据计算得到。

其次，西部地区新金融企业的创新能力不足，业态发展不充分。截至2018年6月底，全国251家运营平台的地域分布，主要集中在经济较为发达的沿海地区，且主要是众筹平台。其中，北京的平台有65家，占比25.90%；广东有46家，占比18.33%；浙江有27家，占比10.76%；上海有26家，占比10.36%；山东有17家，江苏有12家；其余地区平台较少，其中，西部地区共有14家（四川5家、重庆2家、陕西2人、新疆3家、广西1家、云南1家)[①]。2018年，我国众筹新增平台主要分布在东部地区，其中，浙江、江苏和山东各2家，上海、河南和福建各1家[②]。在西部地区大多数省份的新金融体系中，业务以网贷为主体，众筹远未形成规模，互联网支付未形成跨区域影响，产品和商业模式同质化严重。

(二) 新金融服务存在供需错位

由于西部地区的互联网金融以P2P为主且规模小，在经济下行过程中作为主要借款群体的中小微企业盈利能力较差，部分企业在收益差异驱使下将资金投向房地产和金融衍生产品等领域，互联网金融仍未能有效地支持实体经济发展。

一些新金融企业规模小，资金成本仍然较高，对盈利能力相对有限的西部

[①] 参见"网贷之家"网站。https://shuju.wdzj.com/industry-list.html。
[②] 众筹家人创咨询.中国众筹行业发展报告2018[R/OL].http://www.sohu.com/a/245985852_264613。

中小微企业而言，实体经济也难以承受。相关数据也显示，西部地区 P2P 的网贷期限也短于东部地区。

这些问题造成实体经济对互联网金融的需求不足和需求错位，表现为众筹、P2P 网贷等新兴融资模式在中小微企业起步、发展、成长各阶段中提供的支撑作用相当有限，制造业转型升级和创新创业对金融产品产生的多元化、个性化需求，未能通过新金融企业得到满足。

受区域经济、社会发展水平低以及企业竞争力不强等因素的影响，供应链金融服务供给不足。东部地区的互联网金融企业在提供金融服务时，主要覆盖区域经济发达的东部地区，为西部地区企业提供金融服务缺乏积极性。根据中国人民大学互联网研究中心的调查数据，2018 年被调研的供应链金融服务企业中，有 78% 的企业做到了全国覆盖，其中仅有 1% 的企业业务区域范围扩张到了西部地区。具体见图 6-21。

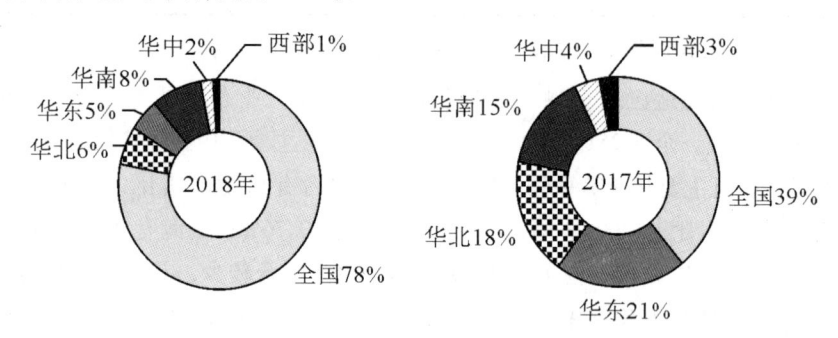

图 6-21 被调研企业的供应链金融业务覆盖区域

数据来源：万联供应链金融研究院. 2018 中国供应链金融调研报告［R/OL］. http://www.360doc.com/content/18/1127/08/50699188_797484244.shtml.

（三）新金融生态脆弱，交易契约环境有待优化

首先，互联网金融的基础设施供给不足，主要表现为互联网金融的信用体系不健全、中央银行征信系统不开放、第三方征信数据积累不足、自建信用审核系统能力有限。在征信系统等基础设施滞后以及风险事件频发的情况下，投资人对互联网金融的发展存在疑虑，西部地区互联网金融企业因规模小、知名度低而对投资者缺乏吸引力，吸纳资金的能力有限。

其次，西部地区互联网金融企业的监管能力建设滞后，导致监管缺位，抗风险能力有限。新金融企业进行混业创新的趋势增强，模糊了监管的边界[①]。

---

① 中国信息通信研究院，云计算与大数据研究所. 数字普惠金融发展白皮书（2019）［R/OL］. http://www.199it.com/archives/963693.html.

比如，一些跨领域经营的互联网企业，持有网络支付、保险、基金销售等多种金融牌照，涉及多个监管部门的业务监管，造成现有的金融监管体系和风险防控能力难以满足发展的需要。

本章对西部地区银行业、资本市场、新金融的事实与特征进行分析，以揭示西部地区金融发展的具体特征。研究表明：

（1）银行业方面。西部地区银行业规模稳健增长，银行业结构以大型商业银行为商业银行主体，中小金融机构不足，民营银行和外资银行欠缺；银行业金融机构网点布局逐步下沉，普惠服务力度进一步加大；存贷款余额平稳增长，银行业金融机构经营总体稳健；同时，西部地区各省份积极落实民营、小微企业金融服务政策，民营、小微企业贷款融资边际改善，服务工业和科技创新提质增效。

（2）资本市场方面。西部地区资本市场在场内市场、场外市场和债券市场方面虽高速增长，但与中、东部地区的绝对差距仍然巨大。在场内市场方面，西部地区在主板和创业板的股权融资规模呈现出较明显的波动趋势，在股权融资规模和上市公司数量上与东部地区相比存在明显差距且差距正逐渐扩大。在场外市场方面，西部地区新三板市场呈现出快速发展势头，融资规模与中、东部地区仍有差距，但差距趋于不断缩小；挂牌企业数量总体上呈现出不断增加的趋势，但在全国的占比仍然偏低，反映出西部地区新三板市场的发展还远远落后于东部地区；区域性股权交易中心几乎覆盖西部各省份，但挂牌企业数量与中、东部地区存在明显差距。在债券市场方面，信用债融资已逐渐成为西部地区企业融资的一种十分重要的方式；西部地区债券融资额度高速增长，但与东部地区的绝对差距仍然巨大。

（3）新金融发展方面。西部地区在新金融覆盖广度、使用深度、数字支持服务等方面快速提升，但也存在不少问题：新金融企业数量少，创新能力不足；新金融服务存在供需错位；新金融生态脆弱、交易契约环境有待优化等。

第七章　银行业提升西部地区实体经济质量支持效率的测度与评价

上一章从银行业、资本市场和新金融角度分析了西部地区金融发展的事实与特征。从本章至第十章，我们将进一步实证分析金融支持对西部地区实体经济质量提升的影响。具体来说，第七章至第九章，分别从银行业、资本市场出发，考察传统金融对西部地区实体经济质量的影响，第十章则考察新金融对西部地区实体经济质量的影响。

本章将运用 DEA 方法实证测度与评价银行业对西部地区实体经济质量的支持效率，并将其与东部、中部地区进行比较，从而揭示银行业对西部地区实体经济质量支持效率的具体特征。

第一节　评价方法

本章运用 DEA—Malmquis 指数方法来测度与评价西部地区实体经济质量。Malmquis 指数可以用来考察跨时期的多投入和多产出变量间的动态生产效率，并由此测定效率（TFP）的变化，其核心思想是使用距离函数的比率来计算投入产出效率。Malmquist 指数可以进一步将 TFP 分解为两个部分：技术效率变化和技术进步变化，而技术效率变化又可被进一步细分为规模效率变化和纯技术效率变化。

通过 TFP，可以考察银行业对西部地区实体经济质量的整体支持效率；而对 TFP 的分解，又可以进一步对整体支持效率中的技术效率和技术进步的变动情况进行考察，从而揭示推动整体支持效率增长的内在因素。

在前面的第五章已经对 Malmquist 指数的计算公式进行了阐述，此处不再赘述。结合前面的分析可知：假定技术效率变化为 EFFCH，技术进步效率变化为 TECH，规模效率变化为 SECH，纯技术效率变化为 PECH，则 TFP 为 EF-

FCH 与 TECH 的乘积，EFFCH 为 SECH 与 PECH 的乘积。

一般而言，TFP 大于 1，则意味着银行业对西部地区实体经济质量的总体支持效率有所提高；其小于 1，则表明总体支持效率降低。

一般而言，EFFCH 大于 1，则意味着银行业对西部地区实体经济质量支持的技术效率有所提高；其小于 1，则表明支持的技术效率降低。

一般而言，TECH 大于 1，则意味着银行业对西部地区实体经济质量支持的技术进步效率有所提高；其小于 1，则表明支持的技术进步效率降低。

同理，一般而言，SECH>1，意味着支持存在规模效率；PECH>1，意味着管理或制度的完善使得支持的纯技术效率有所提高。

第二节 指标选取和数据来源

一、指标选取

现有文献在研究金融资源的效率时，大多从金融资源配置的角度出发探索金融资源的配置效率。如蔡则祥和武学强分析金融服务实体经济的发展效率时，选用的金融资源投入指标是金融从业人员数量、金融机构数量以及社会融资规模等[1]；王纪全和张晓燕等选用的金融资源投入指标包括证券市场融资额、保险费和存贷款等[2]；孙爱军等选用的金融资源投入指标包括上市公司股票总市值、银行贷款余额和保费收入[3]。

借鉴现有研究，本节在测算 DEA—Malmquis 指数来评价银行业对西部地区实体经济质量的支持效率时，选用的投入指标包括：银行存贷基准比（地区银行业存贷款总额与西部地区 12 个省份银行业存贷总额的比值）、银行业贡献率（地区银行业生产总值与地区生产总值的比率）、银行业相关比率（地区贷款余额与地区生产总值的比率）、资本充足率（地区资本净额与表内、表外风险加权资产期末总额之比）。而选用的产出指标用地区创新指数来表示。

具体指标如表 7-1 所示。

---

[1] 蔡则祥，武学强. 新常态下金融服务实体经济发展效率研究：基于省级面板数据实证分析[J]. 经济问题，2017（10）：20-31.

[2] 王纪全，张晓燕，刘全胜. 中国金融资源的地区分布及其对区域经济增长的影响[J]. 金融研究，2007（6）：100-108.

[3] 孙爱军，蒋彧，方先明. 金融支持经济发展效率比较：基于 DEA-Malmquist 指数方法的分析[J]. 中央财经大学学报，2011（11）：36-41.

表 7-1　银行业对西部地区实体经济质量支持效率测度的指标体系

银行业对西部地区实体经济质量的支持研究	投入指标	银行存贷基准比
		银行业贡献率
		银行业相关比率
		资本充足率
	产出指标	创新指数

二、数据来源

在分析过程中，地区创新指数来自复旦大学产业发展研究中心寇宗来和刘学悦发布的《中国城市和产业创新力报告》，具体操作时将城市层面的数据加权处理成省级层面的数据。其他指标数据来自 2008—2018 年《中国区域金融运行公报》和《中国统计年鉴》。在分析过程中，为了与东部地区和西部地区进行比较，具体测度 Malmquis 指数时，我们使用的是中国 31 个省（港澳台地区除外）2008—2018 年的年度面板数据。

第三节　测度结果与评价分析

运用上述指标和数据，可以测算出银行业对西部地区实体经济质量的支持效率。我们具体用银行业对西部地区实体经济质量支持的 Malmquist 指数来表示，同时还可以对其进行分解。以下将从具体的时间变化趋势、西部地区的区域差异以及与东部地区和中部地区的比较等几个方面展开分析。

一、银行业提升西部地区实体经济质量支持效率的整体趋势

我们通过测算银行业对西部地区实体经济质量支持的 Malmquist 指数，并对西部地区各省份取平均值，得出不同年份银行业对西部地区实体经济质量支持效率。具体如表 7-2 所示。

总体上，银行业对西部地区实体经济质量支持效率波动较大，整体呈现出下降的趋势。以表 7-2 中 TFP 作为银行业对西部地区实体经济质量支持效率的综合指标，可以看出，2008—2018 年，TFP 均值为 0.907 4（小于 1），说明近年来银行业对西部地区实体经济质量的支持效率处于下降趋势，相比于 2008 年，2018 年银行业对西部地区实体经济质量的支持效率下降了 9.26%，

反映出西部地区在一定程度上存在着银行业金融抑制和信贷资源的错配。

表 7-2　银行业对西部地区实体经济质量支持效率

年份	EFFCH	TECHCH	PECH	SECH	TFP
2008—2009 年度	0.791 3	0.647 8	0.985 0	0.790 3	0.521 0
2009—2010 年度	0.924 0	1.101 9	0.969 2	0.936 8	1.035 1
2010—2011 年度	1.096 0	1.237 6	0.952 5	1.131 4	1.381 1
2011—2012 年度	0.925 0	0.569 2	0.985 9	0.922 1	0.535 7
2012—2013 年度	0.919 1	1.045 9	0.987 9	0.914 2	0.978 1
2013—2014 年度	1.096 0	0.894 5	0.983 0	1.096 0	0.997 7
2014—2015 年度	1.028 2	1.236 6	0.958 4	1.054 8	1.293 6
2015—2016 年度	0.920 1	0.632 1	0.999 7	0.904 4	0.590 8
2016—2017 年度	1.029 2	0.839 5	0.999 7	1.012 5	0.878 8
2017—2018 年度	0.965 3	0.877 8	0.980 1	0.968 3	0.862 1
均值	0.969 4	0.908 2	1.021 3	0.973 0	0.907 4

图 7-1 较为直观地反映了 2008 年以来银行业对西部地区实体经济质量的支持效率，可以看出确实呈现出波动明显的变动趋势。但同时也显示出，2016 年以来，银行业对西部地区实体经济质量支持效率一直处于较低的状态且还在持续走低。具体来说，西部地区 2010 年银行业支持实体经济质量的效率是提高的，增幅为 32.6%；2012 年是下降的，降幅为 14.8%；2013 年银行业支持实体经济质量的效率是上升的，增长了 27.9%；2015 年也是上升的，但 2016 年银行业支持实体经济质量的效率又以 55.5% 的幅度下降，之后几年便一直保持效率较低的状态。

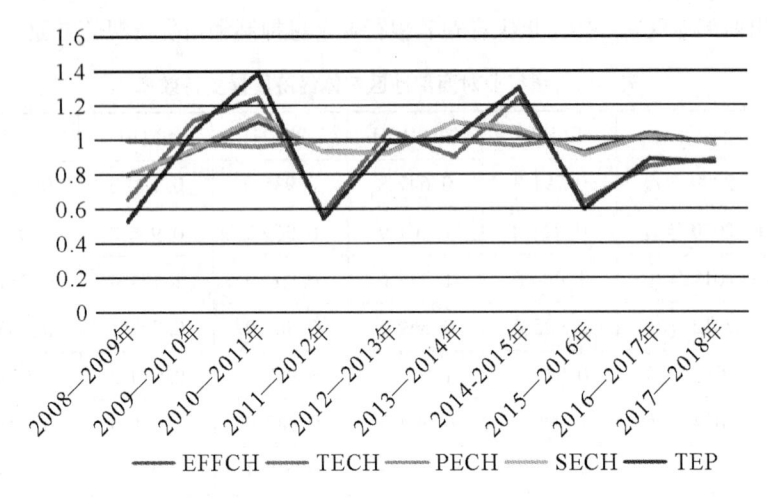

图 7-1　西部地区银行业对西部地区实体经济质量支持效率的变化趋势

具体到银行业支持西部地区实体经济质量 Malmquist 指数的各分解指标上：

在技术效率变化 EFFCH 指数方面，2008—2018 年，技术效率变化 EFFCH 指数的均值为 0.969 4，反映出 2008 年以来技术效率变化呈现出下降的趋势。从图 7-1 还可以看出，技术效率变化 EFFCH 指数与规模效率变化 SECH 指数呈现出几乎完全相同的变化趋势，而规模效率变化 SECH 指数的均值也是低于 1 的，说明银行业支持西部地区实体经济质量的技术效率主要来源于规模效率的显著下降，也反映出西部地区银行资产规模、银行业结构还有待优化，服务实体经济质量力度有待增大。具体到各年中，2010—2011 年、2013—2014 年、2014—2015 年及 2016—2017 年是大于 1 的，银行业支持西部地区实体经济质量的技术效率分别提高了 9.6%、9.6%、2.82%、2.92%，但整体而言提高不大，其余 7 个时间段的技术效率指数均小于 1，其中 2008—2009 年银行业支持西部地区实体经济质量技术效率下降最大，为 20.87%。

在技术进步变化 TECHCH 指数方面，虽然 2009—2010 年、2010—2011 年、2012—2013 年、2014—2015 年的技术进步变化指数大于 1，但其余 6 个时间段的技术进步变化指数均小于 1，尤其是 2008—2009 年、2011—2012 年、2015—2016 年的技术进步变化指数仅为 0.647 8、0.569 2、0.632 1，虽然 2014—2015 年破 1，达到了 1.236 6，但是从 2016 年开始就一直处于下降的趋势，2008—2018 年的技术进步变化指数均值为 0.908 2，表明 2008 年全球金融危机对西部地区负面影响较大，国内外宏观环境的不稳定给西部地区实体经济发展、银行业发展带来较大的影响，区域风险的提高导致加大了资源错配，西部地区银行业支持实体经济质量的技术进步变化指数下降。

二、银行业提升西部地区实体经济质量支持效率的区域差异

通过将西部地区各省份银行业支持实体经济质量的 Malmquist 指数取平均值,可以对 2008—2018 年间西部地区银行业对实体经济质量的支持效率进行区域比较。具体如表 7-3 所示。

总体来看,西部地区各省份银行业支持实体经济质量的效率呈现出地区不均衡的现象。2008—2018 年,平均来看,只有重庆市银行业支持实体经济质量的效率大于 1(数值为 1.121 1),其他省份的支持效率均小于 1,反映出其他省份引导银行业支持实体经济质量提升的成效有待加强,同样反映出重庆市近年来促进银行业支持实体经济高质量发展取得了显著成效。

具体到各省份,2008—2018 年,西部地区银行业支持实体经济质量的效率呈现出三大梯度:第一梯度为总效率大于 1 的省份,只有重庆市;第二梯度为总效率在 0.6 到 1 之间的省份,主要有陕西、四川、云南、贵州、广西、甘肃、青海、新疆;第三梯度为总效率低于 0.6 的省份,分别为宁夏、内蒙古、西藏。综合分析以上三个梯度还可发现,银行业支持实体经济质量的效率高的省份,其银行存贷基准比更高,也就是金融资源投入越大。金融资源投入越大,规模效率越能发挥更大的功效,银行业支持实体经济质量提升的规模作用越是凸显。但由表 7-3 中各省份银行业支持实体经济质量 TFP 的数据普遍低于 1 的情形可以看出,西部地区可能普遍存在着金融资源投入不足导致银行业支持实体经济质量效率下降的现象。

表 7-3　西部地区各省份银行业对实体经济质量支持效率及其分解

省份	EFFCH	TECHCH	PECH	SECH	TFP
陕西	1.055 3	0.975 4	1.048 0	1.049 1	0.987 8
四川	1.039 7	0.986 8	1.041 8	1.039 7	0.984 7
云南	1.025 2	0.973 3	1.012 7	1.054 3	0.957 7
贵州	1.029 3	0.880 9	1.030 4	1.040 8	0.870 5
广西	1.041 8	0.921 4	1.131 8	1.041 8	0.921 4
甘肃	1.041 8	0.993 0	1.041 8	1.041 8	0.993 0
青海	1.030 4	0.960 8	1.042 8	1.029 8	0.950 5
宁夏	0.876 8	0.698 2	1.002 8	0.676 8	0.587 2

表7-3(续)

省份	EFFCH	TECHCH	PECH	SECH	TFP
新疆	1.041 8	0.935 9	1.031 8	1.041 8	0.935 9
内蒙古	1.041 8	0.946 3	1.012 8	0.441 8	0.546 3
重庆	1.041 8	1.009 6	1.041 8	1.041 8	1.121 1
西藏	1.031 8	0.572 4	0.937 0	0.532 0	0.569 3

三、与中、东部地区银行业提升实体经济质量支持效率比较

我们利用测算出的银行业支持实体经济质量的 Malmquist 指数，还可以将西部地区与中、东部地区进行比较。中部地区银行业对实体经济质量的支持效率如表7-4所示，东部地区银行业对实体经济质量的支持效率如表7-5所示。

表7-4 中部地区银行业对实体经济质量支持效率

年份	EFFCH	TECH	PECH	SECH	TFP
2008—2009 年度	1.067 3	0.472 2	1.017 7	1.085 9	0.486 7
2009—2010 年度	1.019 8	1.023 9	1.026 0	1.030 1	1.007 4
2010—2011 年度	1.041 5	0.881 3	1.050 8	1.026 0	0.885 5
2011—2012 年度	1.042 5	1.044 6	1.058 0	1.020 8	1.050 8
2012—2013 年度	1.035 3	1.287 3	1.040 4	1.031 1	1.086 3
2013—2014 年度	0.947 5	0.999 1	0.986 7	0.993 9	0.913 4
2014—2015 年度	1.086 9	0.943 3	1.048 7	1.073 5	0.788 8
2015—2016 年度	0.993 9	1.631 4	0.982 6	1.047 7	1.165 2
2016—2017 年度	1.124 1	0.477 4	1.120 0	1.039 4	1.117 7
2017—2018 年度	1.039 9	0.973 4	1.036 8	1.038 7	0.936 9
均值	1.039 9	0.973 4	1.036 8	1.038 7	0.943 9

表7-5 东部地区银行业对实体经济质量支持效率

年份	EFFCH	TECH	PECH	SECH	TFP
2008—2009 年度	0.981 0	0.838 0	0.954 0	1.031 0	0.820 0
2009—2010 年度	1.013 0	1.035 0	0.988 0	1.028 0	1.045 0

表7-5(续)

年份	EFFCH	TECH	PECH	SECH	TFP
2010—2011年度	1.005 0	0.890 0	1.021 0	0.987 0	0.891 0
2011—2012年度	1.035 0	0.858 0	1.029 0	1.009 0	0.886 0
2012—2013年度	1.037 0	1.095 0	1.043 0	0.997 0	1.132 0
2013—2014年度	0.995 0	1.488 9	0.981 0	1.018 0	1.477 9
2014—2015年度	1.023 0	0.647 1	1.041 0	0.986 0	0.660 1
2015—2016年度	1.025 0	0.871 0	1.009 0	1.019 0	0.890 0
2016—2017年度	1.017 0	0.897 0	1.009 0	1.011 0	0.909 0
2017—2018年度	1.014 0	0.935 0	1.008 0	1.009 0	0.945 0
均值	1.014 5	0.955 5	1.008 3	1.009 5	0.965 6

整体而言，西部地区银行业对实体经济质量的支持效率要低于中、东部地区，我国银行业支持实体经济质量的效率呈现出由东部到西部的高低分布（如图7-2所示）。东部地区对实体经济质量支持效率的均值为0.965 6、中部地区对实体经济质量支持效率的均值为0.943 9，西部地区对实体经济质量支持效率的均值为0.907 4，均小于1，反映出我国东、中、西三个地区银行业对实体经济质量的支持效率在2008—2018年整体上是下降的，但下降的幅度不同，东部地区整体下降了3.76%，中部地区整体下降了3.64%，西部地区整体下降了9.26%。相比之下，西部地区银行业对实体经济质量支持效率的下降幅度最大。

	EFFCH	TECH	PECH	SECH	TEP
■西部地区	0.969 4	0.908 2	0.980 1	0.973 0	0.907 4
■中部地区	1.039 9	0.973 4	1.036 8	1.038 7	0.943 9
■东部地区	1.014 5	0.955 5	1.008 3	1.009 5	0.965 6

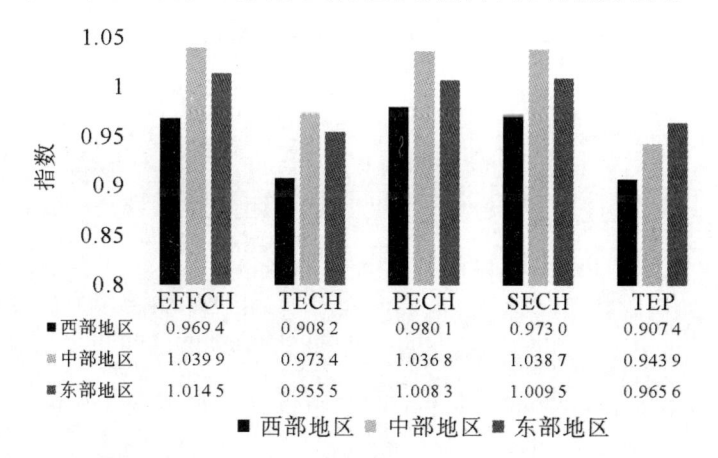

图7-2 西、东、中部地区Malmquist指数及其分解

本章运用 DEA 方法实证测度与评价了银行业对西部地区实体经济质量提升的支持效率，并将其与中、东部地区进行了比较。

研究发现，总体上，银行业对西部地区实体经济质量支持效率波动较大，整体呈现出下降的趋势。特别是 2016 年以来，银行业对西部地区实体经济质量的支持效率一直处于较低的状态且还在持续走低，反映出西部地区在一定程度上存在着银行业金融抑制和信贷资源的错配。同时，银行业支持西部地区实体经济质量的技术效率变化主要来源于规模效率的显著下降，也反映出西部地区银行资产规模、银行业结构还有待优化，服务实体经济质量的力度有待加大。

实证结果还表明，西部地区各省份银行业支持实体经济质量的效率存在地区不均衡的现象。2008—2018 年，平均来看，只有重庆市银行业支持实体经济质量的效率大于 1，其他省份的支持效率均小于 1。就东、中、西部地区比较而言，我国银行业支持实体经济质量的效率呈现出由东部到西部的高低分布，西部地区银行业对实体经济质量的支持效率要低于中、东部地区。

第八章 银行业金融抑制、政府干预对西部地区实体经济质量提升的影响

上一章分析了银行信贷对西部地区实体经济质量的支持效率。本章将在上一章的基础上,进一步探讨银行业对西部地区实体经济质量提升的影响。

长期以来,中国存在较为明显的金融抑制现象,资本市场不发达,银行信贷是企业外源融资的主要来源,而在银行体系里也一直是国有银行占主体地位。在国有工业企业、国有金融机构与地方政府之间存在广泛的非经济关联的特定制度背景下,大量的信贷资金流向了国有工业部门而不是非国有工业部门。这直接影响了银行信贷资源的最优配置,进而对实体经济的发展也产生了重要影响。西部地区也不例外。当前,已有不少研究分析了银行业金融抑制对经济增长方式转型或全要素生产率的影响[1][2],但银行业金融抑制对实体经济质量的影响,则仍有待更为全面的研究。如:银行业金融抑制是否影响了实体经济的全要素生产率?银行业金融抑制是否实体经济产能过剩的重要因素?也就是说,银行业金融抑制是否影响了实体经济的无效和低端供给、有效和中高端供给?

基于此,本章将实证分析银行业金融抑制对西部地区实体经济质量的影响,并探讨这种影响是否和政府干预有关。

---

[1] 张军,金煜. 中国的金融深化和生产率关系的再检测:1987—2001 [J]. 经济研究,2005(11):34-45.
[2] 张憬,沈坤荣. 地方政府干预、区域金融发展与中国经济增长方式转型:基于财政分权背景的实证研究 [J]. 南开经济研究,2008 (6):122-141.

第一节 研究假设

银行信贷资源的配置效率影响着企业的融资成本与融资水平,对实体经济的资源配置产生了极为重要的作用。大量的研究表明,提高银行信贷资源在企业间的优化配置,可以促进实体经济资源错配程度降低,进而有利于新企业、新产业和新业态的诞生,并最终提高实体经济的全要素生产率。而银行业金融抑制则会造成企业间人才数量的错配与资本的错配,对高效率的企业进入市场形成阻碍,进而造成全要素生产率的损失。银行业金融抑制会造成信贷市场的分割,并形成严重不良影响:不受青睐企业很难获得信贷资金,而受青睐企业则可以低于市场价获得信贷资金。这种市场分割可能会产生道德风险,使得难以获得融资的企业的设备更新、研发投入等受到限制,而受青睐企业则可能会盲目地重复投资,造成产能过剩和信贷资源浪费,也不利于效率的提升。此外,多数立足中国现实的研究,也指出中国确实存在较为严重的银行业金融抑制现象,实体经济中最具潜力的民营企业发展受到融资约束的抑制,往往得不到有效的信贷支持。而民营部门获得的银行信贷却对全要素生产率的提高有着重要的促进作用。上述现象,在西部地区也不例外。基于此,本章提出以下假设8.1:银行业金融抑制不利于西部地区实体经济质量的提升。

中国银行体系中的金融抑制,无不与地方政府的干预行为有关。而地方政府金融干预行为的一个重要原因是地方政府事权与财权的不对等以及转轨期"弱财政、强金融"的格局[①]。一方面,地方政府承担着提供区域内公共物品和服务、维护社会稳定、促进地区经济发展等多重重大责任,在财政支出无法由财政收入得到满足时,地方政府就会设法将银行信贷资源作为财政收入的替代品。而另外一方面,在"为增长而竞争"的政治晋升激励制度背景下,地方政府官员会致力于推动辖区经济增长来获得晋升机会。官员为晋升而竞争,使地方政府在承担大量公共支出责任的同时,还对基础设施、招商引资等事项特别感兴趣,这使得地方政府具有干预银行信贷资源的强烈动机。而过多的政府干预,会导致银行信贷资源进一步错配,银行业金融抑制的负面效应也更加

---

① 巴曙松,刘孝红,牛播坤. 转型时期中国金融体系中的地方治理与银行改革的互动研究[J]. 金融研究,2005(5):25-37.

剧烈。所以，我们还提出如下假设 8.2：政府干预越强，银行业金融抑制对实体经济质量的负向影响越大。

第二节 变量选择与模型构建

一、变量选择

(一) 被解释变量

本章分析金融抑制对西部地区实体经济质量的影响。被解释变量为西部地区实体经济质量，在实证分析过程中，用西部地区各省份的工业全要素生产率（TFP）和产能利用率（CU）来衡量，具体数据已由前文第六章测算出来。工业全要素生产率（TFP）是反映西部地区实体经济质量的综合指标，而产能利用率（CU）则反映着西部地区实体经济的产能过剩状况，即实体经济的无效和低端供给状况。

(二) 核心解释变量与调节变量

1. 金融抑制

与多数研究一致，银行业金融抑制（ROSE）主要用西部地区各省份国有经济部门贷款占总贷款的比重来衡量。由于正式统计中并没有公布各地区国有经济部门获得的信贷数据。因此，沿袭师博和沈坤荣[①]、刘瑞明[②]等的分析思路，从各地区全部金融机构贷款中剥离出国有经济贷款份额。假定各地区全部金融机构贷款可以分解为国有经济部门和非国有经济部门获得的贷款，同时二者信贷的获得比例与其固定资产投资比例相对应。分解全部信贷的方程为：$Loan_{it} = \alpha + \gamma SOE_{it} + \mu_i + \varepsilon_{it}$。其中，Loan 为各地区全部金融机构贷款占 GDP 比重，SOE 为各地区固定资产总投资中国有经济部门所占的比重，γSOE 即为国有经济部门所获得的贷款份额，也即本章对金融抑制进行度量的主要变量。在上述模型中，还可以用各地区国有工业总产值比重来分解银行信贷，也可以测算出国有经济部门贷款占总贷款的比重，此时的银行业金融抑制变量用 RJRYZ 来表示。

此外，除了采用上述方法估计出来的银行业金融抑制数据，笔者还利用樊纲等的《中国市场化指数》中"各地区信贷资金分配的市场化"程度来度量

[①] 师博，沈坤荣. 政府干预、经济集聚与能源效率 [J]. 管理世界，2013 (10): 6-18, 187.
[②] 刘瑞明. 金融压抑、所有制歧视与增长拖累：国有企业效率损失再考察 [J]. 经济学，2011 (2): 603-618.

银行业金融抑制程度并进行稳健性检验①。该变量是一个反向指标，如果各地区信贷资金分配的市场化程度越低，则意味着金融抑制程度越高。

2. 政府干预程度

我们借鉴通用做法，政府干预程度用地方政府财政支出占地方生产总值的比重来衡量，记为 GOV_{it}。

（三）控制变量

具体来说，选择4个影响因素作为控制变量，以确保实证结果的科学性和准确性：①金融发展水平（Fin）：采用西部地区各省份信贷总额占 GDP 比重代表。②互联网普及率（Ib）：以互联网接入端口数取对数衡量。③对外开放水平（Open）：以西部各省份进出口总额占地区 GDP 的比重来代表。④产业结构（Ind）：使用第一、二、三产业产值占地区总产值比重衡量，分别记为 Ind1、Ind2 和 Ind3。

二、模型构建

根据前面的理论假设，我们构造如下基本检验模型：

$$TFP_{it} = \beta_0 + \beta_1 \cdot ROSE_{it} + \beta_2 \cdot GOV_{it} + \beta_3 \cdot FIN_{it} + \beta_4 \cdot CPI_{it} \\ + \beta_5 \cdot OPEN_{it} + \beta_6 \cdot IND1_{it} + \beta_7 \cdot IND2_{it} + \beta_8 \cdot IND3_{it} + \xi \tag{8.1}$$

$$TFP_{it} = \beta_0 + \beta_1 \cdot RJRYZ_{it} + \beta_2 \cdot GOV_{it} + \beta_3 \cdot FIN_{it} + \beta_4 \cdot CPI_{it} + \\ \beta_6 \cdot OPEN_{it} + \beta_7 \cdot IND1_{it} + \beta_8 \cdot IND2_{it} + \beta_9 \cdot IND3_{it} + \xi \tag{8.2}$$

$$CU_{it} = \beta_0 + \beta_1 \cdot ROSE_{it} + \beta_3 \cdot GOV_{it} + \beta_4 \cdot FIN_{it} + \beta_5 \cdot CPI_{it} \\ + \beta_6 \cdot OPEN_{it} + \beta_7 \cdot IND1_{it} + \beta_8 \cdot IND2_{it} + \beta_9 \cdot IND3_{it} + \xi \tag{8.3}$$

$$CU_{it} = \beta_0 + \beta_1 \cdot RJRYZ_{it} + \beta_2 \cdot GOV_{it} + \beta_3 \cdot FIN_{it} + \beta_4 \cdot CPI_{it} \\ + \beta_5 \cdot OPEN_{it} + \beta_6 \cdot IND1_{it} + \beta_7 \cdot IND2_{it} + \beta_8 \cdot IND3_{it} + \xi \tag{8.4}$$

其中，i 表示省份，t 表示时间。TFP 和 CU 代表实体经济质量，ROSE、RJRYZ、GOV_{it} 代表西部地区银行业金融抑制与政府干预。同时模型还控制了 FIN（金融发展水平）、CPI（通货膨胀率）、OPEN（对外开放水平）、IND（产业结构）等变量。

为了进一步验证前文的假设，我们采用金融抑制与政府干预做交乘项进一步分析，得到如下方程：

---

① 樊纲，王小鲁，朱恒鹏. 中国市场化指数：各地区市场化相对进程2011报告 [M]. 北京：经济科学出版社，2011：282.

$$TFP_{it} = \beta_0 + \beta_1 \cdot ROSE_{it} + \beta_2 \cdot GOV_{it} + \beta_3 \cdot ROSE_{it} \cdot GOV_{it} \\ + \beta_4 \cdot FIN + \beta_4 \cdot IND + \beta_5 \cdot IND1_{it} + \beta_6 \cdot IND2_{it} + \beta_7 \cdot IND3_{it} + \xi \quad (8.5)$$

$$TFP_{it} = \beta_0 + \beta_1 \cdot RJRYZ_{it} + \beta_2 \cdot GOV_{it} + \beta_3 \cdot RJRYZ_{it} \cdot GOV_{it} \\ + \beta_4 \cdot FIN + \beta_5 \cdot IND + \beta_6 \cdot IND1_{it} + \beta_7 \cdot IND2_{it} + \beta_8 \cdot IND3_{it} + \xi \quad (8.6)$$

$$CU_{it} = \beta_0 + \beta_1 \cdot ROSE_{it} + \beta_3 \cdot GOV_{it} + \beta_4 \cdot ROSE_{it} \cdot GOV_{it} \\ + \beta_5 \cdot FIN + \beta_6 \cdot IND + \beta_7 \cdot IND1_{it} + \beta_8 \cdot IND2_{it} + \beta_9 \cdot IND3_{it} + \xi \quad (8.7)$$

$$CU_{it} = \beta_0 + \beta_1 \cdot RJRYZ_{it} + \beta_2 \cdot GOV_{it} + \beta_3 \cdot RJRYZ_{it} \cdot GOV_{it} \\ + \beta_4 \cdot FIN + \beta_5 \cdot IND + \beta_6 \cdot IND1_{it} + \beta_7 \cdot IND2_{it} + \beta_8 \cdot IND3_{it} + \xi \quad (8.8)$$

第三节 数据来源与描述性统计

本章基于西部地区 2001—2016 年 12 个省份面板数据进行分析，主要数据来源于 2002—2017 年《中国统计年鉴》、2002—2017 年《中国区域金融运行公报》、各省国民经济和社会运行公报及各省统计年鉴、wind 数据库等。

其中工业产能利用率和工业全要素生产率由第六章测算得到。西部地区工业产能利用率数据如表 8-1 所示。

表 8-1 西部 12 省份工业产能利用率　　　　单位:%

年份	甘肃	广西	贵州	内蒙古	宁夏	青海	陕西	四川	新疆	云南	重庆	西藏
2000	0.40	0.39	0.39	0.28	0.56	0.22	0.34	0.36	0.34	0.39	0.46	0.25
2001	0.40	0.37	0.35	0.30	0.46	0.22	0.32	0.36	0.31	0.38	0.48	0.26
2002	0.39	0.39	0.35	0.29	0.43	0.22	0.31	0.38	0.27	0.39	0.50	0.26
2003	0.30	0.39	0.34	0.28	0.38	0.21	0.30	0.38	0.24	0.37	0.57	0.25
2004	0.30	0.42	0.33	0.36	0.51	0.22	0.32	0.42	0.24	0.42	0.63	0.29
2005	0.40	0.43	0.33	0.32	0.50	0.24	0.32	0.47	0.24	0.47	0.63	0.28
2006	0.34	0.44	0.29	0.35	0.41	0.24	0.31	0.53	0.24	0.45	0.61	0.29
2007	0.37	0.39	0.31	0.34	0.40	0.23	0.32	0.54	0.22	0.44	0.65	0.29
2008	0.34	0.37	0.31	0.33	0.38	0.27	0.32	0.59	0.22	0.43	0.66	0.30
2009	0.29	0.37	0.27	0.36	0.30	0.22	0.36	0.58	0.17	0.36	0.69	0.29
2010	0.24	0.37	0.25	0.34	0.29	0.20	0.39	0.54	0.15	0.33	0.67	0.27
2011	0.26	0.43	0.31	0.37	0.21	0.21	0.30	0.60	0.15	0.34	0.81	0.29
2012	0.24	0.45	0.29	0.32	0.21	0.21	0.28	0.52	0.14	0.33	0.73	0.27
2013	0.25	0.48	0.29	0.29	0.21	0.21	0.34	0.46	0.12	0.28	0.67	0.25
2014	0.23	0.52	0.32	0.26	0.21	0.19	0.26	0.45	0.11	0.24	0.69	0.22
2015	0.21	0.56	0.34	0.26	0.21	0.17	0.27	0.47	0.10	0.23	0.65	0.21
2016	0.19	0.53	0.34	0.25	0.20	0.17	0.27	0.45	0.10	0.24	0.63	0.21

计量模型中涉及的变量定义如表 8-2 所示，变量描述性统计如表 8-3 所示。

表 8-2 变量定义及其说明

变量类型	变量名称	变量符号	说明	数据来源
被解释变量	产能利用率	CU	西部 12 省份产能利用率	计算所得
	全要素生产率	TFP	西部 12 省份全要素生产率	计算所得
核心解释变量	金融抑制	$ROSE_{it}$	用国有固定资产投资占全社会固定资产投资比重测算得到	银保监会官网和各省份统计局
		$RJRYZ_{it}$	用国有工业占工业总产值比重测算得到	Wind 数据库
	政府干预	GOV_{it}	i 地区在第 t 年中财政支出占地方生产总值的比重	《中国分省份市场化指数报告》
控制变量	金融发展水平	FIN	西部地区各省份信贷总额占 GDP 比重	银保监会官网和各省份统计局、Wind 数据库
	通货膨胀率	CPI	通货膨胀率=（现期物价水平-基期物价水平）/基期物价水平	各省份统计局、Wind 数据库
	对外开放水平	OPEN	西部各省份进出口总额占地区 GDP 的比重	银保监会官网和各省份统计局、Wind 数据库
	产业结构	IND	使用第一、二、三产业产值占地区总产值比重衡量，分别记为 IND1、IND2 和 IND3	银保监会官网和各省份统计局、Wind 数据库

表 8-3 变量的描述性统计

变量	平均值	标准误	最小值	最大值
TFP	1.806	0.809	0.751	4.399

表8-3(续)

变量	平均值	标准误	最小值	最大值
CU	0.346	0.133	0.101	0.808
ROSE	0.259	0.077	0.128	0.532
RJRYZ	0.345	0.101	0.14	0.526
GOV	0.329	0.239	0.12	1.379
FIN	0.011	0.003	0.005	0.021
CPI	1.026	0.021	0.979	1.101
OPEN	0.106	0.056	0.036	0.33
IND1	0.146	0.045	0.073	0.27
IND2	0.444	0.069	0.204	0.584
IND3	0.409	0.054	0.322	0.556

第四节 实证结果与讨论

一、金融抑制、政府干预与全要素生产率的关系实证研究

以工业全要素生产率度量西部地区实体经济质量，采用固定效应模型对数据进行回归，基本回归结果如表8-4所示。

表8-4中模型（1）、模型（2）仅加入了银行业金融抑制、政府干预和控制变量；而模型（3）、模型（4）则除了在模型中加入银行业金融抑制、政府干预外，还加入了银行业金融抑制和政府干预的交乘项 ROSE×GOV、RJRYZ×GOV，以分析政府干预在金融抑制对西部地区实体经济质量提升中的调节作用。

表8-4 金融抑制、政府干预与全要素生产率关系回归

变量	模型（1）	模型（2）	模型（3）	模型（4）
ROSE	−2.194** (0.878)		−2.272 (1.242)	
RJRYZ	−6.364*** (0.643)	−6.365*** (0.538)		−8.7*** (0.67)
GOV	−1.044*** (0.344)	−1.463* (0.247)	−2.802*** (0.88)	−3.352*** (0.46)

表8-4(续)

变量	模型(1)	模型(2)	模型(3)	模型(4)
FIN	25.673* (14.581)	10.643* (14.134)	23.209 (14.471)	43.323*** (13.255)
CPI	-0.741* (1.249)	-1.759* (1.842)	-0.753* (1.236)	-0.826* (1.113)
OPEN	0.613* (0.642)	0.576* (0.671)	0.542* (0.636)	0.862* (0.573)
IND1	-95.426 (76.222)	-114.53 (117.209)	-82.944 (75.632)	-53.433 (68.207)
IND2	-88.626 (76.338)	-110.262 (117.21)	-76.548 (75.732)	-46.283 (68.314)
IND3	-89.36 (76.171)	-114.762 (117.137)	-76.961 (75.578)	-47.863 (68.154)
ROSE×GOV			-5.689** (2.626)	
RJRYZ×GOV				-3.155*** (1.359)
_cons	94.108 (76.273)	117.871 (117.342)	82.487 (75.653)	125.634 (117.267)
Observations	192	192	192	192
R-squared	0.812	0.733	0.612	0.788

注：标准误已标注在括号里。*** $p<0.01$，** $p<0.05$，* $p<0.1$。

由表8-4可知，在模型（1）、模型（2）中，银行业金融抑制对于西部地区工业全要素生产率的影响显著为负，反映出银行业金融抑制不利于西部地区实体经济质量的提升，这验证了前文的假设8.1。同时，政府干预也不利于全要素生产率的增长。在控制变量中，金融发展水平能够大大提高西部地区全要素生产率，而通货膨胀水平抑制了全要素生产率增长，但是影响不是很大，此外，产业结构与西部地区全要素生产率不相关。

表8-4中，模型（3）、模型（4）分别以ROSE×GOV、RJRYZ×GOV作为交乘项，分析政府干预的调节效应，从模型（3）回归结果可知，ROSE×GOV的系数为-5.689，在5%水平上显著，说明了政府干预越强，银行业金融抑制对西部地区工业全要素生产率增长的负面效应越大。同样的，从模型（4）中可以分析发现，RJRYZ×GOV的系数为-3.155，在1%水平上显著，进一步说明了政府干预越强，银行业金融抑制对实体经济质量的负向影响越大。这验证了前文的假设8.2。

二、金融抑制、政府干预与工业产能利用率的关系实证研究

我们以工业产能利用率度量西部地区实体经济质量，采用固定效应模型对数据进行回归，基本回归结果如表8-5所示。

同样，表8-5中模型（5）、模型（6）仅加入了银行业金融抑制、政府干预和控制变量；而模型（7）、模型（8）则除了在模型加入了银行业金融抑制、政府干预，还加入了银行业金融抑制和政府干预的交乘项ROSE×GOV、RJRYZ×GOV，以分析政府干预在金融抑制对西部地区工业产能利用率影响中的调节作用。

表8-5 金融抑制、政府干预与工业产能利用率关系回归

变量	模型（5）	模型（6）	模型（7）	模型（8）
ROSE	-0.639*** (0.14)		-0.436** (0.199)	
RJRYZ		-0.946*** (0.101)		-0.158* (0.12)
GOV	-0.244*** (0.055)	-0.429*** (0.047)	-0.429*** (0.141)	-0.198** (0.082)
FIN	0.222* (2.322)	0.725* (2.665)	0.482* (2.322)	0.575* (2.372)
CPI	0.019 (0.199)	0.65 (0.347)	0.018 (0.198)	0.021 (0.199)
OPEN	0.572*** (0.102)	0.645*** (0.127)	0.565*** (0.102)	0.567*** (0.103)
IND1	24.447** (12.139)	11.604** (22.098)	25.765** (12.138)	23.606* (12.205)
IND2	25.159** (12.157)	11.809 (22.099)	26.434** (12.154)	24.311** (12.224)
IND3	24.331** (12.131)	12.073 (22.085)	25.64** (12.129)	23.50* (12.196)
ROSE×GOV			-1.633** (0.421)	
RJRYZ×GOV				-0.183* (0.243)

表8-5(续)

变量	模型（5）	模型（6）	模型（7）	模型（8）
_cons	−24.44** (12.147)	−12.047* (22.123)	−25.667** (12.141)	−23.605* (12.213)
Observations	192	192	192	192
R-squared	0.627	0.533	0.712	0.633

注：标准误已标准在括号里。*** $p<0.01$，** $p<0.05$，* $p<0.1$。

由表8-5可知，在模型（5）、模型（6）中，银行业金融抑制对于西部地区工业产能利用率增长的影响显著为负，说明银行业金融抑制不利于西部地区工业产能利用率的提升，相反还会造成产能过剩，这也验证了前文的假设8.1。同时，政府干预也不利于工业产能利用率的增长，其系数为−0.244，在1%水平上显著。控制变量中产业结构能够大大提高西部地区产能利用率。金融发展水平及对外开放也促进了西部地区产能利用率的提高。此外，通货膨胀率对产能利用率的影响不显著。

模型（8）、模型（9）分别以ROSE×GOV、RJRYZ×GOV作为交乘项，分析政府干预的调节效应。从模型（8）的分析结果可知，ROSE×GOV的系数为−1.633，在5%水平上显著，说明了政府干预加大了银行业金融抑制对西部地区产能利用率的负面效应。同样的，从模型（9）中可以分析发现，RJRYZ×GOV的系数为−0.183，在1%水平上显著，同样说明政府干预加大了银行业金融抑制对西部地区产能利用率的负面影响。这进一步验证了前文的假设8.2。

三、稳健性检验

首先，为了检验银行业金融抑制、政府干预对西部地区实体经济质量提升影响的稳健性，笔者进一步利用樊纲等《中国市场化指数》中的"各地区信贷资金分配的市场化"来度量银行业金融抑制程度（此时变量名称为Credit-mk），并同样分析其对西部地区实体经济质量提升的影响。

回归时，我们分别采取固定效应模型及系统广义矩估计（SYS-GMM）方法进行稳健性检验，结果如表8-6所示。

表 8-6 信贷资金分配、政府干预与西部地区实体经济质量提升

变量	模型（9） TFP FE	模型（9） TFP SYS-GMM	模型（10） CU FE	模型（10） CU SYS-GMM	模型（11） TFP FE	模型（11） TFP SYS-GMM	模型（12） CU FE	模型（12） CU SYS-GMM
Creditmk	2.464*** (0.933)	3.078* (1.698)	0.946*** (0.101)	0.401* (0.301)	3.843** (1.635)	5.958* (8.038)	0.948*** (0.176)	0.170* (3.143)
GOV	-6.365*** (0.538)	-0.262* (0.669)	-0.244*** (0.055)	-0.200* (0.118)	-3.349* (0.676)	-1.845* (2.842)	-0.198** (0.082)	-0.227* (2.700)
FIN	10.643* (14.134)	55.63 (53.07)	0.482* (2.322)	-13.02* (8.998)	2.926 (15.98)	105.6 (58.96)	0.575* (2.372)	2.370* (8.131)
CPI	-1.759* (1.842)	-2.115 (3.305)	0.018 (0.198)	0.967** (0.377)	-1.686* (1.838)	2.675 (3.682)	0.021 (0.199)	0.715 (0.640)
OPEN	0.576* (0.671)	1.700* (2.364)	0.565*** (0.102)	0.222 (0.567)	0.78* (0.699)	-0.216 (2.014)	0.567*** (0.103)	0.165* (0.764)
IND1	-114.53 (117.209)	-52.10* (844.5)	25.765** (12.138)	24.72 (72.90)	-122.629 (117.156)	726.2 (1,410)	23.606* (12.205)	3.136 (119.5)
IND2	-110.262 (117.21)	-46.90 (842.0)	26.434** (12.154)	25.03 (73.09)	-118.434 (117.162)	730.9 (1,408)	24.311** (12.224)	2.740 (119.7)
IND3	-114.762 (117.137)	-47.01 (839.8)	25.64** (12.129)	25.86 (72.99)	-122.787 (117.08)	729.6 (1,407)	23.5* (12.196)	3.611 (119.6)
Creditmk×GOV					-3.155* (3.078)	-4.560** (9.896)	-0.183* (0.243)	-1.167* (7.663)

第八章 银行业金融抑制、政府干预对西部地区实体经济质量提升的影响

表8-6(续)

变量	模型 (9)		模型 (10)		模型 (11)		模型 (12)	
被解释变量	TFP		CU		TFP		CU	
估计方法	FE	SYS-GMM	FE	SYS-GMM	FE	SYS-GMM	FE	SYS-GMM
L.TFP	117.871 (117.342)	0.817* (0.396)				0.612* (0.941)		
L.CU			82.487 (75.653)	0.934* (1.179)	125.634 (117.267)		−23.605* (12.213)	0.858** (0.388)
_cons		0 (0)		1.240 (110.6)		−1.480 (4.576)		0 (0)
AR(1)检验P值		0.031		0.005		0.022		0.041
AR(2)检验P值		0.122		0.423		0.838		0.983
Hensen检验P值		0.413		0.612		0.124		0.242

注：标准误差已标注在括号里。*** $p<0.01$，** $p<0.05$，* $p<0.1$。

由于系统广义矩估计方法能更好地规避潜在的内生性问题,因此主要基于方程 GMM 结果进行分析。分别采用 Arellano—Bond 检验和 Hansen 检验模型设置的合理性和工具变量的有效性。模型(9)、模型(10)、模型(11)、模型(12)的 Hansen 检验显示,工具变量都是有效的。AR(1)、AR(2)统计变量显示,差分后的残差项存在一阶自相关,但不存在二阶自相关,模型设置合理。由模型(9)、模型(10)的实证结果可知,西部各地区信贷资金分配的市场化程度越高,政府干预越少,越有助于实体经济质量的提升,进而进一步支持了上文的结论。同时,政府干预对西部地区实体经济质量的影响也为负。在控制变量中,金融发展和通货膨胀率的影响不显著,其余的控制变量都显著;方程(11)、方程(12)加入了信贷资金分配与政府干预的交乘项,基于方程 GMM 结果进行分析可知,政府干预越多,信贷资金分配的市场化对实体经济质量的影响越小,这进一步支持了前面模型的假设。

在上一章的基础上,本章利用西部地区省级面板数据,实证分析了银行业金融抑制、政府干预与西部地区实体经济质量之间的关系,从另外的角度分析了银行业发展对西部地区实体经济质量提升的影响。研究发现:银行业金融抑制对于西部地区工业全要素生产率、产能利用率的影响显著为负,反映出银行业金融抑制不仅不利于西部地区工业全要素生产率的提升,还不利于西部地区工业产能利用率的提升。银行业金融抑制对西部地区实体经济质量提升产生着显著的负面影响。同时,政府干预又进一步加剧了银行业金融抑制对西部地区实体经济质量的负面影响,政府干预越强,银行业金融抑制的负面效应越明显。

研究结论显示,为促进西部地区实体经济质量提升,应进一步强化银行业信贷资源的优化配置,减少银行业金融抑制,同时也应减少政府对金融资源的干预,让银行信贷资源配置给最有活力的企业。

第九章 资本市场支持对西部地区实体经济质量提升的作用的实证分析——基于制造业上市企业数据

党的十九届四中全会通过的《中共中央关于坚持和完善中国特色社会主义制度、推进国家治理体系和治理能力现代化若干重大问题的决定》指出，要加强资本市场基础制度建设，为中国资本市场未来的发展指明了方向。习近平总书记要求，"要把发展直接融资放在重要位置，形成融资功能完备、基础制度扎实、市场监管有效、投资者合法权益得到有效保护的多层次资本市场体系"。按照新时代资本市场的发展方针，资本市场要始终以服务实体经济为根本发展方向，着力提升上市公司质量。我国资本市场自建立以来，服务实体经济的力度不断加大，直接融资的功能不断增强。

上市企业作为资本市场的主要微观主体，尤其是制造业上市企业，其发展状况和发展质量，直接关系着我国实体经济的发展水平和发展质量[1]。而创新是企业发展的灵魂，是企业高质量发展的标配。在我国资本市场发展初期，资本市场被定义为"企业圈钱的场所"，资本市场并不能发挥其应有的功能作用[2]。为了从实证上研究资本市场对企业创新的影响，当前已有不少研究考察企业在首次公开发行（IPO）前后的表现，以考察企业上市对创新的影响。例如 Bernstein 等[3]论证了 IPO 对企业创新的影响。他们运用双重差分法对上市企业与撤回 IPO 申请并保持私有化的企业创新进行比较，由于获得资本的机会增

---

[1] 安宁. 推动经济高质量发展需要一个更强大的资本市场 [J]. 中国金融家, 2018 (2): 141.
[2] 朱云, 吴文锋, 吴冲锋, 等. 融资受限、大股东"圈钱"与再发行募集资金滥用 [J]. 管理科学学报, 2009 (5): 104-110, 112-113, 143.
[3] BERNSTEIN, SHAI. Does Going Public Affect Innovation? [J]. The Journal of Finance, 2015, 70 (4): 1365-1403.

加,实证结果显示上市促进了 IPO 公司的创新。同样,李云鹤等[1]也运用双重差分法对我国创业板市场上成功上市的企业与终止上市企业的创新进行比较,实证结果也显示企业上市行为显著推进了企业创新。为了进一步研究资本市场对创新的影响,刘端等[2]研究了我国制造业上市企业股权增发对企业创新的影响,结果显示,我国制造业上市企业的股权增发对企业创新也有显著影响。

在当前我国资本市场处于深度改革的关键时期,我国区域金融发展水平存在差异的基础上,在前述研究的基础上,本章将分析资本市场对我国西部实体经济质量的推动作用,实体经济质量则主要体现为制造业上市企业的创新发展方面。与其他学者研究的不同之处在于,本研究没有运用双重差分法对上市企业与非上市企业或者终止上市企业进行对比分析,因为上市企业与非上市企业本身存在差距,通过建立模型对比可能会产生自我选择偏误问题。对于上市企业来讲,直接融资是资本市场主要的功能之一,也是推动企业创新的关键因素。不少企业的直接融资形式只有 IPO。企业上市后,IPO 融资额高的企业获得更多的资金,其创新水平会不会更高?这是本章的研究目标之一,即验证西部地区制造业上市企业 IPO 融资额的高低会不会显著影响企业创新。本章的研究目标之二,参考刘端[3]的做法,探讨西部地区制造业企业上市后,股权增发会不会对企业创新有显著影响?是否与刘端基于全国制造业数据的研究结论一致?这都是本章需要去解决和论证的问题。

第一节 研究假设

创新活动对企业来讲是一个时间跨度较长且创新投入回报不确定的企业活动,如果使用企业内部资金参与企业创新活动,一方面会加大企业资金压力,另一方面也会给企业带来较大的经营风险。Hsu et al.[4]认为利用外部资本参与企业创新活动具有明显优势,可以充分发挥资本市场资金的直接融资和资源

---

[1] 李云鹤,黄雨薇,马圣杰.上市促进了企业创新吗?:来自创业板制造业企业的经验证据[J].南方经济,2018,346(7):62-77.

[2] 刘端,陈诗琪,陈收.制造业上市公司的股权增发、外部融资依赖对企业创新的影响[J].管理学报,2019(8):11.

[3] 刘端,陈诗琪,陈收.制造业上市公司的股权增发、外部融资依赖对企业创新的影响[J].管理学报,2019(8):11.

[4] HSU P H, TIAN X, XU Y. Financial development and innovation: Cross-country evidence[J]. Journal of Financial Economics, 2014, 112(1): 116-135.

配置功能。鉴于创新在促进经济增长方面的关键作用[①]，程展和陈志武[②]认为正是因为美国发达的资本市场推进了美国企业的研发投入，从而使得美国成为世界科技领先的强国。对于资本市场上的投资者来讲，他们更愿意关注企业创新带来的长期发展，因此也愿意为企业的创新活动提供融资。而且对于缺乏资金的中小企业而言，资本市场的外部股权融资对中小企业研发投资具有明显的促进作用[③][④]。资本市场可以推动社会资源实现有效配置，将社会闲散资金聚集到社会的优质企业（上市企业）中，从而推进企业的创新发展[⑤]，使资本市场成为企业创新投资的重要融资渠道[⑥]。而且上市也有助于降低信息不对称程度，提升企业透明度，从而推进企业创新[⑦]。这意味着企业在资本市场上市后，通过IPO融资获得的资金额度越高，越会促进企业的创新。基于此，本章提出以下有待检验的研究假设：

假设9.1：在其他条件不变的情况下，西部地区制造业上市企业的IPO融资额与企业的创新投入存在正相关关系。

假设9.2：在其他条件不变的情况下，西部地区制造业上市企业的IPO融资额与企业的创新产出存在正相关关系。

虽然创新投入产生的结果具有较强的不确定性，但是企业的创新投入与创新产出具有明显的正向关系。从企业创新投入到创新产出，中间具有复杂的影响机制，每种因素最终都会影响企业的创新产出，例如行业特征以及所处的宏观经济环境等，当然，企业自身特性以及融资状况等微观因素也会对企业的创

---

① SOLOW R M. Technical Change and the Aggregate Production Function [J]. Reviews of Economics and Statistics, 1957, 39 (3): 312-320.

② 程展，陈志武：中国创新企业可借力美国资本市场 [J]. 企业改革与管理, 2014 (6): 145.

③ 夏冠军，陆根尧. 资本市场促进了高新技术企业研发投入吗：基于中国上市公司动态面板数据的证据 [J]. 科学学研究, 2012, 30 (9): 1370-1377.

④ HSU P H, TIAN X, XU Y. Financial development and innovation: Cross-country evidence [J]. Journal of Financial Economics, 2014, 112 (1): 116-135.

⑤ PASTOR L, TAYLOR L A, VERONESI P. Entrepreneurial Learning, the IPO Decision, and the Post-IPO Drop in Firm Profitability [J]. Review of Financial Studies, 2009, 22 (8): 3005-3046.

⑥ BROWN J R, PETERSEN F B C. Financing Innovation and Growth: Cash Flow, External Equity, and the 1990s R&D Boom [J]. The Journal of Finance, 2009, 64 (1): 151-185.

⑦ JENSEN M C, MURPHY K J. Performance Pay and Top-Management Incentives [J]. Journal of Political Economy, 1990, 98 (2): 225-264.

新产出产生影响，Croitoru[1]认为资金雄厚的大企业更倾向于进行研发投入。李汇东等[2]通过实证研究证明了中国的上市公司运用资本市场上的外源融资会显著促进企业的创新投入，从而影响企业的创新产出。因此，上市企业在资本市场上的融资额度也在一定程度上影响着企业的创新投入到创新产出的转换，当上市企业在资本市场上的融资额度越高的时候，就越会对企业产生一种激励机制，从而促进企业的创新投入到创新产出的更有效率的转换。因此，本章又提出如下假设9.3：在其他条件不变的情况下，西部地区制造业上市企业的IPO融资额会更有效率地促进研发成果转化。

企业的创新投入不同于上市企业的其他生产经营投资行为，具有很强的不可逆转性和高昂的持续资金投入。持续的外部融资，有利于缓解企业创新投入的资金压力。上市企业的股权增发就是企业外部融资的一种重要途径。但是，倪敏等[3]认为中国上市公司进行股权增发的动机并不是基于投资好项目，而是基于"圈钱"动机，而这种"圈钱"动机主要基于两个资金用途：一是从上市企业角度来看，基于企业风险防范的储备资金；二是从大股东角度来看，基于个人利益最大化目标的资金占有[4]，从而阻碍了企业的创新投入和创新产出。张路等[5]认为资本市场对上市公司的股权增发具有严格的门槛限制，是否有权增发股权以及增发股权的多少与上市企业的经营业绩息息相关，当上市企业未来发展具有很大不确定性时，上市企业很有可能没有资格再向资本市场进行股权再融资。因此，上市企业会保留在资本市场上股权增发筹集到的资金以预防企业发展面临的不确定性风险，而不会将资金用于投资高、回报不确定的创新活动。而Kim[6]却认为股权再融资有利于促进企业的创新投入。因此，基于股权增发是否有利于促进企业的创新活动有着不同的观点。从实践来看，股

---

[1] CROITORU A. The Theory of Economic Development：An Inquiry into Profits, Capital, Credit, Interest and the Business Cycle [J]. Journal of Comparative Research in Anthropology and Sociology, 2012, 3 (1)：90-91.

[2] 李汇东，唐跃军，左晶晶.政府干预、终极控制权与企业雇佣行为：基于中国民营上市公司的研究 [J].财经研究, 2017 (7)：22-33.

[3] 倪敏，黄世忠.上市公司配股动机分析：圈钱还是投资好项目？[J].中南财经政法大学学报, 2013 (6)：87-96.

[4] 朱云，吴文锋，吴冲锋，等.融资受限、大股东"圈钱"与再发行募集资金滥用 [J].管理科学学报, 2009 (5)：104-110, 112-113, 143.

[5] 张路，罗婷，岳衡.超募资金投向、股权结构与现金股利政策 [J].金融研究, 2015, 425 (11)：146-162.

[6] KIM W, WEISBACH M S. Motivations for public equity offers：An international perspective [J]. 2008, 87 (2)：281-307.

权增发对于企业的创新活动产生积极影响是基于上市企业本身实力雄厚且发展潜力巨大,而对于本身实力不强的上市企业来说,股权增发筹集的资金主要被投入具有资金压力的项目或者以备不时之需,而较少被用于长远才能产生效益的创新活动。本章的研究对象是西部地区上市企业。西部地区乃我国欠发达地区,上市企业的规模以及资金实力总体还比较弱,因此,西部地区大部分上市企业通过股权增发筹集的资金在很大可能上不会对企业创新产生影响。因此,本章提出如下假设:

假设9.4:西部地区制造业上市企业的股权增发额与创新投入无显著关系。

假设9.5:西部地区制造业上市企业的股权增发额与创新产出无显著关系。

第二节 变量选择与模型构建

一、变量选择

(一)被解释变量

制造业上市公司的质量反映了实体经济发展的基本特征。从资本市场长期发展来看,资本市场对于制造业上市公司高质量发展的影响,在于推动制造业上市公司强化创新驱动发展导向,促使其成为引领地区先进制造业发展的排头兵。由此可以看出,资本市场对于制造业上市公司高质量发展的影响在于促进创新。在资本市场不断发展的过程中,制造业上市公司必须利用资源优势积极开展创新。只有创新才能为制造业上市公司提供发展的根本动力。因此本章选择制造业上市企业的创新指标作为实体经济质量的代理变量,而 Hsu et al.[1]、Bernstein[2]、袁建国等[3]等则主要选择专利申请量作为企业创新的衡量指标。由于本章所分析的实体经济质量是个综合指标,既包括投入也包括产出,因此我们参考陈红等[4]的做法,将创新指标主要选用两个指标来进行衡量,一个是

---

[1] HSU P H, TIAN X, XU Y. Financial development and innovation: Cross-country evidence [J]. Journal of Financial Economics, 2014, 112 (1): 116-135.

[2] BERNSTEIN, SHAI. Does Going Public Affect Innovation? [J]. The Journal of Finance, 2015, 70 (4): 1365-1403.

[3] 袁建国, 程晨, 后青松. 环境不确定性与企业技术创新:基于中国上市公司的实证研究 [J]. 管理评论, 2015, 27 (10): 60-69.

[4] 陈红, 纳超洪, 雨田木子, 等. 内部控制与研发补贴绩效研究 [J]. 管理世界, 2018, 34 (12): 155-170.

创新投入指标，即制造业上市企业的研发支出；一个是创新产出指标，即制造业上市企业的专利申请数量。

（二）核心解释变量

本章研究的是资本市场对西部地区实体经济质量提升的验证性研究，也就是验证资本市场对制造业上市企业创新的影响。资本市场对制造业上市公司的最直接影响就是发挥资本市场的融资功能，上市企业通过资本市场直接融资来解决创新活动的资金压力。上市公司在资本市场的融资主要有两种方式：一是首次公开发行（IPO），二是股权增发。因此，本章选择两个核心解释变量，一个是 IPO 融资额度的虚拟变量 ipo_d。IPO 融资额度在 5 亿元以上取值为 1，IPO 融资额度在 5 亿元以下取值为 0。为什么选择 5 亿元为分界点？因为通过样本数据的描述性统计可知，在现有样本条件下，5 亿元以下的上市企业数量接近一半。本章实证分析的目的在于验证 IPO 融资额与企业创新是否具有正相关关系，因此分界点的划分并不会影响实证的结论，而且后续为了进一步验证实证分析的结论，将通过划分不同的分界点进行稳健性检验。而另一个核心解释变量是股权增发的虚拟变量 seasoned，上市企业有股权增发行为取值为 1，没有股权增发行为取值为 0。

（三）控制变量

为了尽可能排除影响制造业上市企业创新投入和创新产出的其他因素，在参考任海云等[①]、陈红等[②]、赵琼薇等[③]、杨理强等[④]研究的基础上，我们选择了上市年限、公司规模、公司属性、资产负债率、每股收益、本科生人数作为控制变量。综上所述，本章涉及的具体变量及其含义见表 9-1 所示。

---

① 任海云，冯根福. 附属企业集团的上市公司技术创新能力更强吗？：来自中国制造业上市公司的经验证据 [J]. 中国软科学，2018，333（9）：135-142.

② 陈红，纳超洪，雨田木子，等. 内部控制与研发补贴绩效研究 [J]. 管理世界，2018，34（12）：155-170.

③ 赵琼薇，赵奇锋. 高管综合能力与技术创新：来自中国 A 股上市公司的证据 [J]. 现代管理科学，2019，317（8）：100-102，113.

④ 杨理强，陈少华，陈爱华. 内部资本市场提升企业创新能力了吗？：作用机理与路径分析 [J]. 经济管理，2019，41（4）：177-194.

表 9-1　变量定义及其说明

变量类型	变量名称	变量符号	变量说明
被解释变量	研发支出	lnrd	LN（企业当年研发支出数额）
	专利数量	lnpatent	LN（企业当年的专利数量）
解释变量	IPO融资额度	ipo_d	上市企业IPO融资额度小于5亿元取值为0 上市企业IPO融资额度大于等于5亿元取值为1
	股权增发	seasoned_d	上市企业没有股权增发行为取值为0 上市企业有股权增发行为取值为1
控制变量	公司规模	lnasset	LN（总资产）
	上市年限	lage	LN（当前年份-上市年份）
	公司属性	attribute	非国有企业和集体企业取值0 国有企业及集体企业取值1
	资产负债率	debt	企业的总负债/企业的总资产
	每股收益率	eps	每股收益率
	本科生人数	undergraduate	上市公司本科生人数总和

二、模型构建

根据前面的理论假设，本章目标是探究资本市场对西部地区实体经济质量提升的经验证据研究。由于资本市场对实体经济的影响主要体现在制造业上市公司，因此我们运用制造业上市企业的研发投入和专利数量两个指标来衡量实体经济的质量。资本市场的融资功能，我们运用上市企业IPO融资额度与股权增发两种方式来体现。为了检验资本市场对西部地区实体经济质量提升的支持，我们构造如下五个基本检验模型，其中模型（9.1）和模型（9.2）用于检验假设9.1和假设9.2，模型（9.3）用于检验假设9.3，模型（9.4）和模型（9.5）用于检验假设9.4和假设9.5。

$$\text{lnrd}_{it} = \alpha + \beta_1 \text{ipo\_d}_{it} + \beta_2 \text{lage}_{it} + \beta_3 \text{lnasset}_{it} + \beta_3 \text{attribute}_{it} + \beta_4 \text{debt}_{it} \\ + \beta_5 \text{eps}_{it} + \beta_6 \text{undergraduate}_{it} + \varepsilon_{it} \quad (9.1)$$

$$\ln(\text{patent})_{it} = \alpha + \beta_1 \text{ipo\_d}_{it} + \beta_2 \text{lage}_{it} + \beta_3 \text{lnasset}_{it} + \beta_3 \text{attribute}_{it} + \beta_4 \text{debt}_{it} \\ + \beta_5 \text{eps}_{it} + \beta_6 \text{undergraduate}_{it} + \varepsilon_{it} \quad (9.2)$$

$$\ln(patent)_{it} = \alpha + \beta_1 ipo\_d_{it} \times \ln rd_{it} + \beta_2 lage_{it} + \beta_3 \ln tasset_{it} + \beta_3 attribute_{it} +$$
$$\beta_4 debt_{it} + \beta_5 eps_{it} + \beta_6 undergraduate_{it} + \varepsilon_{it} \tag{9.3}$$

$$\ln rd_{it} = \alpha + \beta_1 seasoned\_d_{it} + \beta_2 lage_{it} + \beta_3 \ln asset_{it} + \beta_3 attribute_{it} + \beta_4 debt_{it}$$
$$+ \beta_5 eps_{it} + \beta_6 undergraduate_{it} + \varepsilon_{it} \tag{9.4}$$

$$\ln(patent)_{it} = \alpha + \beta_1 seasoned\_d_{it} + \beta_2 lage_{it} + \beta_3 \ln asset_{it} + \beta_3 attribute_{it} +$$
$$\beta_4 debt_{it} + \beta_5 eps_{it} + \beta_6 undergraduate_{it} + \varepsilon_{it} \tag{9.5}$$

第三节 数据来源与描述性统计

一、数据来源

本章以 2013—2018 年在深、沪证券交易所上市的制造业企业为研究样本。根据所属证监会行业名称，我们选择了属于制造业的上市企业，这些上市企业的归属地属于西部地区 12 个省份，相关数据均来自 Wind 数据库。

制造业上市企业的研发支出和其他相关的上市企业的财务数据都来自Wind 数据库中上市企业各年度年报，并进行搜集和整理。制造业上市企业的专利数据来自 Wind 的宏观数据库中由国家知识产权局发布的上市公司年度专利申请数据，并加以搜集和整理。

在选择行业样本的时候，我们根据所属证监会行业名称剔除了不是制造业的上市公司样本，然后总共搜集了西部 12 个省份共 259 家制造业上市公司 2013—2018 年共 1 554 个样本。本章研究的是资本市场对制造业上市公司创新的影响，而企业的创新是一项长期的活动，资本市场对于企业创新的影响不会立竿见影。为了真实地验证资本市场对于企业创新的影响，在样本选择上，我们剔除了在 2013 年以后才上市的企业，最终留下了 165 家上市企业共 990 个样本观测值。

二、描述性统计

表 9-2 为变量的描述性统计结果。

就主要变量的描述性统计而言，企业创新产出（lnpatent）均值为 3.618，最大值为 9.233，最小值为 0，标准差为 1.963，表明观测样本的创新产出的离散程度相对较大，这主要是因为有 9.5% 的样本上市企业没有创新产出，即没有专利申请数量。企业创新投入（lnrd）均值为 8.418，最大值为 12.854，最小值为 1.928，标准差为 1.719，同样表明观测样本的创新投入的离散程度也不低,但是低于创新产出的离散程度,说明我国西部地区制造业上市企业在研发投入上也存在差距,从另一个角度也说明了企业创新产出与创新投入相比对企业来讲是个更难的挑战。企业融资额度的虚拟变量(ipo_d)均值为 0.37,标准差 0.438,反映了离散程度比较低,这也解释了本研究在选择 IPO 融资额度划分以 5 亿元为界限设置虚拟变量,其主要目的是为了避免样本观测值离散程度太大。企业股权增发的虚拟变量(seasoned_d)均值为 0.745,标准差为 0.436,总体反映了样本企业中有股权增发行为的占 74.5%。

表 9-2 变量的描述性统计

变量	样本量	平均值	标准误	最小值	最大值
lnpatent	971	3.618	1.963	0	9.233
lnrd	990	8.418	1.719	1.928	12.854
ipo_d	990	0.37	0.483	0	1
Lage	990	12.354 55	6.115 054	1	25
seasoned_d	990	0.745	0.436	0	1
attributes	990	0.588	0.492	0	1
eps	990	0.331	1.519	-4.21	28.02
lnasset	990	5.9	0.983	0	6.892
debt	990	45.523	20.96	5.489	122.941
undergradute	990	1 198.781	2 217.905	0	18 128

第四节 实证结果与讨论

一、上市企业 IPO 融资额度与企业创新的回归分析

(一)基本回归结果与分析

为了验证西部地区企业 IPO 融资额与企业创新之间的关系,如表 9-3 所示,模型(1)、模型(2)就是对模型(9.1)和模型(9.2)的实证回归。通过组间检验发现,IPO 融资额在 5 亿元以上的企业和 5 亿元以下的企业在研发投入和专利数量的申请上存在显著差异,回归系数为正,反映了 IPO 融资额度在 5 亿元以上的企业无论在企业研发支出还是专利申请数量上都要明显高于

IPO 融资额度在 5 亿元以下的企业。因此实证检验结果证实了前面的理论假设 9.1 和假设 9.2，结论成立。

表 9-3　上市公司融资额与企业创新关系验证

变量	创新投入 （1） lnrd	创新产出 （2） lnpatent
ipo_d	1.279*** (5.59)	1.654*** (5.59)
lage	0.089 2*** (7.41)	0.111*** (10.41)
attributes	−0.120 (−0.55)	0.269 (0.93)
eps	0.017 4 (0.50)	0.017 7 (0.60)
debt	0.006 46** (2.67)	0.001 14 (0.56)
lnasset	0.053 8 (1.77)	0.014 5 (0.59)
undergradute	0.000 249*** (7.16)	0.000 137*** (4.18)
_cons	5.997*** (20.03)	1.160*** (3.65)
N	990	971

注：括号内为 T 值，*$p<0.10$，**$p<0.05$，***$p<0.01$，控制变量包括上市年限，因此在模型中并没有控制年度哑变量。

（二）稳健性检验

1. 扩展核心解释变量

为了进一步检验 IPO 融资额对企业创新的影响，我们对核心解释变量采用不同的表示方法，来进一步验证前文结论的稳健性，即对企业 IPO 融资额划分不同的临界点，以设置反映 IPO 融资额大小的虚拟变量。具体来说，引入两个虚拟变量：①ipo_d11，即企业 IPO 融资额度在 5 亿元至 10 亿元之间，ipo_d11 取值为 1，其他 ipo_d11 取值 0；②ipo_d12，即企业 IPO 融资额在 10 亿元以上，ipo_d12 取 1，其他 ipo_d12 取值 0。回归结果如表 9-4 所示。

表 9-4 中模型（3）的结果显示，ipo_d11 与 ipo_d12 对创新投入的影响

在1%水平上是显著的，进一步验证了西部地区制造企业IPO融资额度在5亿元以下与IPO融资额度在5亿元与10亿元之间以及10亿元以上三个区间对企业创新投入的影响有着显著的区别，而且系数都为正，说明融资额度越高，越会促进上市企业的创新投入。从回归系数来看，ipo_d11的系数为0.941，而ipo_d12的系数为1.795，进一步说明了融资额度越高，对创新投入的影响力度就越大。

同样，从表9-4中模型（4）可以看出，ipo_d11与ipo_d12对创新产出的影响在1%水平上是显著的，进一步验证了西部地区制造业上市公司IPO融资额度在5亿元以下与IPO融资额度在5亿元与10亿元之间以及10亿元以上三个区间对企业创新产出的影响有显著的区别，而且系数都为正，说明融资额度越高，越会促进上市企业的创新产出。此外，ipo_d11的系数为1.331，ipo_d12的系数为2.039，同样进一步说明了融资额度越高，对创新产出的影响力度就越大。

因此模型（3）和模型（4）的实证检验结果进一步证实了前面的假设9.1和假设9.2，结论成立，也同样进一步验证了前面模型（1）和模型（2）的结果具有稳健性。

表9-4 上市企业IPO融资额与企业创新关系（拓展核心解释变量）

变量	创新投入 （3） lnrd	创新产出 （4） lnpatent
ipo_d11	0.941*** (3.50)	1.331*** (3.75)
ipo_d12	1.795*** (6.00)	2.039*** (5.19)
lage	0.090 2*** (7.50)	0.112*** (10.44)
attributes	−0.121 (−0.56)	0.256 (0.89)
eps	0.011 0 (0.32)	0.015 5 (0.53)
debt	0.006 32** (2.62)	0.001 12 (0.55)

表9-4(续)

变量	创新投入 (3) lnrd	创新产出 (4) lnpatent
lnasset	0.051 8 (1.71)	0.013 9 (0.57)
undergradute	0.000 246*** (7.10)	0.000 135*** (4.14)
_cons	5.990*** (20.09)	1.164*** (3.66)
N	990	971

注：括号内为 T 值，* $p<0.05$，** $p<0.01$，*** $p<0.001$。

2. 控制地区固定效应

前面实证分析的样本来自我国西部地区12个省份制造业上市企业数据。由于每个省份的发展状况有区别，因此其上市企业的发展也有着一定的地区特色。为了进一步验证模型（1）和模型（2）的结果有没有受到地区效应的影响，我们在表9-5中的模型（5）和模型（6）中加入了地区效应。

从表9-5的回归结果来看，首先对比模型（5）与模型（1），模型（5）中变量 ipo_d 的系数在0.01%水平上显著，且系数估计值几乎没有差异，模型（1）的系数为1.279，模型（5）的系数为1.283，说明模型（1）的结论不受地区固定效应的影响。同样，对比模型（6）与模型（2），模型（6）中变量 ipo_d 的系数在0.01%水平上显著，且系数估计值与模型（2）中的没有太大变化，模型（2）的系数为1.654，模型（7）的系数为1.736，也同样说明模型（2）的结论不受地区固定效应的影响。

表9-5 上市企业IPO融资额对企业创新的影响（控制地区固定效应）

变量	(1) lnrd	(5) lnrd	(2) lnpatent	(6) lnpatent
ipo_d	1.279*** (5.59)	1.283*** (5.56)	1.654*** (5.59)	1.736*** (5.91)
lage	0.089 2*** (7.41)	0.097 4*** (8.01)	0.111*** (10.41)	0.115*** (10.76)

表9-5(续)

变量	(1) lnrd	(5) lnrd	(2) lnpatent	(6) lnpatent
attributes	-0.120 (-0.55)	-0.194 (-0.84)	0.269 (0.93)	0.136 (0.45)
eps	0.017 4 (0.50)	0.010 7 (0.31)	0.017 7 (0.60)	0.015 7 (0.54)
debt	0.006 46** (2.67)	0.007 13** (2.95)	0.001 14 (0.56)	0.001 45 (0.71)
lnasset	0.053 8 (1.77)	0.052 3 (1.73)	0.014 5 (0.59)	0.013 7 (0.56)
undergradute	0.000 249*** (7.16)	0.000 236*** (6.75)	0.000 137*** (4.18)	0.000 137*** (4.22)
地区固定效应	NO	YES	NO	YES
_cons	5.997*** (20.03)	5.890*** (12.97)	1.160*** (3.65)	-0.364 (-0.67)
N	990	990	971	971

注：括号内为T值，* $p<0.05$，** $p<0.01$，*** $p<0.001$。

3. 控制行业固定效应

由于实证分析的样本来自西部12个省份的制造业上市公司数据，而制造业上市公司又来自不同的行业，包括汽车制造业、医药制造业等十多个行业，不同行业发展均具有自身的特点。因此为了进一步验证模型（1）和模型（2）有没有受到行业固定效应的影响，我们在模型（7）和模型（8）中加入了行业固定效应，具体回归结果如表9-6所示。

从表9-6来看，对比模型（7）与模型（1），模型（7）中变量ipo_d的系数在1%水平上显著，且系数估计值模型（1）中几乎没有差异，模型（1）的系数为1.279，模型（7）的系数为1.256，说明模型（1）的结果具有稳健性。同样，对比模型（8）与模型（2），模型（8）中变量ipo_d的系数在1%水平上显著，且系数估计值与模型（2）几乎没有变化，模型（2）的系数为1.654，模型（8）的系数为1.649，同样说明模型（2）的回归结果具有稳健性。

表 9-6　上市企业 IPO 融资额对企业创新的影响（控制行业固定效应）

变量	（1） lnrd	（7） lnrd	（2） lnpatent	（8） lnpatent
ipo_d	1.279*** (5.59)	1.256*** (5.69)	1.654*** (5.59)	1.649*** (5.36)
lage	0.089 2*** (7.41)	0.090 7*** (7.61)	0.111*** (10.41)	0.112*** (10.42)
attributes	−0.120 (−0.55)	0.013 3 (0.06)	0.269 (0.93)	0.221 (0.69)
eps	0.017 4 (0.50)	0.043 3 (1.26)	0.017 7 (0.60)	0.027 8 (0.94)
debt	0.006 46** (2.67)	0.005 94* (2.45)	0.001 14 (0.56)	0.000 837 (0.41)
lnasset	0.053 8 (1.77)	0.056 5 (1.86)	0.014 5 (0.59)	0.016 2 (0.66)
undergradute	0.000 249*** (7.16)	0.000 237*** (6.89)	0.000 137*** (4.18)	0.000 139*** (4.21)
行业固定效应	NO	YES	NO	YES
_cons	5.997*** (20.03)	6.466*** (8.48)	1.160*** (3.65)	1.938 (1.81)
N	990	990	971	971

注：括号内为 T 值，*$p<0.05$，**$p<0.01$，***$p<0.001$。

4. 同时控制行业和地区固定效应

与前面的分析一样，我们在模型（9）和模型（10）中同时加入地区固定效应和行业固定效应，回归结果见表 9-7。从表 9-7 的回归结果来看，对比模型（9）与模型（1）、对比模型（10）与模型（2），ipo_d 的系数在 1%水平上是显著的，且系数估计值并没有太明显的变化，说明模型（1）与模型（2）的回归结果是稳健的，企业 IPO 融资额对企业的创新投入与创新产出确实具有显著的影响。

表 9-7　上市公司 IPO 融资额对企业创新的影响（同时控制地区和行业固定效应）

变量	（1） lnrd	（9） lnrd	（2） lnpatent	（1） lnpatent
ipo_d	1.279*** (5.59)	1.240*** (5.41)	1.654*** (5.59)	1.660*** (5.45)

表9-7(续)

变量	(1) lnrd	(9) lnrd	(2) lnpatent	(1) lnpatent
lage	0.089 2*** (7.41)	0.098 3*** (8.09)	0.111*** (10.41)	0.116*** (10.78)
attributes	−0.120 (−0.55)	−0.063 8 (−0.27)	0.269 (0.93)	0.006 62 (0.02)
eps	0.017 4 (0.50)	0.034 5 (1.00)	0.017 7 (0.60)	0.024 1 (0.82)
debt	0.006 46** (2.67)	0.006 26** (2.58)	0.001 14 (0.56)	0.000 997 (0.49)
lnasset	0.053 8 (1.77)	0.054 4 (1.80)	0.014 5 (0.59)	0.015 0 (0.62)
undergradute	0.000 249*** (7.16)	0.000 230*** (6.58)	0.000 137*** (4.18)	0.000 140*** (4.27)
_cons	5.997*** (20.03)	6.036*** (6.78)	1.160*** (3.65)	−0.391 (−0.33)
地区固定效应	NO	YES	NO	YES
行业固定效应	NO	YES	NO	YES
N	990	990	971	971

注：括号内为 T 值，* $p<0.05$，** $p<0.01$，*** $p<0.001$。

(三) 上市企业 IPO 融资额对企业创新投入到创新产出转变的调节作用

对企业来讲，企业创新投入的目的是实现创新产出，即企业研发支出的目标在很大程度上是为了实现企业专利数量的增加。不同的机制环境对企业的创新投入向创新产出转换会产生重要的影响。前面的实证分析反映了 IPO 融资额对上市企业的创新投入和创新产出有着积极影响，因此，我们拟做进一步论证：企业上市后，IPO 融资额度越大，企业的研发支出越大，那么企业上市后，资本市场会不会对上市公司产生激励机制？即通过 IPO 融资额对企业的创新投入到创新产出的转换有没有积极调节作用？

这种调节作用体现在表 9-8 模型 (11) 中 IPO 融资额与研发支出的交乘项，即 ipo_d × lnrd。如表 9-8 所示，模型 (11) 在控制其他变量之后，交乘项 ipo_d × lnrd 的系数为正，且在 1% 水平上显著，说明资本市场 IPO 融资额对上市企业的创新投入到创新产出的转换有着积极的调节作用，激励机制比较显著，进一步验证了前面的假设 9.3。如表 9-8 所示，模型 (12)、模型

(13)、模型（14）分别在模型（11）的基础上控制了地区固定效应、行业固定效应、同时控制地区和行业固定效应，从回归结果来看，交乘项 ipo_d × lnrd 的系数均为正，且都在 1% 水平上显著，而且 ipo_d × lnrd 的系数在模型（11）、模型（12）、模型（13）、模型（14）中分别为 0.195、0.198、0.19、0.187，没有太大的差别，说明模型（11）的回归结果具有稳健性。

表 9-8　上市企业 IPO 融资额对创新投入到创新产出的调节作用

变量	(11) lnpatent	(12) lnpatent	(13) lnpatent	(14) lnpatent
1.ipo_d	-0.285 (-0.52)	-0.223 (-0.41)	-0.224 (-0.40)	-0.180 (-0.32)
lnrd	0.091 0** (2.97)	0.084 8** (2.76)	0.086 7** (2.80)	0.082 3** (2.67)
ipo_d×lnrd	0.195*** (3.67)	0.198*** (3.74)	0.190*** (3.55)	0.187*** (3.52)
lage	0.088 8*** (8.07)	0.092 7*** (8.37)	0.090 6*** (8.16)	0.094 8*** (8.51)
attributes	0.295 (1.07)	0.169 (0.59)	0.202 (0.65)	0.001 26 (0.00)
eps	0.013 9 (0.48)	0.011 9 (0.41)	0.023 2 (0.80)	0.019 7 (0.68)
debt	0.000 139 (0.07)	0.000 441 (0.22)	-0.000 077 7 (-0.04)	0.000 085 2 (0.04)
lnasset	0.006 86 (0.28)	0.006 37 (0.26)	0.008 60 (0.36)	0.007 80 (0.32)
undergradute	0.000 108*** (3.32)	0.000 111*** (3.42)	0.000 114*** (3.45)	0.000 117*** (3.56)
_cons	0.855* (2.30)	-0.639 (-1.15)	1.640 (1.54)	-0.572 (-0.48)
地区固定效应	NO	YES	NO	YES
行业固定效应	NO	NO	YES	YES
N	971	971	971	971

注：括号内为 T 值，* $p<0.05$，** $p<0.01$，*** $p<0.001$。

二、上市企业股权增发额度与企业创新的回归分析

（一）基本回归结果与分析

为了验证西部地区制造业上市企业的股权增发额与企业创新之间的关系，即验证模型（9.4）和模型（9.5），我们将股权增发额取虚拟变量 seasoned_d，有股权增发行为，seasoned_d 取值为 1，没有股权增发行为，seasoned_d 取值为 0，以此验证股权增发额对企业创新是否具有显著影响。其基本回归结果见表 9-9。从模型（15）和模型（16）的结果来看，seasoned_d 变量系数在 0.1% 水平上都是不显著的，说明西部地区制造业上市企业的股权增发没有对创新产生显著影响，从而验证了前文假设 9.4 和假设 9.5 的结论成立。

表 9-9 上市公司股权增发对企业创新的影响

变量	（15） lnrd	（16） lnpatent
seasoned_d	-0.175 (-0.70)	-0.500 (-1.51)
lage	0.071 3*** (6.08)	0.101*** (9.47)
attributes	-0.191 (-0.85)	0.149 (0.50)
eps	0.028 3 (0.81)	0.023 4 (0.79)
debt	0.007 00** (2.84)	0.001 38 (0.67)
lnasset	0.057 6 (1.87)	0.017 0 (0.68)
undergradute	0.000 271*** (7.68)	0.000 152*** (4.61)
_cons	6.787*** (20.79)	2.310*** (6.19)
N	990	971

注：括号内为 T 值，* $p<0.05$，** $p<0.01$，*** $p<0.001$。

（二）稳健性检验

表 9-10 中，模型（17）、模型（18）、模型（19）分别在模型（15）的基础上控制了地区固定效应、行业固定效应、同时控制地区和行业固定效应，

以检验模型（15）结果的稳健性。从回归结果来看，股权增发的虚拟变量 seasoned 的系数为负，且不显著，与模型（15）的结论是一样的，说明模型（15）的回归结果具有稳健性，西部地区制造业上市企业股权增发额对企业的创新投入没有显著影响，进一步验证了假设9.4。

表9-10　上市企业股权增发额对企业创新投入影响的稳健性检验

变量	(15) lnrd	(17) lnrd	(18) lnrd	(19) lnrd
seasoned	−0.175 (−0.70)	−0.053 6 (−0.21)	−0.272 (−1.14)	−0.272 (−1.14)
lage	0.071 3*** (6.08)	0.079 1*** (6.68)	0.070 0*** (6.11)	0.070 0*** (6.11)
attributes	−0.191 (−0.85)	−0.258 (−1.09)	−0.102 (−0.46)	−0.102 (−0.46)
eps	0.028 3 (0.81)	0.021 7 (0.62)	0.054 3 (1.56)	0.054 3 (1.56)
debt	0.007 00** (2.84)	0.007 63** (3.11)	0.006 27* (2.55)	0.006 27* (2.55)
lnasset	0.057 6 (1.87)	0.055 8 (1.82)	0.061 2* (1.99)	0.061 2* (1.99)
undergradute	0.000 271*** (7.68)	0.000 256*** (7.22)	0.000 262*** (7.47)	0.000 262*** (7.47)
_cons	6.787*** (20.79)	6.873*** (14.82)	7.337*** (9.34)	7.337*** (9.34)
地区固定效应	NO	YES	NO	YES
行业固定效应	NO	NO	YES	YES
N	990	990	990	990

注：括号内为 T 值，* $p<0.05$，** $p<0.01$，*** $p<0.001$。

表9-11中，模型（20）、模型（21）、模型（22）分别在模型（16）的基础上控制了地区固定效应、行业固定效应、同时控制地区和行业固定效应。从回归结果来看，股权增发的虚拟变量 seasoned 系数为负，且不显著，与模型（16）的结论是一样的，说明模型（16）的回归结果具有稳健性，西部地区制造业股权增发对企业的创新产出没有显著影响，进一步验证了假设9.5。

表9-11 上市公司股权增发对企业创新产出影响的稳健性检验

变量	(16) lnpatent	(20) lnpatent	(21) lnpatent	(22) lnpatent
seasoned	−0.500 (−1.51)	−0.327 (−0.96)	−0.327 (−0.96)	−0.294 (−0.84)
lage	0.101*** (9.47)	0.101*** (9.43)	0.101*** (9.43)	0.105*** (9.78)
attributes	0.149 (0.50)	0.0297 (0.09)	0.0297 (0.09)	−0.230 (−0.67)
eps	0.0234 (0.79)	0.0337 (1.13)	0.0337 (1.13)	0.0299 (1.01)
debt	0.00138 (0.67)	0.000897 (0.43)	0.000897 (0.43)	0.00109 (0.53)
lnasset	0.0170 (0.68)	0.0189 (0.76)	0.0189 (0.76)	0.0178 (0.72)
undergradute	0.000152*** (4.61)	0.000154*** (4.59)	0.000154*** (4.59)	0.000155*** (4.65)
地区固定效应	NO	YES	NO	YES
行业固定效应	NO	NO	YES	YES
_cons	2.310*** (6.19)	2.989** (2.71)	2.989** (2.71)	0.979 (0.80)

注：括号内为 T 值，*$p<0.05$，**$p<0.01$，***$p<0.001$。

基于中国西部地区制造业上市公司2013—2018年的微观数据，本章实证分析了资本市场对西部地区实体经济质量提升的影响。具体来说，分析了西部地区上市企业IPO融资额、股权增发额对企业创新投入与创新产出的影响，并检验了上市企业IPO融资额对创新投入到创新产出转换的调节作用。在实证分析过程中，我们通过扩展核心解释变量，加入地区固定效应、行业固定效应以及同时加上地区和行业固定效应等多种手段，来检验结果的稳健性。

实证结果显示，资本市场IPO融资额对西部地区制造业上市企业的创新产出和创新投入有着显著的影响，制造业上市企业的IPO融资额越大，上市公司的创新投入力度就越大，创新产出成果就越多。而且资本市场的IPO融资额对于上市企业的创新投入到创新产出的转换具有明显的激励作用。除了分析资本市场IPO融资额对于上市企业的创新投入与创新产出的影响外，本章还进一步分析了企业的股权增发行为对于企业的创新投入与创新产出是否产生影响。研究结果显示，制造业上市企业的股权增发行为对于企业创新投入与创新产出没有显著影响，这一结果也在一定程度上反映了我国西部地区制造业上市企业的发展实力还不足，资金较为缺乏，股权融资的资金可能更多地被用于以备不时之需，而不是被用于企业创新活动。

第十章　新金融支持对西部地区实体经济质量提升的作用的实证分析

近年来，由于数字经济的快速发展、正规金融机构的供给不足和监管部门相对宽松的监管环境，通过利用移动终端和大数据分析两大技术工具支持金融决策、降低获客成本和风险控制成本、提高不同群体的金融服务可得性，新金融业态得到蓬勃发展。

2004年支付宝账户体系上线，标志着中国新金融发展的萌芽，经过十多年的发展，在国内已经发展形成了蚂蚁金服、京东金融、陆金所、众安保险等具有一定全球影响力的新金融公司，第三方支付、网贷、数字货币和数字保险等业务规模也处于全球前列。中国新金融业态的快速发展为小微企业、创新企业、供应链企业等提供了传统金融难以提供的服务，推动了实体经济的发展、复苏和转型（黄益平，2018）。

新金融业态近年来的发展实践表明，其发展模式具有低成本、广覆盖和可持续的普惠性等特征，为经济落后地区实现普惠金融赶超提供了可能，也为经济落后地区提供了形成后发优势和"弯道超车"的可能性（北京大学数字金融研究中心课题组，2019）。已有的研究文献讨论了新金融对经济增长、创新、创业等方面的影响，但新金融发展对西部地区实体经济质量方面的研究尚未引起人们足够的重视。

在第四章进行新金融支持对实体经济质量影响机理分析的基础上，本章拟采用北京大学数字普惠金融指数中的新金融相关数据来反映新金融发展水平，并运用2011—2018年西部地区城市面板数据进行实证研究，试图为分析新金融支持对西部地区实体经济发展质量的影响路径提供经验证据。

第一节 文献述评

已有关于金融发展与经济增长关系的研究表明，金融体系在实体经济的资本积累和技术创新等方面发挥着重要作用，进而促进了实体经济生产率的提高。但也有大量研究表明，传统金融的排斥性造成信贷配置扭曲，导致金融资源没有办法配置到经济中最有效率的部门，出现金融业发展程度越高对实体经济的贡献越不显著的现象。

近年来，自下而上的金融创新、新技术发展等因素的驱动和金融需求的拉动，促进了新金融的快速发展，研究其对经济发展的影响的相关成果也日渐增多。有关新金融对实体经济发展的影响研究，学术界有两种不同的观点。

一些学者从互联网金融出发，认为互联网金融的监管面临信息不对称、信用风险以及相关制度不健全等问题，互联网金融不利于金融稳定和经济发展（Kristin Hallberg，2008；陶娅娜，2013）；还有学者的研究表明，互联网金融业务在短期内对投资、消费及进出口等存在负向影响（周斌、朱桂宾 等，2017）。此外，部分研究者还认为，新金融自身发展存在问题使其对中小企业发展的支持有限。廖理、张伟强（2017）基于微观研究的结论认为，网络借贷市场中存在很强的信息不对称性，导致比传统金融更强的逆向选择与道德风险，Harrison（2013）、Mollick（2014）等人对众筹能否促进中小企业发展也提出了质疑。

但大多数学者认为，新金融的发展有利于提高实体经济效率和质量。以信息技术为支撑的新金融发展可以降低信息不对称程度和交易成本（谢平、邹传伟，2012），扩大金融服务的覆盖范围（郭峰，2019），提高小微企业对金融服务的可获得性，有效优化了金融资源的合理配置（王馨，2015）。新金融成为实现金融普惠的重要路径（石大龙，2017）。对蚂蚁金服的实证研究也进一步证实，基于大数据风险控制技术，蚂蚁金服为淘宝网商户提供的小微贷款，不仅对提高商户的交易量、销售额有显著的促进作用（Hau et al.，2017），还有助于商户更有效地应对其财务和经营冲击（Hau et al.，2018），因而对促进经济增长具有显著作用（郝云平、雷汉云，2018）。

还有研究表明，新金融的发展有助于推动经济结构的调整。基于大数据收集和处理与分析能力，不仅可以有效解决小微企业信用评估问题（Agarwal et al.，2008），还可以为中小企业开展精准营销提供支持，围绕供应链提供一体化服务，具有整合社会资源、实现信息共享的优势，从而提高企业创新发展能力。如殷小丽（2018）认为互联网金融能通过影响企业产品和技术升级以及消费者消费结构升级来促进产业结构升级。

部分研究者也指出，新金融对创业具有重要的推动作用。众筹、网贷等新金融模式可以提高金融服务的触达性，有助于降低创业融资成本（Mollick et al., 2014；Pierrakis et al., 2014）；互联网金融通过基于大数据信息的分析和处理，还可以活跃创业活动（陆岷峰、杨亮，2016），推动了商业发展模式创新进而衍生出新的创业机会（侯琳琳，2019）。谢绚丽等（2018）、张勋（2019）等的研究表明，新金融已经成为传统金融体系的有力补充，新金融的覆盖广度、使用深度和数字支持服务程度对创业有显著的促进作用。中国的新金融在落后地区的发展速度更快，而且显著提升了家庭尤其是农村低收入群体的收入，有助于改善农村居民的创业行为，带来创业机会的均等化，因此新金融具有包容性增长的传导机制。

综上所述，现有文献在新金融对实体经济发展的影响方面形成了丰富的研究成果，但对新金融与实体经济发展之间的关系仍未得到一致的结论，特别是关于新金融对实体经济质量的影响方面仍有待进一步深入研究。鉴于此，本章基于前文新金融对实体经济发展质量影响机理的理论分析，实证探索新金融是否促进了西部地区实体经济质量的提升。

第二节　变量选择与模型构建

一、变量选择

（一）被解释变量

模型中的被解释变量为实体经济质量。从发展的内涵看，创新能力的提升本身就是实体经济质量提高的表现，区域实体经济质量与其创新能力密切相关，因此，对于模型中实体经济质量，我们拟采用能够综合反映创新能力的综合指数来体现。具体来说，本章将使用城市创新指数（INN）作为表征城市实体经济质量的指标。

（二）核心解释变量

模型中的核心解释变量为新金融发展水平。本章采用北京大学数字普惠金融指数中的新金融数据来表征新金融发展水平，并以此分析其对西部地区实体经济质量提升的影响。

新金融运用信息化技术、新金融产品创新，提高了金融服务的可及性，降低了金融服务的成本，扩大了金融服务的覆盖范围，降低了金融排斥，具有较强的普惠性。该新金融指数的构建和计算，基于新金融及其普惠性特征，构建了涵盖新金融的覆盖广度、使用深度、数字支持服务程度3个一级指标，在这3个一级指标之下，又各自包含了多个二级指标和具体的三级指标。具体如表10-1所示。

表10-1 新金融指数测度指标体系

一级指标	二级指标	三级指标	
覆盖广度	账户覆盖率	每万人拥有支付宝账号数量	
		支付宝绑卡用户比例	
		平均每个支付宝账号绑定银行卡数	
使用深度	支付业务	人均支付笔数	
		人均支付金额	
		高频度（年使用50次以上）活跃用户数占年使用1次及以上比例	
	投资	每万人支付宝用户中参与互联网投资理财人数	
		人均投资笔数	
		人均投资金额	
	征信	每万人支付宝用户中使用基于信用的生活服务人数（包括金融、住宿、出行、社交等）	
		自然人征信人均调用次数	
	保险	每万人支付宝用户中被保险用户	
		人均保险笔数	
		人均保险金额	
	信贷	个人消费贷	每万人支付宝成年用户中有互联网消费贷的用户数
			人均贷款笔数
			人均贷款金额
		小微经营贷	每万人支付宝成年用户中有互联网小微经营贷的用户数
			小微经营者户均贷款笔数
			小微经营者户均贷款金额

表10-1(续)

一级指标	二级指标	三级指标
数字支持服务程度	便利性	移动支付笔数占比
		移动支付金额占比
	金融服务成本	小微经营者平均贷款利率
		个人平均贷款利率

数据来源：郭峰，王靖一，王芳，等.测度中国数字普惠金融发展：指数编制与空间特征［J］.经济学，2020（4）：1401-1418.

在覆盖广度方面，该维度的指标试图体现新金融在各方面对社会所有阶层和群体提供金融服务的可获得性、所覆盖的空间范围。

由于新金融服务受地域限制较小，具有较强的空间穿透力，因而其相对于传统金融服务具有更强的普惠性，可以克服传统金融机构服务不均衡的缺点。而新金融服务供给对经济活动产生的影响，取决于新金融用户在多大程度上能通过电子账户来获得所需要的金融服务。具体而言，我们采用每万人拥有支付宝账号数量、支付宝绑卡用户比例、平均每个支付宝账号绑定银行卡数等具体指标来度量新金融的覆盖广度。

在新金融使用深度方面，主要考虑金融服务的多层次性和多元化发展等特点，其具体指标的设计应当涵盖新金融服务的相关主要业务，这些业务主要包括新金融的银行信贷服务、数字支付服务、投资服务、保险服务、货币基金服务、信用服务等。针对各类业务实际使用新金融服务的情况，我们采用各类业务实际使用新金融服务人数总量指标（每万人支付宝用户中使用这些服务的人数），使用新金融的活跃程度指标（人均交易笔数）和新金融的使用深度指标（人均交易金额）等作为具体指标。

在数字支持服务程度方面，相对于传统金融服务，新金融具有便利性相对较高、获取服务的成本和门槛低等优势。因此，获得新金融服务的便利性及其成本是影响新金融服务覆盖面及其使用深度的主要因素。一般情况下，金融服务的移动化水平越高，获取新金融服务越便利，相应的，获得金融服务的成本越低（如贷款利率较低、获取贷款的交易成本低），则金融服务需求越多。

（三）控制变量

现有实证研究主要是从地区经济发展水平、人力资本状况、经济开放度、区域公共服务、传统金融服务可触达性等方面来控制影响实体经济质量的因素。因此，本研究在计量模型中，主要将地区经济发展水平、人力资本状况、经济开放度、区域公共服务、传统金融服务可触达性等因素作为影响实体经济发展的控制变量，进而分析新金融对实体经济发展质量的影响。这些因素中，地区经济发展水平用各地区人均 GDP 和产业结构高度化程度（非农产业产值占地区 GDP 比重）来体现；人力资本状况以各地区每万人在校大学生人数来体现；经济开放度用各地区 FDI 占当年地区 GDP 比重来体现；区域公共服务状况用影响区域技术创新的财政科技支出占财政预算支出比重来体现；传统金融服务可触达性用年末金融机构贷款余额占地区 GDP 比重来体现。具体变量及其含义见表 10-2 所示。

表 10-2　变量定义及其说明

变量类型	变量名称	变量符号	变量说明
被解释变量	创新指数	inn	使用计量模型对已到期发明专利进行价值估计，计算出不同年限专利的平均价值，以此作为相应专利的价值加权系数。以年终（12月31日）作为每年的观测时点，选择在观测时点还有效的发明专利，加总不同城市的专利价值得到其专利价值存量。最后将 2001 年全国专利价值总量标准化为 100，计算得到 2001—2016 年的城市创新指数。回归时，取对数
解释变量	新金融指数	ci	对覆盖广度指数、使用深度指数和数字化程度指数进行加权计算综合指数得到。回归时，取对数
解释变量	覆盖广度指数	cw	运用权重法对支付宝账户的覆盖指标计算得到。回归时，取对数
解释变量	使用深度指数	ud	对支付（PAY）、货币基金（MF）、信贷（CRD）、保险（INS）、投资（INV）、信用（CRM）等业务指标，采用权重法计算得到。回归时，取对数
解释变量	数字化程度指数	dig	主要用权重法对反映金融服务的信用化、便利化、实惠化和移动化等相关指标进行加权计算得到。回归时，取对数

表10-2(续)

变量类型	变量名称	变量符号	变量说明
控制变量	地区人均GDP	PGDP	LN
	产业结构	stru	非农产业产值占地区GDP比重
	地区经济开放度	fdi	外商企业进出口额占地区GDP比重
	区域科技发展环境	tech	财政科技支出占财政预算支出比重
	人力资本	hc	每万人在校大学生数，回归时取对数
	传统金融服务可及性	fin	年末金融机构贷款余额占地区GDP比重

二、模型构建

基于以上设定，我们采用以下计量模型分析新金融对实体经济质量的影响：

$$LN(inn)_{it} = \alpha_0 + \alpha_1 LN(ci_{it}) + \alpha_2 LN(hc_{it}) + \alpha_3 LN(pgdp_{it}) + \alpha_4 struc_{it} + \alpha_5 fdi_{it} + \alpha_6 tech_{it} + \alpha_7 fina_{it} + \varepsilon_{it} \quad (10.1)$$

$$LN(inn)_{it} = \beta_0 + \beta_1 LN(cw_{it}) + \beta_2 LN(hc_{it}) + \beta_3 LN(pgdp_{it}) + \beta_4 struc_{it} + \beta_5 fdi_{it} + \beta_6 tech_{it} + \beta_7 fina_{it} + \varepsilon_{it} \quad (10.2)$$

$$LN(inn)_{it} = \gamma_0 + \gamma_1 LN(ud_{it}) + \gamma_2 LN(hc_{it}) + \gamma_3 LN(pgdp_{it}) + \gamma_4 STRUC_{it} + \gamma_5 fdi_{it} + \gamma_6 tech_{it} + \gamma_7 fina_{it} + \varepsilon_{it} \quad (10.3)$$

$$LN(inn)_{it} = \varphi_0 + \varphi_1 LN(dig_{it}) + \varphi_2 LN(hc_{it}) + \varphi_3 LN(pgdp_{it}) + \varphi_4 struc_{it} + \varphi_5 fdi_{it} + \varphi_6 tech_{it} + \varphi_7 fina_{it} + \varepsilon_{it} \quad (10.4)$$

在上述模型中，inn表示创新能力，反映实体经济质量，回归时对其进行取对数处理。4个模型中，每个模型的核心解释变量分别为新金融指数（ci），反映新金融覆盖广度指数（cw）、使用深度指数（ud）、数字化程度指数（dig），并均进行了取对数处理。i表示城市，这里 $i=1,2,3,\cdots,87$，表示我国西部12个省份的87个城市；t 表示年份（2011—2016年），ε_{it} 表示随机扰动项。α_1、β_1、γ_1、φ_1等系数是新金融指数及其二级、三级指标的系数，是本章关注的重点。如果上述系数大于0，则表明新金融及其二级、三级指标的发展水平提高，有助于推动城市创新能力的提升，进而促进实体经济质量的提升。

第三节 数据来源与描述性统计

模型中，新金融数据来自北京大学数字金融研究中心编制的"数字金融普惠金融指数"①。新金融的指标构建如前文所示。城市创新指数数据来自复旦大学产业发展研究中心、复旦大学中国经济研究中心发布的《中国城市和产业创新力报告 2017》。其创新指数使用分为两步：①借鉴 Pakes 和 Schankerman（1984）的专利更新模型，使用 1987—1997 年申请的所有已经到期的发明专利进行价值估计，然后根据估计所得的参数模拟出专利价值的分布，进一步计算出不同年限专利的平均价值，以此作为相应专利的价值加权系数。②以年终（12 月 31 日）作为每年的观测时点，选择在观测时点还有效的发明专利（已被授权并且还处于存续期），加总不同城市的专利价值得到其专利价值存量，然后将 2001 年全国专利价值总量标准化为 100，计算得到 2001—2016 年的城市创新指数。其他控制变量数据均来自相关年份的《中国城市统计年鉴》。

变量的描述性统计如表 10-3 所示。

表 10-3 主要变量的描述性统计

变量	观察值	均值	标准误	最小值	最大值
lninn	1 728	0.726	1.729	-4.605	6.967
lnci	1 152	4.775	0.492	2.834	5.509
lncw	864	4.697	0.576	0.621	5.538
lnud	576	4.738	0.468	1.456	5.527
lndig	1 728	4.943	0.658	0.993	6.365
lnpgdp	1 728	10.600	0.582	8.773	13.056
lnhc	1 728	4.604	0.582	1.125	6.386
fin	1 728	0.904	0.571	0.132	7.450
tech	1 728	0.004	0.009	0.000	0.181

---

① 北京大学数字金融研究中心课题组. 北京大学数字普惠金融指数（第三期，2011—2020年）[R/OL].https://idf.pku.edu.cn/zsbz/515313.htm.

表10-3(续)

变量	观察值	均值	标准误	最小值	最大值
fdi	1 728	0.017	0.017	0.000	0.116
stru	1 728	87.364	8.019	39.010	99.970

第四节 实证结果与讨论

一、基本回归结果与分析

我们以城市创新指数为被解释变量、新金融为核心解释变量进行固定效应回归分析，基本回归结果如表10-4中第（1）列所示。估计结果显示，新金融指数（lnci）的系数显著为正，表明西部地区城市新金融指数对其创新能力具有显著的正向影响，新金融的发展提高了城市创新能力，进而有利于提升实体经济质量。

上述分析中可能存在一定的双向因果，即"那些创新能力比较强的地区新金融水平才高"。为了尽可能减少这一反向因果关系所导致的内生性问题，表10-4中第（2）列对核心解释变量采取了滞后一期处理，使得核心解释变量在因变量之前决定，并仍用固定效应方法进行回归。回归结果显示，新金融指数一阶滞后项的系数仍然显著为正，表明西部地区新金融发展水平的提高确实有助于提高城市创新能力，前述结论具有一定的稳健性。

虽然固定效应模型能消除不随时间变化的城市固定效应，但模型中仍然有可能遗漏了其他随时间变化的变量，如城市创新能力可能与其一期的创新能力有关。为尽可能地减少内生性问题，表10-4中的第（3）列利用系统广义矩估计（SYS-GMM）方法进行估计，检验模型设置的合理性和工具变量的有效性，分别采用Arellano-Bond检验和Hansen检验[①]。第（3）列的Hansen检验显示，在10%显著水平上工具变量都是有效的。AR（1）、AR（2）统计变量显示，差分后的残差项不存在一阶自相关和二阶自相关，模型设置合理。方程（3）的估计结果显示，估计结果与第（1）列、第（2）列的估计结果基本一致，新金融指数的系数仍然显著为正，说明在考虑反向因果、控制了一定的内

---

① Arellano-Bond检验主要被用于检验模型差分后的残差是否存在序列相关即是否存在一阶自相关和二阶自相关。Hansen检验主要被用于分析工具变量是否过度识别，即工具变量是否有效。

生性后，西部地区新金融仍然对城市创新能力具有显著的正向影响，显示出新金融发展水平的提高确实显著提高了城市创新能力进而提升了实体经济质量。

表 10-4 西部地区新金融发展对创新的影响

被解释变量	（1） FE lninn	（2） FE lninn	（3） SYS-GMM lninn
lnci	0.720*** (0.045 7)		0.275** (0.116)
lnpergdp	0.443*** (0.122)	0.471*** (0.125)	-0.009 (0.050)
stru	0.022 7* (0.012 0)	0.006 65 (0.013 5)	0.007** (0.005 13)
fdi	-4.702 (2.904)	-5.460* (2.955)	7.886*** (2.147)
tech	5.347* (3.123)	3.169 (3.011)	0.571 (1.605)
lnhc	-0.170*** (0.048 7)	-0.128** (0.057 3)	0.157** (0.061)
fin	0.328*** (0.062 6)	0.236*** (0.068 0)	0.021 (0.030 3)
L.ci		0.642*** (0.042 1)	
L.lninn			0.813*** (0.062 4)
Constant	-9.591*** (1.280)	-8.049*** (1.432)	-2.393* (1.087)
观测值	520	434	434
AR（1）检验 P 值			0.200
AR（2）检验 P 值			0.690
Hansen 检验 P 值			0.411

注：*** $p<0.01$，** $p<0.05$，* $p<0.1$。

二、新金融不同维度作用渠道对实体经济质量提升的影响

为了进一步分析新金融覆盖广度、使用深度和数字支持服务程度三个作用

渠道对创新的影响，我们以新金融覆盖广度、使用深度和数字支持服务程度为解释变量，以城市创新指数为被解释变量，分别运用固定效应模型进行回归，回归结果如表 10-5 所示。结果显示，新金融覆盖广度、使用深度和数字支持服务程度对城市创新能力具有显著为正的影响。

表 10-5 新金融不同维度作用渠道对创新的影响

被解释变量	(4) FE lninn	(5) FE lninn	(6) FE lninn
Ln（ci）	0.409*** (0.038 2)		
Ln（ud）		0.581*** (0.045 7)	
Ln（dig）			0.345*** (0.031 5)
Ln（pergdp）	0.888*** (0.129)	0.856*** (0.119)	1.084*** (0.117)
stru	0.016 3 (0.013 5)	0.030 2** (0.012 9)	0.034 0** (0.013 4)
fdi	−6.022* (3.241)	−6.033* (3.109)	−3.851 (3.235)
tech	5.725 (3.487)	3.996 (3.351)	6.332* (3.470)
Ln（hc）	−0.262*** (0.053 5)	−0.219*** (0.051 7)	−0.241*** (0.053 5)
fin	0.486*** (0.067 8)	0.402*** (0.066 4)	0.476*** (0.067 7)
Constant	−11.90*** (1.446)	−13.66*** (1.273)	−15.40*** (1.285)
观测值	520	520	520
P 值	175.16*** (0.000 0)	195.62*** (0.000 0)	177.30*** (0.000 0)

如前文所述，研究中可能存在一定的双向因果关系或模型中遗漏了滞后被解释变量，从而导致存在内生性问题。因此，我们进一步采用多种方法来对新金融覆盖广度、使用深度和数字支持服务程度三个作用渠道对创新的影响进行

稳健性检验。具体来说，首先对上述核心解释变量取滞后一期，使之在因变量之前就已经被确定；其次运用系统广义矩估计方法对模型进行回归。表 10-6 中的第（1）列、第（3）列、第（5）列是对核心解释变量取滞后一期并采用固定效应模型（FE）的估计结果，第（2）列、第（4）列、第（6）列是系统广义矩估计模型，以便尽可能地避免内生性问题。我们分别采用 Arellano-Bond 检验和 Hansen 检验模型设置的合理性和工具变量的有效性。第（3）列、第（4）列、第（6）列的 Hansen 检验显示，工具变量都是有效的。AR（1）、AR（2）统计变量显示，差分后的残差项存在一阶自相关，但不存在二阶自相关，模型设置合理。

表 10-6 中，第（1）列和第（2）列的核心解释变量为新金融覆盖广度，在方程（1）、方程（2）中 ln（cw）的系数均显著为正，说明在控制了一定的内生性后，西部地区新金融覆盖度的提高对西部地区城市创新能力具有显著的正向影响。

表 10-6 新金融不同维度作用渠道对创新的影响（稳健性检验）

被解释变量	(4) FE lninn	(5) SYS-GMM lninn	(6) FE lninn	(7) SYS-GMM lninn	(8) FE lninn	(9) SYS-GMM lninn
Ln（cw）	0.405*** (0.034 8)	0.180*** (0.062 1)				
Ln（ud）			0.461*** (0.047 8)	−0.008 80 (0.051 0)		
Ln（dig）					0.327*** (0.029 1)	0.034 4* (0.018 8)
lnpgdp	0.739*** (0.133)	−0.023 9 (0.043 4)	1.019*** (0.130)	0.006 79 (0.028 7)	0.983*** (0.124)	−0.026 1 (0.023 9)
stru	−0.004 11 (0.015 0)	0.003 77 (0.003 50)	0.014 0 (0.015 5)	−0.000 442 (0.003 74)	0.026 6* (0.014 9)	0.002 68 (0.002 25)
fdi	−6.627** (3.239)	6.809*** (1.544)	−6.146* (3.395)	2.319* (1.294)	−5.413* (3.272)	1.736 (1.107)
tech	3.626 (3.304)	0.528 (1.227)	3.179 (3.461)	1.271 (0.847)	2.581 (3.334)	−0.620 (0.784)
lnhc	−0.199*** (0.062 2)	0.106*** (0.035 8)	−0.210*** (0.065 3)	0.031 7 (0.024 1)	−0.221*** (0.062 5)	0.038 7** (0.015 4)
fin	0.370*** (0.072 5)	0.015 5 (0.024 6)	0.422*** (0.075 6)	−0.005 36 (0.016 0)	0.371*** (0.073 4)	−0.022 7* (0.011 8)

表10-6(续)

被解释变量	(4) FE lninn	(5) SYS-GMM lninn	(6) FE lninn	(7) SYS-GMM lninn	(8) FE lninn	(9) SYS-GMM lninn
L. lninn		0.859*** (0.036 2)		0.964*** (0.030 3)		0.955*** (0.017 4)
Constant	(1.617)	−1.236* (0.641)	−13.34*** (1.541)	0.126 (0.514)	−13.46*** (1.464)	−0.025 5 (0.240)
Observations	434	434	434	434	434	434
F	120.98*** (0.000)		105.91*** (0.000)		117.93*** (0.000)	
AR (1) 检验 P 值		0.047		0.022		0.030
AR (2) 检验 P 值	0.988	0.948	0.956			
Hansen 检验 P 值		0.190		0.290		0.173

注：*** $p<0.01$，** $p<0.05$，* $p<0.1$。

表10-6中第（3）列和第（4）列的解释变量为新金融使用深度（ud）。在第（3）列中ln（ud）的系数显著为正，但在第（4）列中，ln（ud）的系数不再显著，其原因需要做进一步的分析。这可能有三方面的原因：一是新金融的快速发展。由于电子支付业务具有很强的空间穿透力，与活跃的电子商务相结合，进一步扩大了东部地区制造业与西部地区制造业的差距，因而电子支付对西部地区城市创新活动的促进作用不明显。二是使用深度只有和地区经济发展阶段、经济活动相匹配，才能更好地服务地区经济发展。金融过度化发展在全球范围内存在，并更多地表现为金融结构偏向性的过度化发展[①]。由于信息不对称依然存在，加上金融监管不能适应新金融快速发展的需要，在使用深度的深化过程中，西部地区新金融业务结构不够合理，部分业务如网贷等业务在金融资源配置过程中同样出现了资源错配的问题，因而对西部地区城市创新的促进作用受到影响。唐文进、李爽等的研究表明，新金融使用深度的提高可能存在类似于"金融过度"的问题，即过度地运用金融工具和接受金融服务，并不能有效促进资源配置[②]。企业在宽松的货币政策环境中容易获得额外的资金，其将会在利润最大化动机及管理者短视驱使下，对金融项目与创新项目进

[①] 李奇璘. 金融边界与金融过度化发展：基于金融结构内生的视角 [J]. 广东社会科学，2019（4）：43-52.

[②] 唐文进，李爽，陶云清. 数字普惠金融发展与产业结构升级：来自283个城市的经验证据 [J]. 广东财经大学学报，2019（6）：35-49.

行不同量和不同序的追加投资，导致过度金融化对创新的挤出效应更加剧烈①。三是与快速发展的网络消费信贷有关。网络消费信贷无抵押，一旦过度放贷或经济波动导致借贷者收入难以持续，将引发大面积违约风险。目前的个人信用体系不健全，存在监管漏洞，也对实体经济高质量发展存在不利影响。

如表10-6所示，第（5）列和第（6）列的解释变量为数字支持服务程度。在方程（5）、方程（6）中，ln（dig）的系数均显著为正，但在方程（5）中系数较大，在采用SYS-GMM估计的方程（6）中，解释变量的系数明显变小。这表明西部地区数字支持服务程度对城市创新具有一定的促进作用，但促进作用较小。以数字支持服务程度提高西部地区实体经济发展质量，还有较大的提升空间。

本章在利用新金融指数表征新金融发展水平的基础上，运用西部地区2011—2016年87个城市的面板数据实证检验了新金融发展对西部地区实体经济质量的影响。研究发现，新金融发展对西部地区城市创新具有显著的正向影响，新金融覆盖广度的提高以及数字支持服务程度的提高，均提高了西部城市创新能力，进而有利于提升实体经济质量。但在应用广义矩估计方法进行估计时，新金融使用深度的提高对西部地区城市创新能力的影响不显著，这可能与支付业务跟电子商务高度融合、新金融个别业务如网贷（个人消费信贷）业务出现的金融过度造成资源配置扭曲以及新金融风险等因素有关。

本章的研究发现，促进新金融发展，有利于提高西部地区城市创新能力，这意味着为了提高实体经济发展质量，加强新旧发展动能转换，提高创新能力，需高度重视新金融发展、创新以及实体经济质量提升之间的良性互动关系，通过深化金融体制改革，规范新金融的合理健康发展，进一步提升金融资源配置效率，为西部地区实体经济发展创新能力提升、新旧发展动能转换提供有效的支持。

当前，新金融是提高金融普惠性、提高金融资源配置效率、服务实体经济发展的金融发展模式创新，同时也是深化供给侧结构性改革，促进中国实体经济高质量发展的重要内容。新金融发展对西部地区实体经济质量的提升具有不可忽视的促进作用。但研究结果也表明，在提高使用深度的过程中优化金融业

---

① 王少华，上官泽明. 货币政策宽松度、过度金融化与企业创新［J］. 财经科学，2019（10）：45-58.

务结构进而提高金融资源配置效率，提高数字支持服务对企业信息搜集、分析和决策等领域的支持力度，改善中小微企业治理、促进基于供应链管理的协同创新能力等方面，还有较大的提升空间。新金融发展普遍存在信息不对称问题，金融资源配置领域的逆向选择和道德风险问题不可避免，新金融中资源配置扭曲现象也仍然存在。在监管尚不能适应风险防控需要的情况下，新金融覆盖面的不断扩大以及使用深度的提高也可能使得新金融的风险不断累积。因此，如何加强金融风险防控，完善风险治理体系，也是西部地区进一步推进新金融创新和持续发展，提高金融资源配置效率以及引导新金融更好地支持实体经济发展，促进实体经济提质增效中不容忽视的重要问题。

第三篇

对策篇

第十一章　供给侧结构性改革背景下西部地区实体经济质量提升的金融支持对策

在前述理论分析和实证分析基础上，立足于供给侧结构性改革对实体经济高质量发展的要求，本章从银行业、资本市场、新金融和保障机制四个方面，提出促进西部地区实体经济质量提升的金融支持对策建议。

第一节　银行业支持西部地区实体经济质量提升的对策

一、着力完善多层次服务中小企业银行体系

只有当银行业结构与实体经济结构相适应时，才会实现银行信贷资源的最优配置，进而最有利于实现实体经济资源配置的最优化（林毅夫、姜烨，2006）。在前文的分析中已指出，目前西部地区银行业存在着金融抑制和金融资源错配，同时西部地区银行业中中小金融机构也较为缺乏。因此，应着力完善服务中小企业的银行体系，优化银行业结构，提高金融资源的配置效率，进而促进金融业与西部地区实体经济良性互动、协调发展。

首先，在宏观政策上要持续加强中小企业融资支持。在银行业服务西部地区实体经济过程中，要加大对银行业服务中小企业融资的支持力度。在融资政策上要向中小企业靠拢，根据中小企业资金需求的实际情况，制定完善的融资政策，提高对中小企业融资的帮扶力度。一是要在政策上进行倾斜，降低中小企业的实际融资成本，提高中小企业融资效率。二是在中小企业实际的融资过程当中，要采取针对性的指导模式，针对中小企业融资过程当中存在的问题加强指导，切实提高对中小企业融资的服务效率。

其次，各级监管机构要进一步强化金融监管，促进中小银行回归服务中小

企业的本位。要深入贯彻落实国家关于金融支持实体经济发展的一系列政策措施，引导银行业金融机构优化资源配置，提升金融供给效率，服务西部地区实体经济质量提升。通过完善制度，激励和约束西部地区中小银行将更多的精力投入服务本区域中小企业中去。

此外，应着力优化特色化服务中小企业的金融机构体系。加大对西部地区实体经济中薄弱环节的金融投入力度，有针对性地引导各类金融机构在产业集群区域、小微企业聚集区成立特色支行、专营机构、金融事业部等专业化服务机构。鼓励西部地区银行业金融机构科学布局金融网点，提高金融发展的普惠性和覆盖面。

二、不断创新银行业金融机构产品和服务

实体经济质量提升的本质是要提高实体经济的创新能力，推动实体经济全要素生产率的提升。因此要围绕科技创新的需要，不断创新西部地区银行业金融机构产品和服务。

要积极开发支持先进制造业、战略性新兴产业和科技创新的金融产品，为提升西部地区产业基础能力和产业链现代化水平提供优质金融服务。扩大对先进制造业、战略性新兴产业的中长期贷款投放规模。鼓励西部地区银行业金融机构结合科技企业特点，发展科技金融业务，稳妥开展外部投贷联动，支持向科技企业发放以知识产权为质押的中长期技术研发贷款。

要持续加大对民营企业和中小微企业金融产品和服务创新。民营企业和中小微企业是西部地区实体经济中的创新主体，加大对民营企业和中小微企业金融产品和服务创新，有利于提高西部地区的实体经济质量。因此，要鼓励银行业金融机构加大对西部地区民营企业和中小微企业的续贷支持力度，提高中长期贷款和信用贷款比重。积极稳妥发展供应链金融服务。通过"银行+政府、保险公司、担保机构"等模式，深化"助保贷""创业担保贷""银政通"等政银企合作模式，健全企业贷款风险补偿机制，为民营企业和中小微企业融资增信，提高民营企业和中小微企业贷款的可获得性。

第二节 资本市场支持西部地区实体经济质量提升的对策

一、积极拓展西部地区资本市场直接融资渠道

如前面第六章所分析的，西部地区资本市场的直接融资额度还比较低，与

东部发达地区直接融资额度还存在较大的差距。直接融资额度较低会在一定程度上阻碍西部地区上市企业资本的形成。因此，着力拓展西部地区资本市场直接融资渠道，增加直接融资比重，是推进西部地区资本市场发展进而服务实体经济质量提升的关键一环。应把西部地区直接融资尤其是股权融资放到核心位置上，拓展多元化和多层次的股权融资渠道。

（一）大力支持西部地区后备上市企业的上市发展计划

首先应鼓励西部地区规模较大、发展良好的企业上市，促进西部地区的优质企业通过资本市场增强实力和发展壮大。为了促进西部地区各省份更多的企业上市，西部各省份政府应该加大对西部地区后备上市企业发展计划的支持，建立和完善后备上市企业的上市绿色通道制度，全方位和多渠道推动西部地区后备上市企业的上市工作，促进更多的西部地区优质企业通过资本市场直接融资，从而扩大西部地区资本市场直接融资的主体数量。只有大量的西部地区优质后备企业大量上市，逐渐成为西部地区某行业的龙头企业，通过集聚和扩散效应，带动一大批该行业产业链的上游与下游企业的快速发展，才能推进西部地区实体经济的高质量发展。

（二）大力发展西部地区股权投资基金

大力发展西部地区股权投资基金，为西部地区创新型企业提供有力的资金支持，积极发挥股权基金在集聚社会资本和推动产业转型升级方面的积极作用。通过设立多层次和多品种的股权投资资金，满足西部地区不同类型企业的资金需求，从而推动西部地区优质企业在股权投资基金的支持下迅速发展，提高西部地区实体经济质量。

（三）多举措推动西部地区企业到新三板和区域性股权交易市场挂牌

前文的分析指出，西部地区企业在新三板中呈现出良好的发展势头。应积极支持和鼓励西部地区更多的企业到新三板以及区域性股权市场上挂牌进行直接融资，以此不断拓展西部地区实体经济的融资渠道，同时推动西部地区的区域性股权交易中心深化市场改革，根据西部地区企业的发展需求提供不同的资金需求，以此增加西部地区区域性股权交易市场的挂牌企业数量。

二、充分发挥资本市场在西部地区实体经济质量提升中的优化资源配置功能

金融发展的本质就是实现资源的有效配置，而不是通过资产的虚假扩张和利用杠杆来实现企业的盈利。2019年中央政府工作报告也明确提出，要实现我国经济的高质量发展，就必须充分发挥资本市场的资源优化配置功能。在资本市场并不是很发达的西部地区，发挥资本市场的资源优化配置功能就尤为重要。首先要充分发挥资本市场在企业兼并重组中的积极作用，鼓励西部地区上市公司围绕产业链的健康发展充分利用资本市场积极开展兼并重组和再融资，促进上市企业不断做大做强，推动西部地区产业整合与优化发展。其次要积极推进债券市场的发展。针对落后产能限制政策的实施，降低产能过剩企业杠杆，对产能过剩企业在债务方面积极推进"债转股"，同时推进债券市场创新发展，根据企业发展的需要推行可转换债券、绿色发展债券和项目收益债券等，以此实现资本市场对实体经济质量提升和产业结构调整的积极作用。

三、着力增强资本市场服务西部地区企业科技创新的能力

企业创新是引领实体经济发展的第一大动力，也是提高一个地区全要素生产率的根本途径。资本市场必须完善创新型企业多层次差异化资金需求的发行交易制度，主要针对主板市场、中小板、创业板和新三板企业面临技术创新资金需求的差异，应采取合理的支持制度，有针对性地加强对西部地区符合国家全局创新发展战略、未来具有潜在竞争力的高技术企业和创新型企业的支持力度。资本市场支持西部地区企业技术创新，无论是宏观层面支持还是微观层面支持，资本市场都有许多重要的工作要做。在微观层面上，资本市场为企业技术创新提供金融服务的质量直接决定了创新驱动发展战略的实施效果，因此资本市场需要为各层次市场的企业和不同类型项目的资金需求提供优质的金融服务。在宏观层面上，资本市场全系统需要以服务国家创新战略体系为导向，加大对西部地区新技术企业、新产业企业、新业态企业和新模式企业的资金支持力度，同时应该在政策上给予西部地区新经济企业支持与引导，以此鼓励新经济龙头企业在资本市场上市。

四、资本市场要大力培育"一带一路"建设西部地区经济增长点

建设"一带一路"是打造中国经济新格局、促进沿线国家和地区共同繁荣的重大倡议。"一带一路"建设涉及我国西部地区10多个省份，这意味着我国的开放格局由东部地区向西部地区转移。我国西部地区地域广阔、经济发展相对落后，《推动共建丝绸之路经济带和21世纪海上丝绸之路的愿景与行动》确定了西部地区各重点省份在"一带一路"建设中的定位，新疆作为丝绸之路经济带核心区、陕西作为内陆型改革开放新高地、宁夏和贵州作为内陆开放型经济试验区、广西作为面向西南中南地区开放发展新的战略支点等，"一带一路"建设为缩小我国西部地区与东部发达地区的差距提供了前所未有的机遇。支持西部地区实体企业充分利用"一带一路"建设实施的契机，推

动西部地区实体经济质量提升，资本市场责无旁贷。虽然近年来，资本市场通过发行一些债券推动国内企业对"一带一路"建设沿线国家和地区的战略投资，但是支持力度还不够大。首先，资本市场应该继续加大对国内企业尤其是西部地区企业在"一带一路"建设中的资金支持力度。其次，完善债券市场的基本制度，针对西部地区企业在投资"一带一路"建设中的资金需求，采取差异化和科学化的债券融资方式以增强支持力度，同时加强创新，扩充投资"一带一路"建设中西部企业债券融资的市场范围。除了在银行发行债券外，大幅度推广投资"一带一路"建设的西部企业在沪深证券交易所进行债券融资。除此之外，要创新"一带一路"建设债券融资的流通方式，促进"一带一路"建设投资资金的灵活流通，助力推进"一带一路"建设西部地区核心区域、支点城市和开放门户的经济高质量发展，培育"一带一路"建设西部地区新的经济增长点。

第三节 新金融支持西部地区实体经济质量提升的对策

一、强化西部地区新金融用户教育

拥有良好知识水平的消费者具备较高的金融素养水平[①]，因此，西部地区充分发挥新金融对实体经济质量的支持作用，必须进行西部地区新金融用户知识水平的整体提升。首先，相关监管机构和新金融核心企业应加快构建相应的新金融教育制度，制定新金融消费者教育规划。其次，必须重视重点服务对象如小微企业、长尾消费者和互联网投资理财客户等群体的数字技能培训，把学习金融基础知识、提升新金融技能以及增强风险防控意识等相关知识结合起来开展培训。

二、推动新金融机构转型升级

随着监管机构对P2P、消费现金贷等业务的监管加强，监管新规将在一定程度上提高从业门槛，这将对机构放贷、资金来源、风险控制和定价能力等提

---

① 中国信息通信研究院. 2019年数字普惠金融发展白皮书[R/OL]. http://www.199it.com/archives/963693.html.

出新的要求①。这也会倒逼新金融从业机构规范自身的经营行为。当前,西部地区新金融P2P、现金贷、众筹等业务相对于其他业务发展较快,在互联网保险、供应链金融及其他数字支持服务等方面发展较慢,盈利能力和可持续发展能力都有待提升,亟须加快新金融企业转型升级。

首先,新金融机构应大力加强企业内部治理,优化产品和业务结构,提高服务质量,通过打磨业务能力提高自身发展质量,确保新金融行业的健康、可持续发展。

其次,要推动新金融龙头企业提升数字服务能力。新金融机构通过实现金融领域与互联网工具的有机融合,体现了经济发展中的开放性、平等性、协作性以及分享性特点,达到了创新并延伸传统金融理念的目的,对提升西部地区实体经济产生了重要的推动作用。新金融龙头企业应充分利用云计算、物联网、大数据和区块链等新一代信息技术,发展大数据金融综合服务。即充分发挥平台优势,建立专业的集数字分析、管理咨询、金融服务等于一体的综合性服务体系,集合海量非结构化数据为中小微企业提供实时的数据监控、数据分析、个性化项目融资、精准营销、管理咨询服务,筛选出实体经济中有发展潜力的行业和企业,有重点、有针对性地提供个性化的金融支持服务,进而提高新金融服务对西部地区实体经济的服务能力和服务效率。

三、大力发展数字普惠金融

加强西部地区数字普惠金融基础设施建设,着力提高数字普惠金融覆盖度、使用深度,推动西部地区普惠金融的发展,从而使金融能更好地为实体经济服务,推动西部地区实体经济质量提升。

一是要加快数字普惠金融体系建设。加强西部地区数字普惠金融发展规划的制定,应当加快数字普惠金融制度和基础设施建设,规范数字普惠金融服务市场环境,加强征信系统共享机制建设,增强普惠金融风险控制能力。出台促进信息技术企业与银行等传统金融企业跨界融合的扶持政策,包括人才吸纳、技术攻关、财税政策等方面的政策倾斜。

二是要加强数字普惠金融基础设施建设。第一,要鼓励和支持互联网企业、移动服务运营商、电子商务龙头企业、通信企业等加大在西部地区建设移动互联网基础设施的力度。第二,应鼓励以新金融企业为核心,搭建覆盖西部

---

① 零壹财经:互联网金融五周年发展报告[R/OL]. http://www.199it.com/archives/780520.html.

地区的数字普惠金融服务平台，建立数字普惠金融产品和服务的结算机制、征信共享机制、风险防控机制。第三，应加快推进西部地区数字身份识别技术的推广与应用，探索具有公信力的数字身份核验技术，加强信息安全技术的建设，夯实数字普惠金融信用体系的基础。

四、优化新金融发展生态环境

一是要完善新金融准入与退出机制。首先，明确互联网金融企业经营资质，合理制定进入门槛和退出管理制度。其次，建立和完善互联网金融企业资质认证、审核体系，加强对其从业资质审查，推行互联网金融企业牌照制度，建立互联网金融企业经营风险信息披露机制和个人信息安全保护机制。最后，实施互联网金融企业清退机制，为规范互联网金融企业市场行为提供制度保障。

二是要创新新金融监管体制机制。首先，应防止新金融与传统金融监管"洼地"的存在而产生金融套利，放大金融风险。其次，应加快研究新金融混业经营和跨界融合引发的风险，改革监管机制，创新新金融监管机构。最后，应创新监管理念，加强数字技术在金融监管中的应用，加强大数据、区块链等技术在金融监管中的运用，加强对新金融企业市场行为的实时动态监控。

第四节 金融支持西部地区实体经济质量提升的保障机制

一、不断完善民间资本市场准入机制

要不断完善市场准入机制，引导更多具备条件的民间资本进入西部地区金融领域，拓宽民间资本参与金融活动的有效路径，进而有效激发民间资本投资西部地区实体经济的积极性，引导民间资本合法有效地参与实体经济发展，为支持西部地区实体经济高质量发展提供多渠道资金来源。

从前文关于西部地区银行业发展的现状分析中可知，西部地区民营银行极度缺乏，整个西部地区目前只有四川有1家民营银行。因此，加快民间资本进入西部地区迫在眉睫。

要落实国家关于鼓励民间资本进入金融领域的实施细则，建立有效的制度安排和配套机制，引导民间资本有条件、有步骤地参与到西部地区各类金融机构的相关金融类业务中，实现实体资本与金融要素的有效融合。一是要放松金融机构的准入限制，放低准入门槛，引导和鼓励民间资本有条件、有步骤地参与到各类金融机构的增资扩股和改制重组等金融类业务中；鼓励符合政策的民间资本参与设立自担风险的民营银行、村镇银行、融资（金融）租赁公司、财务公司等地方微型金融组织，为西部地区实体经济的发展提供高效率、差异化、深触角、广覆盖的金融服务。二是不断规范民间融资的相关制度，加强对民间融资的监督管理，引导民间资本发挥最大效益，不断为西部地区实体经济的发展注入新鲜血液，促进实体经济高质量发展。

二、不断创新金融开放机制

加大金融开放力度有助于西部地区金融机构增强服务能力和产品创新能力、提升管理水平，也有助于西部地区完善金融资源的供给结构。目前，西部地区金融开放程度还较低，外资进入西部地区极为缺乏。因此，应抓住国家正大力推进金融开放的契机，进一步加大金融开放力度，不断创新金融开放机制，提升西部地区金融业的整体竞争力。

要加快吸引财富管理、不良资产处置、专业保理等领域的外资金融机构进入西部地区。支持外资银行保险机构根据业务需求在西部地区合理布设子行、分行、子公司等分支机构，拓宽业务范围。鼓励境外金融机构在西部地区参与设立、投资入股商业银行理财子公司，允许境外资产管理机构与中资银行或保险公司的子公司合资设立由外方控股的理财公司。此外，还要着力推进资本市场的开放发展，完善境内企业的境外上市制度，支持西部实体经济企业在境外证券市场融资，尤其是支持有实力的上市公司进行跨境融资与并购。

三、扎实推进区域金融信用体系建设

西部地区经济相对落后，要充分发挥金融在实体经济质量提升中的作用，就必须严格防范金融风险。特别是前文对新金融进行理论分析时已经指出，新金融对实体经济质量提升有着重要作用，但同时也存在不少风险。而良好的信用体系是现代金融的发展基础。在推进金融业服务西部地区实体经济质量提升的过程中，应扎实推进区域金融信用体系建设。

应搭建完善的区域金融信用平台，促进信用信息共享和整合，推进全行业信用体系建设，不断优化西部地区实体经济发展的信用环境。具体来说，要破除当前信用体系限制多、制约多的体制障碍，整合相关部门职责，充分利用纳税、住房、信贷、合同履约、产品质量等信用记录，积极探索全行业、统一性的社会信用体系建设的方法和途径，着力缓解西部地区企业与金融机构之间信息不对称的矛盾。

应加快构建以信用为基础的新型监管机制。通过建立健全信用承诺制度、全面建立市场主体信用记录、健全失信联合惩戒对象认定机制，创新事前环节信用监管，加强事中环节信用监管，完善事后环节信用监管。

四、建立健全区域金融风险监测预警与处置体系

积极防范和化解金融风险，是金融支持实体经济发展的重要保障。因此，在加强金融对西部地区实体经济质量提升的支持的同时，应建立健全区域金融风险监测评估体系。要完善对信用风险、市场风险、流动性风险等的风险监测评估体系，重点加强对实体经济中过剩产能和行业的风险管控，对各类投资业务的经营风险进行监测、识别、评估、报告和处置，确保资金投放的稳定性与持久性，有效降低对西部地区实体经济造成的风险。要建立金融风险应急和预警机制，规范各类融资行为，加强全方位监管，坚决守住不发生系统性和区域性风险的底线。要创新金融风险化解手段，区别对待不同阶段的困难企业，运用市场化"债转股"、资产证券化等多种方式化解金融机构不良资产问题；加强地方资产管理公司建设，充分发挥地方资产管理公司盘活地方不良资产、防范和化解区域金融风险、服务西部地区实体经济发展的积极作用。要积极推动新金融风险预警机制建设，金融监管机构与新金融服务商应合作开展新金融风险预警平台建设，加强对资金流向异常的识别能力、监控能力，提高对新金融企业的信息分析、风险捕捉以及预警能力。

五、不断提高区域制度质量

前文第八章的实证分析表明，地方政府干预会加剧银行业金融抑制对西部地区实体经济质量的负面效应。因此，积极发挥金融在西部地区实体经济高质量发展中的作用，有必要不断提高西部地区制度质量，减少地方政府对金融资源的干预。这一方面要求地方政府在制定产业技术发展战略时，要根据地区的要素禀赋结构内生决定的比较优势来选择适宜的发展战略，让市场机制配置资源，从源头上减少地方政府对经济活动的参与，让微观经济主体根据市场反应自主选择适宜的技术、产品和产业。另一方面在"为增长而竞争"的政治晋升激励制度背景下，要求进一步提高地方政府事权与财权的匹配程度，完善中央政府和地方政府之间的转移支付制度，从财政角度减少地方政府对金融资源的干预动机。

参考文献

[1] 中国经济网. A股"不死鸟"玩转退市机制 [EB/OL]. http://finance.ifeng.com/a/20160302/14244668_0.shtml.

[2] 安宁. 推动经济高质量发展需要一个更强大的资本市场 [J]. 中国金融家, 2018 (2)：141.

[3] 巴曙松, 刘孝红, 牛播坤. 转型时期中国金融体系中的地方治理与银行改革的互动研究 [J]. 金融研究, 2005 (5)：25-37.

[4] 巴曙松. 完善金融结构才能提升金融服务实体经济的效率 [N]. 光明日报, 2013-07-19 (011).

[5] 白钦先, 薛阳. 金融与实体经济关系的哲学思考 [J]. 沈阳师范大学学报 (社会科学版), 2016, 40 (4)：56-60.

[6] 北京大学数字金融研究中心课题组. 数字金融的力量：为实体经济赋能 [M]. 北京：中国人民大学出版社, 2018.

[7] 蔡则祥, 武学强. 新常态下金融服务实体经济发展效率研究：基于省级面板数据实证分析 [J]. 经济问题, 2017 (10)：14-25.

[8] 曹建海, 江飞涛. 中国工业投资中的重复建设与产能过剩问题研究 [M]. 北京：经济管理出版社, 2010.

[9] 岑丽君, 黄新克. 中国金融周期与实体经济周期关联性研究 [J]. 商业研究, 2016 (4)：70-75.

[10] 陈道富. 我国货币金融与实体经济割裂的现状与原因 [J]. 发展研究, 2013 (12)：57-62.

[11] 陈红, 纳超洪, 雨田木子. 内部控制与研发补贴绩效研究 [J]. 管理世界, 2018, 34 (12)：155-170.

[12] 陈诗一. 中国工业分行业统计数据估算：1980—2008 [J]. 经济学, 2011, 10 (3)：735-776.

[13] 陈湘满, 喻科. 以金融供给侧改革助力实体经济发展 [J]. 人民论

坛，2019（22）：84-85.

[14] 陈雨露，马勇. 泡沫、实体经济与金融危机：一个周期分析框架 [J]. 金融监管研究，2012（1）：1-19.

[15] 陈雨露. 促进金融和实体经济的有效结合 [J]. 金融博览，2015（5）：30-31.

[16] 陈晓秋，王智勇，易纲. 金融不是虚拟经济 [J]. 经济社会体制比较，2002（1）：33-39.

[17] 程郁，罗丹. 信贷约束下农户的创业选择：基于中国农户调查的实证分析 [J]. 中国农村经济，2009（11）：25-38.

[18] 程展，陈志武. 中国创新企业可借力美国资本市场 [J]. 企业改革与管理，2014（6）：145-145.

[19] 戴静，张建华. 金融错配、所有制结构与技术进步：来自中国工业部门的证据 [J]. 中国科技论坛，2013（3）：72-78.

[20] 戴赜，彭俞超，马思超. 从微观视角理解经济"脱实向虚"：企业金融化相关研究述评 [J]. 外国经济与管理，2018，40（11）：31-43.

[21] 董敏杰，梁泳梅，张其仔. 中国工业产能利用率：行业比较、地区差距及影响因素 [J]. 经济研究，2015（1）：86-100.

[22] 董敏杰，梁泳梅. 1978—2010年的中国经济增长来源：一个非参数分解框架 [J]. 经济研究，2013（5）：17-32.

[23] 董竹，周悦. 金融体系、供给侧结构性改革与实体经济发展 [J]. 经济学家，2019（6）：80-89.

[24] 杜勇，张欢，陈建英. 金融化对实体企业未来主业发展的影响：促进还是抑制 [J]. 中国工业经济，2017（12）：113-131.

[25] 樊纲，王小鲁，朱恒鹏. 中国市场化指数：各地区市场化相对进程2011报告 [M]. 北京：经济科学出版社，2011.

[26] 方芳，黄汝南. 金融化与实体经济：金融本质再考察 [J]. 教学与研究，2019（2）：15-27.

[27] 傅秋子，黄益平. 数字金融对农村金融需求的异质性影响：来自中国家庭金融调查与北京大学数字普惠金融指数的证据 [J]. 金融研究，2018（11）：68-84.

[28] 辜胜阻，庄芹芹. 资本市场功能视角下的企业创新发展研究 [J]. 中国软科学，2016（11）：4-13.

[29] 辜胜阻. 实施创新驱动战略需完善多层次资本市场体系 [J]. 社会科

学战线, 2015 (5): 8-16.

[30] 辜胜阻. 让金融回归服务实体经济的本位 [J]. 宏观经济管理, 2014 (4): 4-5.

[31] 郭峰, 王靖一, 王芳, 等. 测度中国数字普惠金融发展: 指数编制与空间特征 [J]. 经济学, 2020 (4): 1401-1418.

[32] 国务院关于加强金融监管 防范金融风险工作情况的报告 [R/OL]. http://www.npc.gov.cn/wxzl/gongbao/2014-08/22/content_1879711.htm.

[33] 国务院重申清理"僵尸企业" 持续亏损3年以上企业成"靶心" [EB/OL]. http://www.gov.cn/zhengce/2015/12/10/content_5022105.htm.

[34] 韩廷春, 夏金霞. 中国金融发展与经济增长经验分析 [J]. 经济与管理研究, 2005 (4): 20-25.

[35] 韩秀云. 对我国新能源产能过剩问题的分析及政策建议: 以风能和太阳能行业为例 [J]. 管理世界, 2012 (8): 171-172, 175.

[36] 郝云平, 雷汉云. 数字普惠金融推动经济增长了吗?: 基于空间面板的实证 [J]. 当代金融研究, 2018 (3): 90-101.

[37] 黄群慧, 李晓华. "僵尸企业"的成因与处置策略 [N]. 光明日报, 2016-04-13.

[38] 黄少卿, 陈彦. 中国僵尸企业的分布特征与分类处置 [J]. 中国工业经济, 2017 (3): 26-45.

[39] 黄益平, 黄卓. 中国的数字金融发展: 现在与未来 [J]. 经济学, 2018 (4): 1489-1502.

[40] 纪志宏. 从宏观角度理解"金融支持实体经济" [J]. 金融发展评论, 2012 (12): 4-14.

[41] 季仙华. 完善金融市场体系 支持实体经济发展 [J]. 宏观经济管理, 2014 (2): 42-43.

[42] 江春. 论金融的实质及制度前提 [J]. 经济研究, 2010 (7): 33-39.

[43] 江飞涛, 耿强, 吕大国, 等. 地区竞争、体制扭曲与产能过剩的形成机理 [J]. 中国工业经济, 2012 (6): 44-56.

[44] 蒋彧, 周安琪. P2P网络借贷中存在地域歧视吗?: 来自"人人贷"的经验数据 [J]. 中央财经大学学报, 2016 (9): 29-39.

[45] 解维敏, 方红星. 金融发展、融资约束与企业研发投入 [J]. 金融研究, 2011 (5): 171-183.

[46] 康文峰. 金融资本与实体经济: "脱实向虚"引发的思考 [J]. 当代

经济管理，2013，35（1）：84-88.

[47] 康志勇.金融错配阻碍了中国本土企业创新吗？[J].研究与发展管理，2014，26（5）：63-72.

[48] 李冲，钟昌标.融资成本差异与企业创新：理论分析与实证检验：基于国有企业与民营企业的比较研究[J].科技进步与对策，2015（17）：104-109.

[49] 李汇东，唐跃军，左晶晶.政府干预、终极控制权与企业雇佣行为：基于中国民营上市公司的研究[J].财经研究，2017（7）：22-33.

[50] 李健，张兰，王乐.金融发展、实体部门与中国经济增长[J].经济体制改革，2018（5）：26-32.

[51] 李江涛.产能过剩及其治理机制[J].国家行政学院学报，2006（5）：32-35.

[52] 李静萍.中国金融部门融资对实体经济增长的影响研究：基于"从谁到谁"资金流量表[J].统计研究，2015，32（10）：21-31.

[53] 李俊青，刘帅光，刘鹏飞.金融契约执行效率、企业进入与产品市场竞争[J].经济研究，2017（3）：136-150.

[54] 李连发.提高金融服务实体经济效率：基于流动性理论的分析[J].郑州大学学报（哲学社会科学版），2016，49（4）：39-42，143.

[55] 李奇璘.金融边界与金融过度化发展：基于金融结构内生的视角[J].广东社会科学，2019（4）：43-52.

[56] 李强，徐康宁.金融发展、实体经济与经济增长：基于省级面板数据的经验分析[J].上海经济研究，2013，25（9）：3-11，57.

[57] 李青原，李江冰，江春，等.金融发展与地区实体经济资本配置效率：来自省级工业行业数据的证据[J].经济学，2013，12（2）：527-548.

[58] 李瑞杰，郑超愚.溢出效应、全要素生产率与中国工业产能过剩[J].上海经济研究，2019（7）：45-56.

[59] 李小平，朱钟棣.中国工业行业的全要素生产率测算：基于分行业面板数据的研究[J].管理世界，2005（4）：56-64.

[60] 李延凯，韩廷春.金融生态演进作用于实体经济增长的机制分析：透过资本配置效率的视角[J].中国工业经济，2011（2）：26-35.

[61] 李扬."金融服务实体经济"辨[J].经济研究，2017，52（6）：4-16.

[62] 李云鹤，黄雨薇，马圣杰.上市促进了企业创新吗？：来自创业板制造业企业的经验证据[J].南方经济，2018，346（7）：62-77.

[63] 李湛. 金融契约理论研究新进展 [J]. 经济学动态, 2008 (11): 102-106.

[64] 中国发展网. 连续3年出现在政府工作报告中的"新动能"到底是什么 [EB/OL]. http://special.chinadevelopment.com.cn/2018zt/2018lh/lhxw/2018/03/1243214.shtml.

[65] 廖岷, 王鑫泽. 科技金融创新: 新结构与新动力 [M]. 北京: 中国金融出版社, 2016.

[66] 林毅夫, 姜烨. 经济结构、银行业结构与经济发展: 基于分省面板数据的实证分析 [J]. 金融研究, 2006 (1): 7-22.

[67] 林毅夫, 巫和懋, 邢亦青. "潮涌现象"与产能过剩的形成机制 [J]. 经济研究, 2010, 45 (10): 4-19.

[68] 刘秉镰, 李清彬. 中国城市全要素生产率的动态实证分析 (1990—2006): 基于DEA模型的Malmquist指数方法 [J]. 南开经济研究, 2009 (3): 139-152.

[69] 刘端, 陈诗琪, 陈收. 制造业上市公司的股权增发、外部融资依赖对企业创新的影响 [J]. 管理学报, 2019, 16 (8): 1168-1178.

[70] 刘放. 金融发展、金融资产配置与企业投资效率 [J]. 财会, 2019 (18): 145-152.

[71] 刘瑞明. 金融压抑、所有制歧视与增长拖累: 国有企业效率损失再考察 [J]. 经济学, 2011 (2): 603-618.

[72] 刘小玄, 周晓艳. 金融资源与实体经济之间配置关系的检验: 兼论经济结构失衡的原因 [J]. 金融研究, 2011 (2): 57-70.

[73] 刘雅娇, 胡静波. 银行业信贷对实体经济增长的影响研究: 基于我国31个省级地区面板数据的实证分析 [J]. 南京审计大学学报, 2018, 15 (5): 86-93.

[74] 刘志彪. 实体经济与虚拟经济互动关系的再思考 [J]. 学习与探索, 2015 (9): 82-89.

[75] 卢峰, 姚洋. 金融压抑下的法治、金融发展和经济增长 [J]. 中国社会科学, 2004 (1): 42-55, 206.

[76] 卢锋. 治理产能过剩问题 (1999—2009) [C] // "CCER中国经济观察"第19次报告会, 2009: 21-38.

[77] 卢映西, 陈乐毅. 经济脱实向虚倾向的根源、表现和矫正措施 [J]. 当代经济研究, 2018 (10): 32-38.

[78] 鲁晓东, 连玉君. 中国工业企业全要素生产率估计: 1999—2007 [J]. 经济学, 2012, 11 (2): 541-558.

[79] 陆岷峰, 孙圣雪. 降低虚拟经济对实体经济产生挤出效应的路径研究: 基于资金供给侧改革的重点政策分析 [J]. 吉林金融研究, 2017 (2): 4-12, 22.

[80] 罗党论, 唐清泉. 政府控制、银企关系与企业担保行为研究: 来自中国上市公司的经验证据 [J]. 金融研究, 2009 (3): 151-161.

[81] 马勇, 李镏洋. 金融变量如何影响实体经济: 基于中国的实证分析 [J]. 金融评论, 2015, 7 (1): 34-50, 124-125.

[82] 马梓焮, 赵连荣, 李莉. 基于VAR模型的金融支持实体经济实证分析 [J]. 金融理论与实践, 2019 (5): 50-55.

[83] 倪敏, 黄世忠. 上市公司配股动机分析: 圈钱还是投资好项目? [J]. 中南财经政法大学学报, 2013 (6): 87-96.

[84] 聂辉华, 江艇, 张雨潇, 等. 中国僵尸企业研究报告: 现状、原因和对策 [M]. 北京: 中国社会科学出版社, 2016.

[85] 聂正彦, 吕洋, 武志胜. 金融契约执行效率、资本区位选择与产业分布 [J]. 产经评论, 2018 (5): 5-17.

[86] 漆鑫, 张亮, 李磊. 金融市场发展、流动性需求与行业产出波动 [J]. 南方经济, 2014 (9): 72-84.

[87] 邱兆祥, 安世友, 贾策. 强监管下金融与实体经济关系的转型升级及面临的挑战 [J]. 金融理论与实践, 2019 (3): 1-6.

[88] 邱兆祥, 王树云. 金融与实体经济关系协调发展研究 [J]. 理论探索, 2017 (4): 28-34.

[89] 冉芳, 张红伟. 我国金融与实体经济非协调发展研究: 基于金融异化视角 [J]. 现代经济探讨, 2016 (5): 34-38.

[90] 任海云, 冯根福. 附属企业集团的上市公司技术创新能力更强吗?: 来自中国制造业上市公司的经验证据 [J]. 中国软科学, 2018, 333 (9): 135-142.

[91] 沈能, 刘凤朝, 赵建森. 中国地区工业技术效率差异及其变动趋势分析: 基于Malmquist生产率指数 [J]. 科研管理, 2007 (4): 16-22.

[92] 盛斌, 景光正. 金融结构、契约环境与全球价值链地位 [J]. 世界经济, 2019 (4): 29-52.

[93] 师博, 沈坤荣. 政府干预、经济集聚与能源效率 [J]. 管理世界, 2013 (10): 6-18, 187.

[94] 史小坤, 贾丹丹, 陶雨琴. 契约执行效率、金融发展与融资约束 [J]. 哈尔滨商业大学学报（社会科学版）, 2019 (5)：35-45.

[95] 孙爱军, 蒋彧, 方先明. 金融支持经济发展效率比较——基于 DEA-Malmquist 指数方法的分析 [J]. 中央财经大学学报, 2011 (11)：34-39.

[96] 孙继国, 吴倩. 金融发展与实体经济增长良性互动机制研究 [J]. 理论学刊, 2019 (2)：71-79.

[97] 孙蓉, 奉唐文. 保险公司经营农险的效率及其影响因素：基于 SBM 模型与 DEA 窗口分析法 [J]. 保险研究, 2016 (1)：43-53.

[98] 唐文进, 李爽, 陶云清. 数字普惠金融发展与产业结构升级：来自 283 个城市的经验证据 [J]. 广东财经大学学报, 2019 (6)：35-49.

[99] 陶娅娜. 互联网金融发展研究 [J]. 金融发展评论, 2013 (11)：58-73.

[100] 田新民, 武晓婷. 我国金融与实体经济的协调发展研究：基于经济金融化视角 [J]. 学习与探索, 2019 (2)：121-130, 195.

[101] 汪浩瀚, 潘源. 金融发展对产业升级影响的非线性效应：基于京津冀和长三角地区城市群的比较分析 [J]. 经济地理, 2018, 38 (9)：59-66.

[102] 汪涛. 金融支持实体经济的效益为何递减？[J]. 商周刊, 2016 (10)：30.

[103] 王定祥, 李伶俐, 吴代红. 金融资本深化、技术进步与产业结构升级 [J]. 西南大学学报（社会科学版）, 2017, 43 (1)：38-53, 190.

[104] 王锋, 冯根福. 基于 DEA 窗口模型的中国省际能源与环境效率评估 [J]. 中国工业经济, 2013 (7)：56-68.

[105] 王国锋. 广义视角下的金融"脱实向虚"问题研究：基于虚拟经济与实体经济经常性背离关系 [J]. 金融发展评论, 2018 (6)：97-107.

[106] 王国刚. 金融脱实向虚的内在机理和供给侧结构性改革的深化 [J]. 中国工业经济, 2018 (7)：5-23.

[107] 王国刚. 落实全国金融工作会议精神 促进金融回归实体经济 [J]. 清华金融评论, 2017 (11)：27-30.

[108] 王国刚. 以公司债券为抓手 推进金融回归实体经济 [J]. 金融评论, 2013, 5 (4)：1-14, 124.

[109] 王纪全, 张晓燕, 刘全胜. 中国金融资源的地区分布及其对区域经济增长的影响 [J]. 金融研究, 2007 (6)：100-108.

[110] 王立国, 周雨. 体制性产能过剩：内部成本外部化视角下的解析 [J]. 财经问题研究, 2013 (3)：27-35

[111] 王鸥. 关于西部地区僵尸企业产生及治理研究 [J]. 生产力研究, 2018, 309 (4): 88-92, 123.

[112] 王少华, 上官泽明. 货币政策宽松度、过度金融化与企业创新 [J]. 财经科学, 2019 (10): 45-58.

[113] 王馨. 互联网金融助解长尾小微企业融资难问题研究 [J]. 金融研究, 2015 (9): 128-139.

[114] 王业斌, 张建中, 钟昌标. 金融抑制如何影响了工业减排: 来自中国省级面板数据的经验证据 [J]. 云南财经大学学报, 2018, 34 (9): 68-78.

[115] 王永钦, 高鑫, 袁志刚, 等. 金融发展、资产泡沫与实体经济: 一个文献综述 [J]. 金融研究, 2016 (5): 191-206.

[116] 王昱, 成力为, 王昊. 金融低效、资本错配与异质企业两阶段创新 [J]. 山西财经大学学报, 2014, 36 (10): 46-57.

[117] 魏文江. 金融发展与资金"脱实向虚"问题研究 [J]. 西南金融, 2019 (7): 28-35.

[118] 吴玉鸣, 李建霞. 中国区域工业全要素生产率的空间计量经济分析 [J]. 地理科学, 2006 (4): 4385-4391.

[119] 中国煤炭网. 西部五省区产量占比逐年增加 我国煤炭产业重心将西移 [EB/OL]. www.coal.com.cn/News/398541.htm.

[120] 夏冠军, 陆根尧. 资本市场促进了高新技术企业研发投入吗: 基于中国上市公司动态面板数据的证据 [J]. 科学学研究, 2012, 30 (9): 1370-1377.

[121] 谢家智, 王文涛, 江源. 制造业金融化、政府控制与技术创新 [J]. 经济学动态, 2014 (11): 78-88.

[122] 谢平, 邹传伟. 互联网金融模式研究 [J]. 金融研究, 2012 (12): 11-12.

[123] 谢绚丽, 沈艳, 张皓星, 等. 数字金融能促进创业吗?: 来自中国的证据 [J]. 经济学, 2018 (7): 1557-1580.

[124] 杨畅, 刘斌, 闫文凯. 契约环境影响企业的投资行为吗: 来自中国上市公司的经验证据 [J]. 金融研究, 2014 (11): 79-93.

[125] 杨理强, 陈少华, 陈爱华. 内部资本市场提升企业创新能力了吗?: 作用机理与路径分析 [J]. 经济管理, 2019, 41 (4): 177-194.

[126] 杨汝岱. 中国制造业企业全要素生产率研究 [J]. 经济研究, 2015 (2): 63-76.

[127] 杨畅, 庞瑞芝. 契约环境、融资约束与"信号弱化"效应: 基于

中国制造业企业的实证研究 [J]. 管理世界, 2017 (4): 60-69.

[128] 杨子强. 宏观流动性管理与金融资源均衡配置: 金融服务实体经济的困境与出路 [J]. 金融理论与实践, 2012 (11): 114-118.

[129] 杨芳. 金融服务实体经济的效率测度及影响因素: 基于绿色发展视角 [J]. 金融论坛, 2019, 24 (4): 29-44.

[130] 殷小丽. 互联网金融对产业结构升级的影响探析 [J]. 现代经济探讨, 2018 (12): 110-114.

[131] 游士兵, 余淼杰, 金洋, 等. 工业企业产能利用率衡量与生产率估算 [J]. 经济研究, 2018, 608 (5): 58-73.

[132] 袁建国, 程晨, 后青松. 环境不确定性与企业技术创新: 基于中国上市公司的实证研究 [J]. 管理评论, 2015, 27 (10): 60-69.

[133] 袁洁, 王业斌. 财政压力与金融抑制: 基于中国1996—2013年省级面板数据 [J]. 河北经贸大学学报, 2016, 37 (1): 86-89.

[134] 翟东升. 解析"中国式"产能过剩 [J]. 宏观经济管理, 2013 (7): 36-37.

[135] 张成思, 张步昙. 中国实业投资率下降之谜: 经济金融化视角 [J]. 经济研究, 2016, 51 (12): 32-46.

[136] 张成思, 张步昙. 再论金融与实体经济: 经济金融化视角 [J]. 经济学动态, 2015 (6): 56-66.

[137] 张杰, 杨连星. 资本错配、关联效应与实体经济发展取向 [J]. 改革, 2015 (10): 32-40.

[138] 张憬, 沈坤荣. 地方政府干预、区域金融发展与中国经济增长方式转型: 基于财政分权背景的实证研究 [J]. 南开经济研究, 2008 (6): 122-141.

[139] 张军, 金煜. 中国的金融深化和生产率关系的再检测: 1987—2001 [J]. 经济研究, 2005 (11): 34-45.

[140] 张路, 罗婷, 岳衡. 超募资金投向、股权结构与现金股利政策 [J]. 金融研究, 2015, 425 (11): 146-162.

[141] 张少华, 蒋伟杰. 中国的产能过剩: 程度测算与行业分布 [J]. 经济研究, 2017 (1): 91-104.

[142] 张晓朴, 朱太辉. 金融体系与实体经济关系的反思 [J]. 国际金融研究, 2014 (3): 43-54.

[143] 张雄, 万迪昉, 谢刚, 等. 金融契约选择对双边道德风险及社会福利的影响实验研究 [J]. 管理评论, 2010 (2): 30-38.

[144] 张秀艳, 周毅, 白雯. 金融集聚与工业生产率提升：基于研发资本的中介传导有效性研究 [J]. 吉林大学社会科学学报, 2019 (2)：30-40, 219.

[145] 张勋, 万广华, 张佳佳, 等. 数字经济、普惠金融与包容性增长 [J]. 经济研究, 2019 (8)：71-86.

[146] 张云, 刘帅光, 李双建. 契约执行效率、融资成本与 TFP 增长率：来自中国制造业企业的证据 [J]. 南开经济研究, 2017 (5)：118-135.

[147] 张志明. 金融化视角下金融促进实体经济发展研究 [J]. 经济问题探索, 2018 (1)：30-37.

[148] 赵琼薇, 赵奇锋. 高管综合能力与技术创新：来自中国 A 股上市公司的证据 [J]. 现代管理科学, 2019 (8)：100-102, 113.

[149] 赵通, 任保平. 金融资本和产业资本融合促进实体经济高质量发展的模式选择 [J]. 贵州社会科学, 2018 (10)：112-117.

[150] 中国金融四十人论坛课题组, 纪志宏, 纪敏, 赵奕然. 产能过剩的衡量与原因分析：一个文献综述 [J]. 新金融评论, 2017 (1)：73-95.

[151] 周建亮, 鄢晓非. 我国金融与实体经济共生关系的实证研究 [J]. 统计与决策, 2015 (20)：137-140.

[152] 周劲, 付保宗. 产能过剩的内涵、评价体系及在我国工业领域的表现特征 [J]. 经济学动态, 2011 (10)：60-66；

[153] 周丽燕. 社会融资规模视角下金融与实体经济之间的关系研究：基于协整分析 [J]. 金融经济, 2012 (18)：137-139.

[154] 朱云, 吴文锋, 吴冲锋, 等. 融资受限、大股东"圈钱"与再发行募集资金滥用 [J]. 管理科学学报, 2009 (5)：104-110, 112-113, 143.

[155] 庄雷, 姚登宝, 周勤. 互联网理财创新、债市波动与风险传染 [J]. 经济与管理研究, 2015 (12)：56-65.

[156] AGARWAL, HAUSWALD. Distance and Private Information in Lending [J]. The Review of Financial Studies, 2008 (3)：11-16.

[157] AKBAS, FERHAT, MARKOV, STANIMIR, SUBASI, MUSA. Determinants and Consequences of Information Processing Delay：Evidence from the Thomson Reuters Institutional Brokers' Estimate System [J]. Journal of Financial Economics, 2017 (2)：33-39.

[158] ALEXANDER, KERN. Regulating the Structure of the EU Banking Sector [J]. European Business Organization Law Review, 2015, 16 (2)：227-253.

[159] ALLEN F, L BARTILORO, X G U, KOWALEWKSI. Does Economic

Structure Determine Financial Structure? [J]. Journal of International Economics, 2018, 114 (9): 389-409.

[160] ARIZALA F, CAVALLO E, GALINDO A. Financial development and TFP growth: cross-country and industry-level evidence [J]. Applied Financial Economics, 2013, 23 (6): 433-448.

[161] ASTERIOU, DIMITRIOS, SPANOS, KONSTANTINOS. The relationship between financial development and economic growth during the recent crisis: Evidence from the EU [J]. Finance Research Letters, 2019 (28): 14-22.

[162] ARCAND J L, BERKES E, PANIZZA U. Too much finance? [J]. Journal of Economic Growth, 2015, 20 (2): 105-148.

[163] BERNARD ERIC ANDERSON. An investigation into the effects of banking structure on aspects of bank behavior [J]. Journal of Finance, 2012, 21 (1): 125-126.

[164] BERNSTEIN, SHAI. Does Going Public Affect Innovation? [J]. Journal of Finance, 2015, 70 (4): 1365-1403.

[165] BIBOW J KEYNES. On Central Banking and the Structure of Monetary Policy [J]. History of Political Economy, 2002, 34 (4): 749-787.

[166] BLECK A, LIU X W. Credit expansion and credit misallocation [J]. Journal of Monetary Economics, 2018 (94): 27-40.

[167] BROWN J R, PETERSEN F B C. Financing Innovation and Growth: Cash Flow, External Equity, and the 1990s R&D Boom [J]. Journal of Finance, 2009, 64 (1): 151-185.

[168] CABALLERO R J, HOSHI T, KASHYAP A K. Zombie lending and depressed restructuring in Japan [J]. American Economic Review, 2008, 98 (5): 1943-1977.

[169] CECCHETTI, G, KHARROUBI E. Reassessing the Impact of Finance on Growth [R]. BIS Working Papers, 2012, No. 381.

[170] CETORELLI N, PERETTO P F. Credit Quantity and Credit Quality: Bank Competition and Capital Accumulation [J]. Journal of Economic Theory, 2009, 147 (3): 967-998.

[171] CHARNES A, COOPER W W, RHODES E. Measuring the efficiency of decision making units [J]. European Journal of Operational Research, 1978, 2 (6): 429-444.

[172] CHARNES A, CLARK C T, COOPER W W, et al. A developmental study of data envelopment analysis in measuring the efficiency of maintenance units in the US air forces [J]. Annals of Operations Research, 1985, 2 (1): 95-112.

[173] CONLISK J. Three Variants on the Allais Example [J]. American Economic Review, 1989, 79 (3): 392-407.

[174] CLAESSENS, STIJN, LAEVEN, LUC. Financial Development, Property Rights and Growth [J]. Journal of Finance, 2003, 58 (6): 2401-2436.

[175] COELLI T, EMILI GRIFELL-TATJé, PERELMAN S. Capacity utilisation and profitability: A decomposition of short-run profit efficiency [J]. International Journal of Production Economics, 2002, 79 (3): 261-278.

[176] CROITORU A. The Theory of Economic Development: An Inquiry into Profits, Capital, Credit, Interest and the Business Cycle [J]. Journal of Comparative Research in Anthropology and Sociology, 2012, 3 (1): 90-91.

[177] DEMIR F. Capital market imperfections and financialization if real sectors in emerging markets: Private investment and cash flow relationship revisited [J]. World Development, 2009 (5): 1490-1507.

[178] DOUGLAS W DIAMOND. Presidential Address, Committing to Commit: Short-Term Debt When Enforcement Is Costly [J]. Journal of Finance, 1984, 59 (4): 1447-1479.

[179] DUCHIN R, OZBAS O, SENSOY B A. Costly external finance, caporate investment, and the subprime mortgage credit crisis [J]. Journal of Financial Economics, 2010 (3): 418-435.

[180] ELYAS ELYASIANI, AHMET E KOCAGIL. Interdependence and dynamics in currency futures markets: A multivariate analysis of intraday data [J]. Journal of Banking & Finance, 2001, 25 (6): 1161-1186.

[181] EVANS D S, L S LEIGHTON. Some empirical aspects of entrepreneurship [J]. American Economic Review, 1989 (3): 519-535.

[182] FAN J P H, TITMAN S, TWITE G. An International Comparison of Capital Structure and Debt Maturity Choices [J]. Journal of Financial and Quantitative Analysis, 2012, 47 (1): 23-56.

[183] FÄRE R, GROSSKOPF S, ROOS P. On two definitions of productivity [J]. Economics Letters, 1996, 53 (3): 269-274.

[184] FÄRE R, KOKKELENBERG G E C. Measuring Plant Capacity, Utiliza-

tion and Technical Change: A Nonparametric Approach [J]. International Economic Review, 1989, 30 (3): 655-666.

[185] FEIJO C, LAMôNICA M T, LIMA S S. Financialization and Structural Change: the Brazilian case in the 2000s [R]. Center for Studies on Inequality and Development working paper, 2016.

[186] FUKUDA S I, NAKAMURA J I. Why Did "Zombie" Firms Recover in Japan? [J]. World Economy, 2011, 34 (7): 1124-1137.

[187] GERTLER M, KIYOTAKI N. Financial intermediation and credit policy in business cycle analysis [M] //B FRIEDMAN, M WOODFORD. Handbook of Monetary Economics. NewYork: Elsevier, 2010: 547-599.

[188] GERTLER M, N KIYOTAKI. Banking, Liquidity, and Bank Runs in an Infinite Horizon Economy [J]. American Economic Review, 2015 (7): 2011-2043.

[189] GLOEDE, OLIVER, MENKHOFF, LUKAS. Financial professionals´ overconfidence: Is it experience, function, or attitude? [J]. European Financial Management, 2011, 20 (2): 236-269.

[190] GOLDSMITH R W. Financial Structure and Development [M]. New Heaven: Yale University Press, 1969.

[191] GREENWOOD J, JOVANOVIC B. Financial development, growth, and the distribution of income [J]. Journal of Political Economy, 1990, 98 (5): 1076-1107.

[192] HAU H, Y HUANG, H SHAN, Z SHENG. Tech-Fin in China: Credit market completion and its growth effect [R]. Working Paper, 2017.

[193] LELAND H E, PYLE D H. Information Asymmetries, Financial Structure, and Financial Intermediation [J]. Journal of Finance, 1977, 32 (2): 371-387.

[194] HICKS J. A theory of economic history [M]. Oxford: Oxford University Press, 1969.

[195] HOSHI T, KIM Y. Macroprudential Policy and Zombie Lending in Korea [R]. ABFER Working Paper, 2012: 1017.

[196] HSU P H, TIAN X, XU Y. Financial development and innovation: Cross-country evidence [J]. Journal of Financial Economics, 2014, 112 (1): 116-135.

[197] HUANG H, C XU. Institutions, Innovations, and Growth [J]. American Economic Review, 1999, 89 (2): 438-443.

[198] HUANG Y, C LIN, Z SHENG, et al. Fintech credit and service quality

[R]. Working Paper of the University of Hong Kong, 2018.

[199] HURST E, A LUSARDI. Liquidity, constraints, household, wealth, and entrepreneurship [J]. Journal of Political Economy, 2004 (2): 319-347.

[200] IACOVIELLO M M, PAVAN M. Housing and debt over the life cycle and over the business cycle [J]. Journal of Monetary Economics, 2013, 60 (2): 221-238.

[201] JENSEN M C, MURPHY K J. Performance Pay and Top-Management Incentives [J]. Journal of Political Economy, 1990, 98 (2): 225-264.

[202] KANE E. Dangers of Capital Forbearance: the Case of the Fslic and "Zombie" S&Ls [J]. Contemporary Economic Policy, 1987, 5 (1): 77-83.

[203] KARAIVANOV A. Financial constraints and occupational choice in Thai villages [J]. Journal of Development Economics, 2012 (2): 201-220.

[204] KESTER W C. Capital and Ownership Structure: A Comparison of United States and Japanese Manufacturing Corporations [J]. Financial Management, 1986, 15 (1): 5-16.

[205] KHALIL MHADHBI. New Proxy of Financial Development and Economic Growth in Medium-Income Countries: A Bootstrap Panel Granger Causality Analysis [J]. American Journal of Applied Mathematics and Statistics, 2014, 2 (4): 185-192.

[206] KIM W, WEISBACH M S. Motivations for public equity offers: An international perspective [J]. Journal of Financial Economics, 2008, 87 (2): 281-307.

[207] KING R G R. Finance and growth: Schumpeter might be right [J]. Policy Research Working Paper, 1993, 108 (3): 717-737.

[208] LEVINE R, ZERVOS S. Stock Markets, Banks and Economic Growth [J]. American Economic Review, 1998, 88 (3): 537-558.

[209] LEVINE R. Financial development and economic growth: views and agenda [J]. Journal of Economic Literature, 1997, 35 (2): 688-726.

[210] LEVINE R . Bank-Based or Market-Based Financial Systems: Which Is Better? [J]. Journal of Financial Intermediation, 2002, 11 (4): 398-428.

[211] MARINA BROGI, VALENTINA LAGASIO. Environmental, social, and governance and company profitability: Are financial intermediaries different? [J]. Corporate Social Responsibility and Environmental Management, 2018 (2): 23-41.

[212] MCKINNON I R. Money and Capital in Economic Development [M]. Washington DC: The Brookings Institution, 1973.

[213] MORAWETZ N. The Rise of Co-Productions in the Film Industry: The Impact of Policy Change and Financial Dynamics on Industrial Organization in a High Risk Environment [D]. Hertfordshire: the University of Hertfordshire, 2009.

[214] MYERS S C. The Capital Structure Puzzle [J]. Journal of Finance, 2012, 39 (3): 574-592.

[215] NASREDDINE KAIDI, SAMI MENSI, MEHDI BEN AMOR. Financial Development, InstitutionalQuality and Poverty Reduction: Worldwide Evidence [J]. Social Indicators Research, 2019 (141): 33-39.

[216] NEUBERGER D, PEDERGNANA M, R THKE-D PPNER S. Concentration of Banking Relationships in Switzerland: The Result of Firm Structure or Banking Market Structure [J]. Journal of Financial Services Research, 2008, 33 (2): 101-126.

[217] NYKVIST J. Entrepreneurship and liquidity constraints: evidence from Sweden [J]. Scandinzvian Journal of Economics, 2008 (1): 23-43.

[218] ORHANGAZI O. Financialization and capital accumulation in the nonfinancial corporate sector: A theoretical and empricial investigation on the US economy: 1973-2003 [J]. Cambridge Journal of Economics, 2008 (32): 863-886.

[219] PASTOR L, TAYLOR L A, VERONESI P. Entrepreneurial Learning, the IPO Decision, and the Post-IPO Drop in Firm Profitability [J]. Review of Financial Studies, 2009, 22 (8): 3005-3046.

[220] PHILIP E STRAHAN, JAMES P WESTON. Small Business Lending and the Changing Structure of the Banking Industry [J]. Journal of Banking & Finance, 1998, 22 (6-8): 821-845.

[221] PATRICK H T. Financial Development & Economic Growth in Under developed Countries [J]. Economic Development & Cultural Change, 1966, 14 (2): 174-189.

[222] PSILLAKI M, ELEFTHERIOU K. Trade Credit, Bank Credit, and Flight to Quality: Evidence from French SMEs [J]. Journal of Small Business Management, 2015, 53 (4): 1219-1240.

[223] RAJAN R G, ZINGALES L. Financial Dependence and Growth [J]. American Economic Review, 1999, 88 (3): 559-586.

[224] RAJAN R G, ZINGALES L. The Great Reversals: The Politics of Financial Development in the 20th Century [J]. Journal of Financial Economics, 2003,

69（1）：5-50.

［225］KING R G, R LEVINE. Finance, Entrepreneurship and Growth: Theory and Evidence［J］. Journal of Monetary Economics, 1993（32）：513-542.

［226］SCHUMPETER J A. Theory of Economic Development［M］. Cambridge: Harvard University Press, 1911.

［227］SHAW E S. Financial deepening in economic development［M］. Oxford: Oxford University Press, 1973.

［228］SOLOW R M. Technical change and the aggregate production function［J］. The Review of Economics and Statistics, 1957, 39（3）：312-320.

［229］SURESH DE MEL, DAVID MCKENZIE, CHRISTOPHER WOODRUFF. Getting Credit to High Return Microentrepreneurs: The Results of an Information Intervention［J］. World Bank Economic Review, 2011, 25（3）：456-485.

［230］THEURILLAT T, J COPATAUX O. Crevoisier Property sector financialization: The case of Swiss pension funds（1992-2005）［J］. European Planning Studies, 2010（2）：189-212.

［231］TOBIAS ADRIAN, ERKKO ETULA, TYLER MUIR. Financial Intermediaries and the Cross - Section of Asset Returns［J］. Journal of Finance, 2014, 69（6）：2557-2596.

［232］TORI D, ÖZLEM ONARAN. The effects of financialization on investment: evidence from firm-level data in Europe［J］. PKSG Working Paper, 2017, No. 1705.

［233］TORNELL A. Real vs. financial investment: Can Tobin taxes eliminate the irreversibility distortion［J］. Journal of Development Economics, 1990（2）：419-444.

［234］YILMAZ BAYAR. Financial development and poverty reduction in emerging market economies［J］. Panoeconomicus, 2017（64）：14.

附　表

附表1　2018年陕西省银行业金融机构情况

机构类别	营业网点 机构个数/个	营业网点 从业人数/人	营业网点 资产总额/亿元	法人机构/个
大型商业银行	1 913	41 677	18 279	0
国家开发银行等政策性银行	82	2 211	5 580	0
股份制商业银行	446	10 260	7 206.3	0
城市商业银行	534	9 288	6 322.4	2
小型农村金融机构	2 939	28 296	8 968.3	100
财务公司	7	342	971.2	4
信托公司	3	1 601	268.1	3
邮政储蓄银行	1 247	10 448	3 171.8	0
外资银行	13	334	191.4	0
新型农村金融机构	68	1 348	148.2	38
其他	2	312	144.5	2
合计	7 254	106 117	51 251.2	149

数据来源：陕西银保监局(http://www.cbirc.gov.cn/branch/shaanxi/view/pages/index/index.html)。

附表2 2018年四川省银行业金融机构情况

机构类别	营业网点 机构个数/个	营业网点 从业人数/人	营业网点 资产总额/亿元	法人机构/个
大型商业银行	3 339	91 688	36 876	0
国家开发银行等政策性银行	115	4 277	8 161	0
股份制商业银行	556	11 975	8 145	0
城市商业银行	930	20 327	16 038	13
城市信用社	0	0	0	0
小型农村金融机构	5 908	69 444	18 859	101
财务公司	4	—	1 077	4
信托公司	2	—	234	2
邮政储蓄银行	3 057	27 560	5 744	0
外资银行	23	772	372	0
民营银行	1	347	362	1
新型农村金融机构	282	4 238	731	56
其他	8	—	134	2
合计	14 225	262 911	96 733.27	179

数据来源：四川银保监局（http://www.cbirc.gov.cn/branch/sichuan/view/pages/index/index.html）。

附表3 2018年云南省银行业金融机构情况

机构类别	营业网点 机构个数/个	营业网点 从业人数/人	营业网点 资产总额/亿元	法人机构/个
大型商业银行	1 564	33 920	14 055	0
国家开发银行等政策性银行	89	2 087	6 460	0
股份制商业银行	396	7 705	3 838	0
城市信用社	233	5 387	3 866	3
城市商业银行	0	0	0	0
小型农村金融机构	2 285	23 027	9 855	133
财务公司	5	136	346	4
信托公司	1	320	31	1
邮政储蓄银行	854	3 202	1 310	0
外资银行	7	97	76	0
新型农村金融机构	139	2 920	343	73
其他	1	98	756	1
合计	5 574	78 899	40 936	215

数据来源：云南银保监局（http://www.cbirc.gov.cn/branch/yunnan/view/pages/index/index.html）。

附表4　2018年贵州省银行业金融机构情况

机构类别	营业网点 机构个数/个	营业网点 从业人数/人	营业网点 资产总额/亿元	法人机构/个
大型商业银行	1 090	23 043	9 797.9	0
国家开发银行等政策性银行	71	1 626	5 753	0
股份制商业银行	111	2 876	1 808.3	0
城市信用社	522	10 562	8 331.6	2
城市商业银行	0	0	0	0
小型农村金融机构	2 269	25 443	7 976.4	84
财务公司	5	111	1 256.4	3
信托公司	1	387	213.2	1
邮政储蓄银行	963	2 641	1 257	0
外资银行	1	10	4.9	0
新型农村金融机构	138	4 482	455.2	84
其他	4	212	193.6	1
合计	5 175	71 393	37 047.4	175

数据来源：贵州银保监局（http://www.cbirc.gov.cn/branch/guizhou/view/pages/index/index.html）和中国人民银行贵阳中心支行（http://guiyang.pbc.gov.cn/）。

附表5 2018年广西壮族自治区银行业金融机构情况

机构类别	营业网点 机构个数/个	营业网点 从业人数/人	营业网点 资产总额/亿元	法人机构/个
大型商业银行	1 938	37 345	13 556	0
国家开发银行等政策性银行	66	1 718	5 101	0
股份制商业银行	190	4 345	3 092	0
城市商业银行	505	8 415	5 657	3
城市信用社	0	0	0	0
小型农村金融机构	2 363	24 988	8 453	95
财务公司	2	56	183	1
信托公司	0	0	0	0
邮政储蓄银行	972	9 992	1 933	0
外资银行	4	80	56	0
新型农村金融机构	255	3 460	451	45
其他	1	40	44	1
合计	6 296	90 439	38 527	145

数据来源：广西银保监局（http://www.cbirc.gov.cn/branch/guangxi/view/pages/index/index.html）、中国人民银行南宁中心支行（http://nanning.pbc.gov.cn/）、广西地方金融监管局（http://dfjrjgj.gxzf.gov.cn/? medium=01&page_index=1）。

附表6 2018年甘肃省金融机构情况

机构类别	营业网点 机构个数/个	营业网点 从业人数/人	营业网点 资产总额/亿元	法人机构/个
大型商业银行	1 390	28 104	7 163	0
国家开发银行等政策性银行	64	1 698	4 794	0
股份制商业银行	124	3 203	1 783	0
城市商业银行	380	8 096	6 278	2
城市信用社	0	0	0	0
小型农村金融机构	2 242	19 542	5 608	85
财务公司	0	82	192	3
信托公司	0	491	110	1
邮政储蓄银行	613	6 310	810	0
外资银行	0	0	0	0
新型农村金融机构	60	1 121	336	27
其他	0	139	564	2
合计	4 873	68 786	27 637	120

数据来源：甘肃银保监局（http://www.cbirc.gov.cn/branch/gansu/view/pages/index/index.html）。

附表7 2018年青海省银行业金融机构情况

机构类别	营业网点 机构个数/个	营业网点 从业人数/人	营业网点 资产总额/亿元	法人机构/个
大型商业银行	431	9 244	3 246	0
国家开发银行等政策性银行	27	557	2 175	0
股份制商业银行	38	1 191	633	0
城市商业银行	83	1 556	1 043	1
城市信用社	0	0	0	0
小型农村金融机构	376	4 007	1 127	31
财务公司	1	32	112	1
信托公司	1	437	165	1
邮政储蓄银行	178	967	331	0
外资银行	0	0	0	0
新型农村金融机构	8	183	15	7
其他	1	20	0	0
合计	1 144	18 194	8 847	41

数据来源：青海银保监局（http://www.cbirc.gov.cn/branch/qinghai/view/pages/index/index.html）。

附表8　2018年宁夏回族自治区银行业金融机构情况

机构类别	营业网点 机构个数/个	营业网点 从业人数/人	营业网点 资产总额/亿元	法人机构/个
大型商业银行	499	10 295	2 797	0
国家开发银行等政策性银行	16	544	1 864	0
股份制商业银行	46	1 472	583	0
城市商业银行	148	3 212	1 984	2
城市信用社	0	0	0	0
小型农村金融机构	382	5 299	1 604	20
财务公司	1	34	127	1
信托公司	0	0	0	0
邮政储蓄银行	202	1 172	230	0
外资银行	0	0	0	0
新型农村金融机构	62	1 150	194	19
其他	0	0	0	0
合计	1 356	23 178	9 384	42

数据来源：中国人民银行银川中心支行（http://yinchuan.pbc.gov.cn/）和青海银保监局（http://www.cbirc.gov.cn/branch/qinghai/view/pages/index/index.html）。

附表9 2018年西藏自治区银行业金融机构情况

机构类别	营业网点 机构个数/个	营业网点 从业人数/人	营业网点 资产总额/亿元	法人机构/个
大型商业银行	587	7 471	4 082	—
国家开发银行等政策性银行	1	169	1 438	—
股份制商业银行	6	512	174	—
城市商业银行	4	490	631	—
城市信用社	—	—	—	—
小型农村金融机构	—	—	—	—
财务公司	—	—	—	—
信托公司	—	104	25	—
邮政储蓄银行	97	852	120	—
外资银行	—	—	—	—
新型农村金融机构	—	82	7	—
其他	—	153	485	—
合计	695	9 833	6 962	5

数据来源：中国人民银行拉萨中心支行（http://lasa.pbc.gov.cn/）。

附表 10　2018 年内蒙古自治区银行业金融机构情况

机构类别	营业网点 机构个数/个	营业网点 从业人数/人	营业网点 资产总额/亿元	法人机构/个
大型商业银行	1 519	37 573	10 864	0
国家开发银行等政策性银行	72	20 801	5 372	0
股份制商业银行	196	4 570	2 538	0
城市商业银行	565	13 766	8 237	2
城市信用社	0	0	0	0
小型农村金融机构	2 237	27 178	5 560	93
财务公司	5	186	608	5
信托公司	2	315	127	2
邮政储蓄银行	796	7 775	970	0
外资银行	1	5	3	0
新型农村金融机构	149	4 801	692	75
其他	1	251	35	1
合计	5 543	98 501	35 005	180

数据来源：内蒙古银保监局（http://www.cbirc.gov.cn/branch/neimenggu/view/pages/index/index.html）。

附表11 2018年重庆市银行业金融机构情况

机构类别	营业网点 机构个数/个	营业网点 从业人数/人	营业网点 资产总额/亿元	法人机构/个
大型商业银行	1 351	26 578	14 624	0
国家开发银行等政策性银行	39	1 226	5 170	0
股份制商业银行	293	9 194	6 872	0
城市商业银行	282	8 051	7 005	2
城市信用社	0	0	0	0
小型农村金融机构	1 773	15 586	9 226	1
财务公司	4	135	230	4
信托公司	2	356	382	2
邮政储蓄银行	228	4 089	2 982	0
外资银行	24	551	222	0
新型农村金融机构	401	8 994	2 421	40
其他	6	2 597	2 172	6
合计	4 403	77 357	51 305	55

数据来源：重庆银保监局（http://www.cbirc.gov.cn/branch/chongqing/view/pages/index/index.html）。